"中国新闻学丛书"编辑委员会

顾　问：柳斌杰　南振中

主　任：李　彬　赵月枝

委　员：（按姓氏笔画顺序排序）
　　　　王君超　王润泽　王维佳　王鹏飞　史安斌　吕新雨
　　　　李　珮　李　彬　李希光　杨萌芽　吴　玫　吴　靖
　　　　张　垒　张　桐　赵月枝　胡　钰　俞　凡　洪　宇
　　　　程曼丽

"中国新闻学丛书"出版委员会

主　任：杨国安　杨萌芽

委　员：（按姓氏笔画顺序排序）
　　　　马　龙　王鹏飞　纪庆芳　杨　波　杨国安　杨萌芽
　　　　陈建恩　郑　鑫　胡玲霞　姜　畅　谌洪波　薛建立

新闻·政治·文化
——范敬宜新闻思想研究

陆洪磊 著

河南大学出版社
·郑州·

图书在版编目（CIP）数据

新闻·政治·文化：范敬宜新闻思想研究/陆洪磊著.--郑州：河南大学出版社，2022.6
ISBN 978-7-5649-5202-0

Ⅰ.①新… Ⅱ.①陆… Ⅲ.①范敬宜－新闻思想－研究 Ⅳ.①G210

中国版本图书馆CIP数据核字(2022)第114058号

责任编辑　郑华峰
责任校对　谌洪波
装帧设计　翟淼淼　郭　灿

出版发行　河南大学出版社
　　　　　　地址：郑州市郑东新区商务外环中华大厦2401号　邮编：450046
　　　　　　电话：0371-86059715（高等教育与职业教育出版分社）
　　　　　　　　　0371-86059701（营销部）
　　　　　　网址：hupress.henu.edu.cn

排　版　河南大学出版社设计排版部
印　刷　河南瑞之光印刷股份有限公司
经　销　全国新华书店
版　次　2022年6月第1版　　　　　　　　**印　次**　2022年6月第1次印刷
开　本　710 mm×1010 mm　1/16　　　　　**印　张**　13
字　数　233千字　　　　　　　　　　　　**定　价**　39.00元

（本书如有印装质量问题，请与河南大学出版社营销部联系调换。）

总序：新时代　新征程　新闻学　新探索

李　彬　赵月枝

中国共产党成立一百年前夕，酝酿有年的"中国新闻学丛书"开始问世。"中国新闻学"自然指立足于中国的新闻学，它离不开中华民族5000多年源远流长的文明史、中国人民近代以来180余年屡挫屡奋的斗争史、中华人民共和国70多年正道沧桑的发展史，以及其中蔚为大观的新闻与传播实践史，包括新闻学与传播学的学术传统。同时，由于主流传统同马克思主义道统水乳交融，中国新闻学又始终心系天下，关注人类命运共同体及其新闻传播实践，离不开《国际歌》寄寓的国际主义情怀——"英特纳雄耐尔"（international）。充分展现这些学术内涵，乃是这套丛书的学术工作任务，而非一篇总序所能应对的。而说明丛书的缘起，至少可以彰显"中国新闻学"的立意与定位。

早在2002年，范敬宜甫任清华大学新闻与传播学院首任院长之际，高瞻远瞩，身体力行，积极倡导以马克思主义为指导，建设具有"中国特色、中国气派、中国作风"的新闻学及其学科体系与教育体系，一时影响广泛。2008年，由于金融危机爆发以及全球资本主义体系性危机进一步加重，"马克思归来"日益成为汇聚中外前沿学术思想的时代强音，而如何赓续中国新闻学的马克思主义中国化传统，进而创新网络时代的马克思主义新闻学，愈发成为中国新闻学人迫在眉睫的时代使命。

党的十八大后，随着新时代的气息春风徐来，新闻学也迎来前所未有的良机。2016年，习近平主持召开哲学社会科学工作座谈会并发表讲话，强调加快构建中国特色哲学社会科学及其学科体系、学术体系和话语体系，并重点建设具有"支撑作用"的学科（其中引人注目地提到了新闻学），令人倍感鼓舞。

为了响应新时代召唤，中信改革发展研究基金会（后面简称"中信基金会"）于2014年成立，聚集了一批各学科守正创新的一流学者，致力于推进中国特色、中国气派、中国风格的哲学社会科学建设。2017年，中国特色新闻学研究会在清华成立伊始，就与中信基金会密切合作，举办了首届"中国特色新闻学高级研讨班"。其间，我们同来自五湖四海的青年学者一起，从不忘本来、吸收外来、面向未来的视角畅谈了理论逻辑与历史逻辑有机统一、普遍意义与中国特色若合一契的中国新闻学构想。

在此基础上，中信基金会将"中国新闻学丛书"作为重点研究项目列入基金会工作计划。之所以亮出"中国"的旗号，当然不是也不可能是"囊括四海，并吞八荒"，而只是凸显梁启超所谓"中国之中国、亚洲之中国、世界之中国"的历史意识，表明更自觉地面向中国实践、更深入地扎根中国大地、更自信地践行中国道路的学术追求，也就是中信基金会的三句宗旨——坚持实事求是、践行中国道路、发展中国学派。

——坚持实事求是。丛书作者术有专攻，论著也是各抱地势，但无论是深入历史，还是透视现实；无论是穷究学理，还是钻研实务：无不遵循实事求是的治学精神，如一代马克思主义新闻学家甘惜分晚年希冀的"立足中国土，请教马克思"。

——践行中国道路。坚持实事求是为的是践行中国道路，正如解释世界为的是改变世界。何谓中国道路？一句话，就是中国共产党领导的革命、建设、改革所开辟的道路。而这条道路的灵魂在于社会主义，即习近平所言，中国特色社会主义不是别的什么主义而是社会主义。中国新闻学说到底也是为社会主义新闻业立魂，立言，立心。

——发展中国学派。随着中国道路日渐开阔，文化自觉与学术自觉日益醒悟，中国学派也呼之欲出。事实上，近代以来，特别是新中国成立70多年以来，中国新闻学已经取得长足进展，从梁启超到邵飘萍，从邹韬奋到范长江，从邓拓到穆青，从延安窑洞人民广播的手摇发电机到数字时代融媒体，一代代中国记者以及学者以其辛勤耕耘和开创性工作奉献了无数心血和智慧，也为中国新闻学及其学派奠定了厚实基础。现在的关键在于我辈是否具有足够自信，摆脱制约中国新闻学想象力与创造力的"学术殖民"心态，用中信基金会理事长孔丹的话说，将"他信"变为"自信"，将著书立说的立足点从"彼岸"转到"此岸"。

19世纪初，西方文脉俨然在欧陆，德国柏林洪堡大学等更是文化圣城，吸引着东西南北的欧美知识精英，而在立国不过六十多年的美国，哈佛文人R. W. 爱默生（Ralph Waldo Emerson）却提出了美国文化走自己路的主张，发表了美国文化的独立宣言《美国学者》（"American Scholar"）。如今，经过建设和改革开放锻造的中华人民共和国，已经进入建设中国特色社会主义的新时代，发展中国学派以审视中国经验、提炼中国理论、贡献中国方案,更可谓名正言顺、水到渠成。

2019年立春时节,河南大学新闻与传播学院与河南大学出版社同意,将这套丛书纳入河南大学献礼中华人民共和国成立70周年的重点图书。河南,向称中原,数千年来一直被视为中华文明的腹心,一句"逐鹿中原"总能激荡人心。而河南大学又是百年名校,文脉悠长,俊采星驰,校友中就包括一代中国名记者邓拓。"中国新闻学丛书"能够落户河南大学,也是得其所哉。

大鹏之动,非一羽之轻也;骐骥之速,非一足之力也。十多年来,我们一直勉力耕耘,与各方有生力量一道推进中国特色、中国气派、中国风格的新闻学建设,这套丛书就是一批阶段性成果。我们深知,无论是中国特色社会主义事业,还是中国特色社会主义学术事业,都不可能一蹴而就,也不可能仅凭少数人埋头苦干就获得成功,而需要持之以恒的扎实工作,更需要一批又一批、一代又一代的中国学者共襄此举。

2022年6月

李　彬,清华大学新闻与传播学院教授,河南大学黄河学者(2013~2018)

赵月枝,清华大学人文讲席教授,加拿大皇家学会院士

中国特色新闻学研究的一个创例

——为《新闻·政治·文化——范敬宜新闻思想研究》序

柳斌杰

因为工作或友情的关系,我为政界、新闻、出版、文化界人士和同门师生的著作作序写跋,算起来也有几百篇了。我一直把这件事作为"新知先睹,书里淘金,互相学习,增长见识"的快事。慎重选择,勉力而为,虽然辛苦,也从中受益多多。

这次约请我为其博士论文出版作序的是我院2021年的博士毕业生陆洪磊同学,实属首例。我欣然允诺是基于以下三点,感慨系之:

第一,作者研究的方向是中国特色新闻学,是直接关注了当前我国新闻传播学的灵魂和核心问题。这与那些回避新闻舆论方向选题,而效法美式的选题方式,专攻所谓传播技巧、游戏角色、娱乐市场之类的"前沿选题"相比,自然是主流得多。新闻学的主题是新闻舆论,党的意识形态工作的重点是新闻舆论工作,如果我们的新闻教育不把注意力放在新闻舆论方向人才的培养上,学生在这方面素养和能力没有提高,我们怎么能占领新闻舆论引导制高点?所以,我首先为此点赞。

第二,作者研究的对象是党的新闻工作的实践者和教育者范敬宜的新闻思想。范敬宜同志生前曾长期在外文出版和党报编辑方面担任领导工作,后来又在清华大学新闻与传播学院担任首任院长。我与他既有工作方面的广泛联系,也有友情方面的交往,在我们学院他又是我的前任,更多地学习、了解、传承他的新闻理想追求、新闻从业经验和新闻教育的思考,自然有益于工作。在我主编的《中国红色记者》和《百年百位党的新闻巨子——庆祝中国共产党成立100周年》两本新闻人物传记中,都收入了范敬宜同志,他与陈独秀、李大钊、邵飘萍、邹韬奋、范长江、穆青、郭超人等都是在一个行列里，足见我很崇敬他们对党的新闻工作的贡献。我非常支持学生以我党新闻舆论工作的前辈为研究对象，那样做更能感知中国特色新闻事业发展的历程和体悟她所孕育的思想、理论、工作、制度的创新之处。

我认为这样的研究近年来太少了，应当提倡和鼓励学子们立足中国实践，开拓中国精神、中国学理、中国风格、中国气派的新闻学前沿阵地。

第三，作者采用的研究方法是以人立论，理事并重、史论结合，依据中国政治、文化和时代背景，挖掘范敬宜同志50多年新闻实践和新闻教育生活中所体现、表达、总结出的新闻理想追求、新闻政治立场、新闻文化底蕴、新闻专业经验、新闻理论思考、新闻职业素养和新闻教育探索的精神和境界。这不只给当代学子提供了一个实践中国特色新闻学的榜样，也是生动地阐发中国特色新闻学形成、发展、深化、创新的根基和内在力量。中国特色新闻学研究不拘泥于理论推演、中外比较那种套路，完全可以从丰富多彩的新闻实践经验中提炼和升华，一切理论本来就是实践的产物。所以，我认为这篇博士论文是中国特色新闻学研究的一个创例，入选"中国新闻学丛书"是有导向作用的。

正如李彬、赵月枝两位教授在"中国新闻学丛书"总序中所言，"中国新闻学"自然指立足中国的新闻学，离不开中华民族5000多年源远流长的文明史、中国人民近代以来180余年屡挫屡奋的斗争史、中国共产党100年来艰苦卓绝的奋斗史、中华人民共和国70多年正道沧桑的发展史，以及其中蔚为大观的新闻与传播实践史，包括新闻学与传播学的学术传统。我完全赞同这一学术立场，并且想借此强调几点：

一、中国文化是中国各族人民创造和融合起来的精神河流，具有强大的包容性和改造力。佛教文化、基督教文化、伊斯兰文化、近代西方学术文化等，都先后借助各种力量进入中国，在被中国文化包容吸收的同时，进行了消化改造，取其精华，剔其糟粕，打上中国的底色，使之始终处于次级文化位置，完全不同于外国的同类文化。就是马克思列宁主义，也经历了中国化、时代化的历程，转变为中国化的21世纪的马克思列宁主义。这是一个铁律。外来的新闻学也是这样。当西方传教士在华办报和中国早期留学生回归本土开展新闻活动时，立即发现中西方文化环境和社会制度完全不同，西方那一套难以生存。因为西方所谓的言论自由，西方编造的"社会公器""第四权力"，在这里毫无立足之地，一不能"自由"、二不是"公器"、三没有"权力"的新闻学，居然水土不服而导致"学术"失灵了。只有当王韬等以政治批判改变中国、梁启超以变法维新改良中国、孙中山先生以发动革命推翻封建王朝统治为目的，办报办刊，开启民智，传播文明，救亡图存，改造中国时，近代新闻文化才被中国主流文化所接纳。从1914年到1919年中国知识界创办的新闻报刊成千上万，孕育了具有划时代意义的"五四"新文化运动，传播了马克思列宁主义，启蒙了工人阶级。

二、中国共产党是以新闻出版活动起家的，100年来始终把新闻舆论作为安邦定国、治国理政的大事情。以陈独秀、李大钊、毛泽东为代表的早期共产党人，革命活动开始就是创建新闻舆论阵地，宣传马克思列宁主义和俄国十月革命道路。特别是毛泽东同志，很早就指出，凡是推翻一个政权总要先造舆论，建设一个新政权也要靠舆论的力量，所以他一直把新闻工作作为团结全党进行伟大斗争的武器，亲力亲为亲自指导报刊出版工作，这在我们党内形成优良传统。正是在这种思想指导下，党的新闻舆论工作创造了丰富的思想理论和鲜活的实践经验。这正是我们构建中国特色新闻学的坚强基石和宝贵资源。中国新闻学研究应当聚焦在这一点上，别跟着西方操弄那些所谓的"概念""定律""前沿""热点"等。我跟美国等西方新闻出版界打交道50年，他们连"媒体是有老板的，老板是用资本控制舆论的"——这么简单的事实都不敢承认，还有什么"新闻学"理论是科学的？

三、自然科学和社会科学都是在社会实践活动中产生、发展和反复检验中完善起来的，而人民大众的普遍实践活动中总有一些勤奋的天才的领头人先知先觉，做出突出贡献。所以，他们就成为这个学科的阶段性标识，新闻学也是这样。近代以来，在新闻出版领域里有贡献的新闻名家有450多人（包括港台），其中我们党的新闻巨子有100多人，个个都是值得我们认真研究、学习的榜样。陆洪磊同学选择范敬宜同志作为研究对象，深入挖掘其新闻理想、新闻实践和新闻教育思想，以人从事出、理从实来、史论结合的方法，梳理中国新闻学的特色，阐述新闻实践、新闻教育的一些理论问题，使人感到一种清新的风格，突破了冗长、死板、引文烦琐的论文模式。这也是创新，是理论联系实际、学术扎根实践的探索。我希望青年学子更多地关注中国共产党百年新闻实践和理论的发展规律，更多地研究党的新闻战线的先驱和优秀人物，因为每一个时期、每一个人物都有闪光的亮点。正是这些亮点构成了中国特色新闻事业的实践特色、理论特色、制度特色、工作特色，这些终归会成为中国和人类认识世界、改造世界的共同财富。

新闻学是构建中国特色哲学社会科学的支柱学科之一，也是我们学院立院之本。借此祝愿老师同学们不忘初心，勇担使命，面向主流，坚挺主题，继承和发扬范敬宜院长的好思想、好作风，在构建中国特色新闻学的征程上再立新功。

2021年10月26日于清华大学

作者系原国家新闻出版总署署长、十二届全国人大教科文卫委员会主任委员

前言　范敬宜与他的时代

陆洪磊

2020年为范敬宜逝世十周年，2021年为范敬宜诞辰九十周年，同时也是我国全面建成小康社会之时，更是适逢中国共产党的百年诞辰。在这样一个特殊的历史节点写下本书，首要的是总结范老的宝贵新闻思想，同时表达对范老的缅怀之情。但更重要的是，重新提炼范敬宜的新闻思想，重新欣赏范敬宜作为党的新闻工作者的优良作风和高尚品格，可以在党的新闻舆论事业即将步入下一个历史阶段之际，为广大新闻工作者和新闻学子树立榜样，与大家共勉向前。

本书以范敬宜的新闻思想为主要研究对象，主要原因有三：（1）范敬宜新闻思想可以为新时代培育新闻人才提供亟须的理论资源；（2）范敬宜作为新闻前辈，他出众的能力、富有魅力的人格和大儒大智的品质都是十分值得学习的；（3）范敬宜新闻思想可以为当下马克思主义新闻观研究提供生动的注脚，有助于马克思主义新闻观更好地被理解和传播。

一、新时代对新闻人才要求的转变

在媒体行业高度发达的今天，新闻舆论工作对于党和国家发展的重要性不言而喻，而新闻工作的核心就是新闻人才。对于新闻人才有一些问题始终值得思考，例如，什么是一个好的新闻舆论工作者？新闻工作者应该遵循一个怎样的行业评判标准？从事新闻工作应当具备怎样的素质？该如何培养一名优秀的、可靠的新闻舆论工作者？……新闻人才的培养，随着近年来国际新闻格局的变化和人们对于新闻行业的反思，逐渐成为一项值得再次重视的命题。

21世纪以来，尤其是2008年全球金融危机之后，国际政治经济和传播格局正在经历着一场重大的转型，随之而来的，便是全球话语权力的转移和全球传播新秩序的萌动（姬德强，张毓强，2019）。中国也在这一重要的历史当口大力推进国际传播能力建设，并提出了"一带一路"和"人类命运共同体"等重要的战略性倡议（姜飞，2020a）。实施这些宏伟的战略，不仅需要国家"硬实力"作坚实的基础，更需要在文化、传播、理论等"软实力"层面加强配合。

全球媒介格局之变，带来新闻人才培养要求的转变。相较于传统媒体时代，全球化和互联网时代的新闻舆论工作者需要具备更强的"价值判断能力、事实核查与整合能力、数据分析与应用能力、情境内涵的认知能力"（李明德等，2020），具备全球视野，更全面地掌握媒介技术。有研究指出，未来国际新闻舆论工作者的培养，应该更加侧重于"加强学科交叉、拓展国际视野、培养本土关怀"（戴佳，史安斌，2014）。也有研究认为，高校培养新闻人才应当以需求为导向，从供给侧改革层面培养高素质、国际化、社会化的新闻人才（周典典，2019；窦锋昌，2018）。也有学者指出，要让新闻人才多观摩和学习中国传统文化，更懂中国文化才能做到更好地传播（姜飞，2020b）。

然而需要引起重视的是，全球媒介格局之变，使得国际传播的政治性获得了前所未有的增强。国际新闻中所隐埋的"政治地雷"需要时刻警醒，曾经的"阿拉伯之春""颜色革命"都是最好的例子（李艳，2018）。尤其在近些年中美两国大国博弈的大背景下，西方主流媒体对中国在地缘政治、意识形态、经济贸易等各个层面步步紧逼，使得新闻传播的政治性事实上已经成为我国新闻传播事业不得不重视且加强的重要维度。故而对于新闻人才的培养，也越来越需要将政治素质培养和思想教育视为重中之重。

二、为什么是范敬宜？

正如本文开头所述，既然要强调榜样的力量，通过榜样的故事体现出一名卓越的新闻舆论工作者应当是怎样的，那么为什么会选择范敬宜的新闻思想作为研究对象？范敬宜的特别之处在哪儿？

首先，范敬宜人生经历了近现代中国诸多重要历史节点，具有历史特殊性。范敬宜出生于1931年，1951年到东北日报（辽宁日报前身）从事新闻编辑工作，1957年和1966年两次被"打倒"，1969年举家下放农村接受改造，后于1978年返回辽宁日报，1984年起调任国家文化部外文局局长兼党组书记，1986年担任经济日报总编辑兼社长，1993年担任人民日报总编辑，2002年起担任清华大学新闻与传播学院首任院长，2010年于北京逝世。范敬宜的一生经历了抗日战争、新中国成立、"文化大革命"、改革开放等重要历史节点，他的新闻历程与中国的历史紧密地联系在一起。从他的新闻中，可以寻找时代的影子；从时代的变化中，又可以印证他新闻的书写。

其次，范敬宜在新闻工作和新闻教育领域取得了卓越的成就，获得了来自不同群体的极高评价。纵观百年来的中国新闻传播史，很难找到几位在官方、同行和群众中都拥有着极高评价和口碑的新闻工作者。在范敬宜去世后，人民日报社发布的讣告上这样写道：

> 中国共产党的优秀党员，忠诚的共产主义战士，党的新闻宣传战线和新闻教育战线的优秀领导干部、人民日报社原总编辑范敬宜同志，因病医治无效，于2010年11月13日13时42分在北京逝世，享年79岁。

2011年，由新闻出版总署组织编写、人民出版社出版的《中国红色记者》中，范敬宜同陈独秀、李大钊、瞿秋白、邹韬奋、范长江、穆青等知名新闻人一起被列为中国的54位"红色记者"（商立民，2011）[2]。人民日报原副总编辑梁衡如此评价范敬宜："论学问是中西合璧，论经历是七上八下，论意志和信念可谓九死而不悔。他曾主持《经济日报》《人民日报》两大报纸，成绩显著，且人又十分温和善良……今后中国新闻界这样的人是不多了。"（梁衡，2010）经济日报社高级编辑姜波则给予范敬宜"中国最后一个报人"的夸赞，对范敬宜在新中国新闻事业中的地位给予了极高的肯定（姜波，2010）[390]。在范敬宜的葬礼上，范敬宜的家人亲朋，清华大学近两百名师生、毕业校友与社会各界人士一起前来送别范敬宜，寄予深切的缅怀（金兼斌，2010）。

此外，范敬宜的特别之处还在于他个人的"多维度"，东方与西方、传统与现代、党性与人民性，这些特征都在范敬宜身上融洽地结合在一起。范敬宜出生于一个传统的中国家庭，有着当时不错的家庭环境和受教育条件，这使得他同时具备接触传统文化和西方文化的机会，能在精通传统诗词书画的同时说一口流利的英语。在参与新闻工作后，更是亲身示范了新闻人党性和人民性的相统一，将新闻做得既反映时代热点，又接地气。

更重要的是，范敬宜是新中国历史上为数不多同时具备长期新闻工作经历和新闻教育经历，且在新闻工作和新闻教育两个领域里都做出了突出贡献的新闻人。当代从事新闻工作后再从事新闻教育工作的人并不少见，但能以"新闻思想"归述其新闻实践和新闻教育思想成果的人，范敬宜毫无疑问是最具代表性的人物，堪称是一座"丰碑"（郭庆光，来向武，2011）。

范敬宜这样的新闻人，纵观整个中国百年新闻史，确实少之又少，其新闻事业上的成就、个人经历和个人魅力都为人津津乐道。他的新闻思想更是凝结了他从事新闻实践时的经验和思考，具备极强的现实意义和理论价值，非常值得挖掘。

三、已有研究评述

目前国内与范敬宜相关的学术研究数量不多，主要集中于三种类型的论述。第一种研究的类型是对于其新闻思想的综述和归纳，包括新闻实务思想（含采访、写作、编辑、评论、排版等）、办报思想、新闻实践观、新闻文化观、新闻教育思想等，这一种类型的研究数量最多，且同质化程度较高。第二种类型是对于其新闻作品的分析，包括对其《总编辑手记》、作品集的分析，这一种类型的研究数量较少，且大多停留在"读后感"的层面，不太能被归类为学术研究。第三种类型是对范敬宜为人处世的人文类研究，一般以回忆叙事为主，侧重于评析和品鉴范敬宜的人生经历、性格品行和思想论述，一般以作者和范敬宜的共同经历为切入点，表述往往情真意切，饱含追思之情。

然而，有学者在2011年针对当时已有的研究指出，对于范敬宜的研究存在诸多问题，例如碎片化情况严重，同质化程度较高，表述琐碎，论述浅显，举例随意，描述不够准确等，而且整体而言现象描述和局部研究较多，理论分析和系统性研究较少，且少有具备创见性的结论（雷晓艳，2011）。在研究者观察看来，虽然已经十年过去了，但是对于范敬宜的研究数量却有减无增，这些问题仍然还是存在，而且尚无具备创新性、突破性的研究成果出现。

因此，本书希望开展系统性的整体研究，结合现实经验进行理论分析，避免老生常谈式的思想总结，基于理论对话、文献考察、人物访谈和历史研究，来对范敬宜的新闻思想进行全面、系统、深入、创新的剖析，使之既富有理论感，又具备现实感。

目　录

第一章　新闻思想研究的性质与方法 ………………………………… 001

　一、前提与原则：在进入新闻思想研究之前 ………………… 001

　二、研究问题 ……………………………………………………… 006

　三、研究原则 ……………………………………………………… 007

　四、研究方法 ……………………………………………………… 008

　五、章节设计 ……………………………………………………… 009

第二章　知人论世：范敬宜的新闻生涯 ……………………………… 011

　一、新闻的启蒙：范敬宜新闻思想的文化成因 ……………… 011

　二、深入基层：新闻思想的转变与重塑 ……………………… 016

　三、厚积薄发：新闻思想的成熟与稳定 ……………………… 021

　四、新闻教育：对清华新闻教育传统的塑造 ………………… 024

　五、范敬宜新闻思想何以形成 ………………………………… 027

第三章　新闻与政治：作为政治家的新闻工作者 …………………… 030

　一、如何理解新闻与政治？ …………………………………… 031

　二、基本立场：以马克思主义新闻观为思想统领 …………… 032

　三、意识与观点：政治把关，导之有责 ……………………… 037

　四、原则与方法：实事求是的实践观与"三贴近"原则 …… 044

五、作为政治家的记者：《分清主流与支流　莫把"开头"当"过头"》…………………… 050

　　六、作为政治家的总编辑："关广梅事件"系列报道 …………… 054

　　七、何以培养和提高新闻工作者的政治素质 …………………… 058

第四章　新闻与文化：作为群众观点的新闻文化 …………… 061

　　一、如何理解新闻文化？ ………………………………………… 061

　　二、层次与本质：范敬宜对新闻文化的理解 …………………… 063

　　三、对新闻媒体文化现状的分析及反思 ………………………… 069

　　四、范敬宜新闻文化思想中的辩证法 …………………………… 072

　　五、作为群众观点的新闻文化 …………………………………… 077

第五章　政治与文化的交响：范敬宜的新闻实务思想 …… 080

　　一、新闻实务思想的系统化表达：新闻范式 …………………… 080

　　二、范敬宜新闻范式的特点与核心 ……………………………… 084

　　三、范敬宜新闻实务思想的形成、调整和稳定 ………………… 095

　　四、范敬宜的新闻实务思想及其时代意义 ……………………… 105

第六章　立场、观点与方法：范敬宜的新闻教育思想 …… 108

　　一、立场：以马克思主义新闻观为统领 ………………………… 108

　　二、观点：素质为本，实践为用，面向主流，培养高手 ……… 114

　　三、方法：重视实践教育，塑造学院文化 ……………………… 120

　　四、范敬宜与当代中国新闻人才观 ……………………………… 126

　　五、范敬宜新闻教育思想的影响 ………………………………… 134

第七章　范敬宜新闻思想的理论贡献与时代意义 ………… 135

　　一、新闻史视角下的范敬宜新闻思想 …………………………… 135

　　二、范敬宜新闻思想的主要观点 ………………………………… 141

　　三、三大视野：解读范敬宜新闻思想的内涵 …………………… 146

四、范敬宜新闻思想的主要贡献:"五观四讲三贴近" ………… 149
　　五、范敬宜新闻思想的理论意义与现实关照 ………………… 153

参考文献 ……………………………………………………………… 156

附录 A　范敬宜年表 ………………………………………………… 168

附录 B　访谈纪要 …………………………………………………… 171
　　个人访谈纪要一:范迅 ……………………………………………… 171
　　个人访谈纪要二:王健华 …………………………………………… 174
　　个人访谈纪要三:姜凤羽 …………………………………………… 176
　　个人访谈纪要四:李万东 …………………………………………… 179
　　个人访谈纪要五:战红 ……………………………………………… 181
　　焦点小组访谈纪要:高鸿烈、马光、卜志忠、赵桂荣 ……………… 184

后　记 ………………………………………………………………… 188

第一章 新闻思想研究的性质与方法

开展某位人物的新闻思想研究，是对该人物毕生在新闻领域的所有思想和观点进行高度概括和分析的过程。一方面，需要这位人物已经在新闻领域有了一定的建树，另一方面也需要这位人物对于新闻的观点已经达到了可以形成"思想"的高度。因此，可以开展思想研究的对象，一定是一个在思想史上有着卓越贡献，并且具备相当的理论和现实意义，值得好好分析的人物。

一、前提与原则：在进入新闻思想研究之前

在开展范敬宜新闻思想研究之前，有必要厘清何谓"新闻思想"，如有必要，还需深度探讨何谓"思想"。厘清分析新闻思想的主要维度，有利于建构研究的基础框架。

（一）如何开展新闻思想研究？

首先，要明晰新闻思想研究的性质。本研究对范敬宜这一人物的新闻思想进行探讨，既属于思想史研究，也属于人物研究。人物研究与思想史研究的联系十分密切，在20世纪早期，这二者几乎不作区分，统称为"学术思想史"，直到后来受苏联学风影响才将二者区分开来（罗志田，张洪彬，2016）。然而倘若将思想者从思想研究中剥离出来，虽然会得到所谓更加"纯粹"的哲学思维，但势必会以损失场景的还原感和细节的真实感为代价。因此，在开展本研究之前，需确立一个原则，将人物研究与思想史研究统一起来：在论述人物时归纳思想，并在评述思想时刻画人物，不必对二者进行刻意地区分。

其次，要寻找到一个合适的方法论。从史学研究方法论的层面来讲，研究中必须应用哲学思维进行抽象的思辨，把个别提高到特殊性，再把特殊性提升至普遍性，在这个过程中寻找和提炼规律（李杰，2009）。也就是说，范敬宜的新闻思想作为中国新闻思想史中的重要个体，需要从中提炼出其特殊性，再

从这个特殊性中寻找可以为中国新闻传播事业未来发展提供借鉴的普遍性。

此外，以人物为研究路径是新闻思想研究的重要研究思维之一。有学者指出，人物研究不应局限于人物本身，更应当转向与人物相勾连的历史，"由人看事，以此观彼，知人论世"，进而扩展人物研究的范围，在立体的历史语境中还原人物，举一反三（张太原，2011）。以人物为研究路径，不仅能更好地了解和研究人物所在的历史，更能回过头来对人物的新闻思想有一个更加丰富的认知。

最后，具体开展研究时，要有合适的研究方法。人物研究或思想史研究常用的研究方法包括文本研究法、事件联系法和环境分析法等（曾佳敏，2020），即通过历史文本、历史事件、历史环境等要素来对人物进行分析研究。在具体实施过程中，大可不必拘泥于固定的研究方法，但凡对研究有帮助、可以更好地推进研究的研究方法都应当被纳入到使用范围内。

因此，开展范敬宜新闻思想研究，需要在对研究性质本身有基本把握，在明确方法论原则的基础上，以范敬宜这一人物为主要研究路径，在历史语境中还原人物，以人物理解历史，并选择合适的研究方法开展研究。

（二）从思想的本质说起：什么是新闻思想？

正如前文所述，既然要开展新闻思想研究，那么该如何从哲学思辨层面去理解"新闻思想"呢？以及又该如何去理解"思想"本身呢？解决了这些问题，本研究的主要框架也就得以建构了。

在以苏格拉底、柏拉图、亚里士多德等为代表的古希腊学者看来，人类凭借感觉、记忆和经验积累智慧，创造了理论和学术。正如亚里士多德在《形而上学》中讲道："古今来人们开始哲理探索，都应起于对自然万物的惊异；他们先是惊异于种种迷惑的现象，逐渐积累一点一滴的解释，对一些较重大的问题……作成说明。"（亚里士多德，1995）[5]。从这个层面上来说，人们对于现象的探索、归纳和思考形成了知识，经过分析之后形成一种成体系的集合体，即为思想。

以康德、黑格尔、雅可比为代表的德国观念论体系学者则认为，思想以经验和知识为起点。康德于《纯粹理性批判》中提到，经验是一切知识的起点，强调了理性对于建构知识的作用（康德，2004）[10-18]。黑格尔在此之上指出，人的意识可以对知识和对象进行比较，不断进行同一性建构，通过这一辩证活动形成了思想（尚文华，2020）。

不同于黑格尔，马克思使用了辩证唯物主义的视角去剖析思想形成的过程，强调思想与现实实体的二分（王南湜，2017）。在《德意志意识形态》中，马克思尖锐地批判了青年黑格尔派将思想视为人类社会的枷锁，没有正确认识思想的来源和意义，进而指出：

> 思想、观念、意识的生产最初是直接与人们的物质活动，与人们的物质交往，与现实生活的语言交织在一起的。人们的想象、思维、精神交往在这里还是人们物质行动的直接产物。（马克思，恩格斯，2012）[151]

这一观点强调了物质产生思想的唯物主义视角。此外，马克思还在《哲学的贫困》中探讨了以理性为起点形成思想的过程，"颠倒了黑格尔的辩证法"，以经验的差异性维度取代黑格尔的同一性维度作为思想和行动的出发点（尚文华，2019），也就是说提出了可以将现有事物的否定和批判作为思想的基本方式之一，完成了唯物主义与辩证法的结合。马克思对这一过程进行了描述：

> 理性一旦把自己设定为正题，这个正题、这个与自己相对立的思想就会分为两个互相矛盾的思想，即肯定和否定，"是"和"否"。这两个包含在反题中的对抗因素的斗争，形成辩证运动。（马克思，恩格斯，2012）[220-221]

毛泽东也曾探讨过思想的本质，他在《人的正确思想是从哪里来的？》一文中指出，人们往往通过对外界客观现象的感知，经过大脑的反应和加工而形成感性认识，当感性认识累积到一定程度之后，就会"产生一个飞跃"，由感性认识转变为理性认识，这种理性认识就是所谓的思想（毛泽东，2015）。毛泽东的阐释较为通俗地概括了马克思主义观点下思想形成的过程，即感官获取经验，经过理性思辨的过程，经验转化为了思想。

至此，本书已基本可以厘清思想的本质，即经由理性思辨处理后的知识和经验。思想一定是高于经验的存在，区别于知识和理性，通过记忆、归纳、比较、实践的途径形成。

对于什么是新闻思想，其实在新闻传播学界讨论得很少，大多数研究都把这一概念作为一种公认的共识进行探讨，笼统地指代有关新闻的一切知识、理论和观点。按照本书总结的观点，新闻思想其实就是人们在现实生活中接触到有关新闻活动的经验和知识，通过一定的理性思考后形成的认识体系。

由于思想具有内在性、可实践性、圆融性和系统性等特点（郭继民，2013），延伸到新闻与传播领域中，便可以理解为：内在性表明新闻思想必须经过分析和思考而抽象形成；可实践性意味着新闻思想来源于新闻实践，高于新闻实践，并指导新闻实践；圆融性意味着新闻思想需要是自洽的，不可自我矛盾；系统性则意味着新闻思想需要是成体系的，不是单一的观点所形成的。

总结来说，新闻思想是指新闻机构或个人用以组织新闻报道的成体系的指导思维。它体现着新闻报道的方向和意图，表明报道的目的、内容、范围、重点和要求，是新闻活动的依据和出发点，指导着新闻工作。

哲学上对于思想的探讨过于艰深晦涩，故而在本研究中，对于这一概念的探讨不宜过于深入，否则将失之偏颇。只要达到了厘清其主要维度，便于展开后续分析的目的即可。

（三）范敬宜的新闻观点何以成为"思想"？

按照前文对思想的定义，当我们在论述"范敬宜的新闻思想"时，一般认为其是指范敬宜对于新闻思想的所有经验、观点和知识的集合。那么，范敬宜的新闻经验、观点和知识又如何得以被称为是"思想"呢？

再按照前文对于形成思想的条件的分析，这些"经验、观点和知识"如果要形成"思想"，则必须满足如下条件：（1）可实践性，即经过实际新闻实践所得，并非凭空想象，同时可以指导实践，具备现实意义，可以从实践中汲取经验，以丰富和发展思想本身。（2）内在性，即需要经过范敬宜自身理性思考所得，并非空想或感性的。（3）圆融性，即经历过"否定之否定"的检验，满足辩证的逻辑，且逻辑是自洽的，并非"拍脑袋"所得。（4）系统性，即形成一个自圆其说的体系，并非零散的只言片语。

基于对范敬宜新闻思想的基本分析，研究者对所谓的"范敬宜新闻思想"是否满足上述条件进行了检验。

首先，范敬宜新闻思想的重要关切之一就是实践观，范敬宜本人就经历过长达半个世纪的新闻实践，其对于新闻的观点和认识都是基于他的实际工作和生活经历。同时，范敬宜的诸多新闻实践包括新闻教育，都是在他的新闻思想指导下进行的。因此，范敬宜新闻思想毫无疑问满足可实践性的要求。

其次，范敬宜经常会在新闻工作的过程中自觉地总结经验教训，他的《总编辑手记》和《范敬宜文集：新闻教育文选》等书籍中，有着大量经过理性思考和分析的观点和洞见，故而肯定也满足内在性要求。

再次，范敬宜本人是坚定的马克思主义者，对辩证唯物主义和历史唯物主义十分推崇，其思考和实践也大量地接受辩证法和唯物主义的指导和引领。而且他的新闻实践经验比绝大多数新闻工作者都要丰富，现实足够充分的实践足以产生接近于饱和的经验和自洽的逻辑。可以说，正是因为他有着辩证和自洽的新闻思想体系，他才能被中央和人民所认可，担任重要的政治岗位。

最后，范敬宜虽然没有系统性地总结或发表过他的新闻思想，但从他晚年从事新闻教育所开设的课程和举行的演讲中，研究者可以判断他已经有了一套成熟且稳定的新闻思想体系。这套新闻思想体系包含了他对新闻政治、文化、实务和人才培养等各个层面的具体思考，足以达到系统性的要求。

因此，"范敬宜新闻思想"的提法是成立的，且是科学的，是符合学术研究标准的。对范敬宜新闻经验、观点和知识的相关研究，就是对范敬宜新闻思想的研究。反之亦然。

（四）范敬宜新闻思想研究的三大视野和四大层面

在前期文献调研中，研究者发现对新闻思想本身成熟且系统的论述少之又少。在国内学界已有的关于新闻思想的研究中，绝大部分是重要人物的思想评述或分析，少有研究曾梳理过分析新闻思想所需要的主要维度。

前文已从哲学层面对新闻思想进行了界定，接下来就该解决如下的问题：范敬宜一生有众多关于新闻的观点和论述，可以按照何种思路对这些思想进行研究和讨论？或者说，提炼其思想时应当采用何种维度？

研究者经过对范敬宜主要新闻作品的分析和对他本人新闻历程的回顾，认为可以从"宏观理论视野、中观实践视野和微观个人视野"三大视野，以及"新闻政治、新闻文化、新闻实务和新闻教育"四大层面入手进行剖析。

首先是宏观理论视野，主要是从理论层面对范敬宜的主要新闻思想进行总结和提炼，包括：

（1）新闻政治思想，即范敬宜是如何看待新闻与政治关系的，在政治上秉持何种立场、何种观点、何种意识、何种原则，在实践中采用何种方法。

（2）新闻文化思想，即范敬宜是怎样认识新闻中的文化的，如何认识新闻文化在新闻实践中的地位和作用，如何将新闻文化转变为自己新闻作品的优势。

其次是中观实践视野，侧重总结范敬宜在做新闻工作和从事新闻教育时的切身体会，进而讨论他的新闻思想是如何与现实互动的。中观实践层面的主要内容包括：

（1）新闻实务思想，即范敬宜是"怎么写新闻/编辑新闻"和"怎么理解新闻工作"的，主要通过对他的作品进行分析而切入，弄清楚范敬宜是如何在新闻实践中获取事实的，他对于客观事物是通过何种途径完成主观抽象的，这种主观抽象又是如何被他以新闻的形式表达出来，并影响受众和事物本身的。

侧重他在作为新闻记者和编辑时的新闻思想。

（2）新闻教育思想，即范敬宜是如何开展新闻教育和培养新闻人才的，以什么立场，秉持何种育人理念，采用什么教育方法，体现了怎样的人才观。侧重他在作为新闻教育者时的新闻思想。

最后是微观个人视野，着眼于范敬宜个人成长的历史过程，从范敬宜的新闻实践史展开，分析其新闻思想在各个人生阶段中形成、发展和稳定的变化过程，总结影响其新闻思想形成的主要因素。从历史的视野对范敬宜个人的新闻思想史进行整体的把握和了解。

综上，研究者将从"宏观理论、中观实践、微观个人"三大视野，以及"新闻政治思想、新闻文化思想、新闻实务思想、新闻教育思想"四个层面入手，建构起文章的整体脉络和框架，继而提出相应的主要研究问题。

二、研究问题

研究问题是整篇研究的核心，在开始相关研究之前，必须建立起清晰的研究思路和框架。本研究的主要目的，就是讲清楚以下四个问题：

问题一：什么是范敬宜的新闻思想？如何理解范敬宜新闻思想的内涵？

如何概括和理解范敬宜的新闻思想，这是一项比较困难和艰涩的工作。虽然前人或多或少已有相关的论述，但大多都是以期刊论文的形式进行陈述，鲜有学位论文（目前只有一篇硕士论文）以此为题，也少有系统性、全面性的论述。故而现有研究对其新闻思想深度的挖掘和对时代发展意义的论述，并没有做到应有之地步。要剖析范敬宜的新闻思想，首先要从理论层面弄清楚这么几个问题：什么是新闻思想？如何对新闻思想进行研究？依照辩证唯物主义思想，新闻思想该如何从新闻实践中产生和提炼，又如何指导新闻实践？这些都是较为具体的问题，是需要在做新闻思想研究之前加以厘清的。

问题二：什么是范敬宜新闻思想的主要贡献？如何认识和理解范敬宜新闻思想的独特性？

范敬宜新闻思想之所以被学界和业界同人推崇和研究，势必是因为其存在研究价值，有着独特的贡献。那么，范敬宜新闻思想的贡献主要体现在哪些方面呢？范敬宜作为一代新闻人的代表人物之一，他的新闻思想相较于徐宝璜、陆定一、邹韬奋、邓拓、穆青、甘惜分等新闻学前辈，有其独特性所在。那么，如何认识和理解这种独特性，就成了一个值得解决的研究问题。认识和理解这种独特性，对于进一步了解范敬宜新闻思想的主要贡献有着重要的意义，对探究其新闻思想的价值是一种深挖。

问题三：范敬宜新闻思想对于当代中国的新闻事业有着怎样的理论和现实意义？

在完成对范敬宜新闻思想分析之后，随着研究的"惯性"，可以很自然地延伸到这一思想可以产生何种的理论和现实意义，尤其是对于当代中国的新闻事业而言，包括新闻实务、新闻教育和新闻学研究等。了解范敬宜新闻思想的理论意义和现实关照，对于进一步理解和传播范敬宜新闻思想来说十分重要。

问题四：应当基于怎样的历史语境和框架来理解范敬宜新闻思想？

范敬宜的一生经历了抗日战争、解放战争、新中国成立、"文化大革命"、改革开放等诸多重要的历史当口，其新闻思想也随着历史环境的变迁发生着变化。脱离历史的语境来理解范敬宜的新闻思想显然是不切实际的，也是割裂的做法，是不可取的。因此，如何在历史的语境和历史的框架内对范敬宜的新闻思想进行解读和分析，将思想与历史勾连起来，是本研究一个重要的研究问题。

分析清楚上述四个主要研究问题，是本研究的主要目的所在，但并不是局限于上述四个问题。研究过程中即时出现的观点和灵感，但凡对理解范敬宜新闻思想有帮助，都将被纳入到研究范围内来。

三、研究原则

人物思想研究是一个复杂而漫长的过程，因此必须在开展具体研究之前，确立相应的研究原则和立场，为整体研究指明方向。本研究中，主要秉持以下四个原则：历史视野、问题导向、本土意识、政治自觉。

原则一：历史视野。正如前文所述，任何人物的分析和解读，都无法脱离人物所处的历史语境和框架。对范敬宜新闻思想的分析和解读一旦脱离了历史的语境，势必会产生意义上的断裂，难免会有所偏颇。在进行范敬宜新闻思想的研究过程中，时刻把握历史的视野，以历史的眼光看待人物的经历和观点，可以更准确地还原新闻思想形成的过程和原因，有助于更好地理解其思想内涵。

原则二：问题导向。人物的新闻思想研究需要时刻保持着问题意识，以现实、具体、重要的问题为研究导向，用持续的发问推进研究的进行，同时在研究过程中也时刻保持对自我提问的批判意识。要杜绝缺乏针对性的泛泛而谈，保持思想研究的现实性、辩证性和批判性，使得思想和现实之间存在回应和互动，这样才能使思想研究做得生动而有意义。

原则三：本土意识。范敬宜的新闻思想是扎根在中国土地上的新闻思想，有着鲜明的时代特色和国家特色，是中国特色新闻学思想庞大体系中重要的组成部分。文章中虽然用到了少量西方的新闻理论，但需注意时刻保持本土意识，以我为主、为我所用，要以已有的理论和方法辅助范敬宜新闻思想研究的开展，不能倒过来使范敬宜的新闻思想沦为西方新闻理论的注脚。

原则四：政治自觉。学术研究与政治的关系争论由来已久，而目前看来，无论是历史的经验还是现实的情况，都揭示了学术与政治不可分割的密切关系。本研究属于学术思想史研究，王维佳（2011）曾警示，当下不少学术研究者在开展学术史研究中，都不可避免地带有"政治无意识"，即将自己惯有的政治成见带入到学术研究的过程中，表面上无有立场，但实则已让成见影响了其对于历史的判断。故而研究者决定，本研究不避讳政治立场和观点对于学术研究结果的影响，反而恰恰要做到"政治有意识"，以明确的政治自觉进行学术思想史的书写，以马克思主义的辩证法和唯物史观为基本指导思想，开展对于范敬宜新闻思想的研究。

四、研究方法

范敬宜新闻思想研究，本质上是一项基于思想史的研究。根据研究者对范敬宜新闻思想研究的特点的判断，本研究决定采用以史论为主的基本体例开展研究。有学者对学术史研究的要求作出过归纳：微观和宏观结合，史论结合，述而有评（张青松，2020）。也有学者指出，思想史的研究需要遵循"论从史出"，让论述的根基更为扎实可靠（祝敏青，2019）。

因此，在范敬宜新闻思想的研究方法选择上，研究者主要考虑研究方法要贴合文本素材特性，采用"以史为线，论从史出，史论结合，述而有评"的方法原则，同时考虑宏观、中观、微观等多个不同视野，从不同层面对范敬宜的新闻实践史和思想史进行考察，对其新闻思想有一个整体的、立体的把握。

在具体的素材分析环节，研究者将主要使用文本分析法来对重要文本内容进行深入分析，包括对范敬宜新闻作品的分析，对范敬宜本人有关既有文献的分析，对范敬宜新闻人生的历史叙述和回顾，包括范敬宜本人的手稿、讲稿、新闻报道，报社的会议记录，他人的回忆叙述，等等，挖掘深刻的结论。

在收集第一手资料和第二手资料方面，本书最为倚仗的还是访谈法，其中包括半结构化访谈法和焦点小组访谈法。

运用半结构化访谈法，则是主要通过与访谈对象的深入交流，通过访谈对象的叙述生动地还原历史场景和人物经历，以及通过访谈对象的视角和观点理解范敬宜的有关新闻思想，以更直观、深刻地理解范敬宜的新闻思想。之所以采用半结构化访谈，也是为了避免结构化访谈一定程度上带来的拘束，给访谈对象以自由思考和充分回忆的空间和时间，同时对访谈对象保持一定的引导性，不至于令访谈过程失控。

焦点小组访谈法，指的是研究者拟定某个特定的话题，通过组织访谈成员之间的交流对话，而进行的材料收集的方法（方蒸蒸，程晋宽，2012）。运用焦点小组访谈法，则主要是希望通过访谈对象之间的互动和相互启发，尽可能地激发和唤起访谈对象之间的共同记忆，同时可观察范敬宜在多位访谈成员之间的共同印象，塑造与范敬宜有关的共同意义。

五、章节设计

著名新闻出版工作者、人民日报原副总编辑梁衡曾对范敬宜有过一段评语："范敬宜继承了中国报人的正宗一脉，警醒于政治，厚积于文化，薄发于新闻，满腹才学，发为文章，并带出一批高徒。"（梁衡，2010）

短短一句话中囊括了范敬宜新闻中的政治、文化，以及新闻实务、教育，正好涵盖了本研究所主要叙述的两大视野和四个方面，与本书的整体脉络不谋而合。政治上，解决怎么认识新闻立场、目的和方法的问题；文化上，解决如何理解新闻文化，并通过新闻文化开展广泛的群众动员的问题；实务上，解决如何具体应用政治和文化的宏观理论思想以开展新闻实践的问题；教育上，解决如何培养新闻人才和实现新闻思想再生产的问题。

在上述问题的引导下，笔者设计了如下图所示的章节结构。

```
┌─────────────────────────────────────────────────────────────┐
│           第一章  新闻思想研究的性质与方法                    │
└─────────────────────────────────────────────────────────────┘
              ↓  以史为线，论从史出，史论结合，述而有评  ↓

微观    │ 思想史    │ 如何在历史的纵向维度展开范敬宜的新      │ 第二章  知人论
个体    │ 新闻思想  │ 闻生涯？                                │ 世：范敬宜的新
        │ 如何形成  │ 其新闻思想在各人生阶段的表现和变化。    │ 闻生涯
        │           │ 影响和塑造范敬宜新闻思想的主要因素。    │

─────────────────────────────────────────────────────────────

宏观    │ 政治思想  │ 立场：新闻工作者为谁发声？              │ 第三章  新闻与
理论    │ 怎么把关  │ 观点：范敬宜新闻政治思想主要内涵。      │ 政治：作为政治
        │           │ 方法：如何将政治观念付诸实践？          │ 家的新闻工作者

        │ 文化思想  │ 如何理解"新闻文化"？                    │ 第四章  新闻与
        │ 怎么动员  │ 如何理解新闻文化思想的核心内涵？        │ 文化：作为群众
        │           │ 如何通过新闻文化实现广泛动员？          │ 观点的新闻文化

─────────────────────────────────────────────────────────────

中观    │ 实务思想  │ 范敬宜如何组织新闻采写和编辑？          │ 第五章  政治与文
实践    │ 如何开展  │ 范敬宜的新闻有何特点？                  │ 化的交响：范敬宜
        │ 具体实践  │ 范敬宜的新闻实务思想是如何形成的？      │ 的新闻实务思想

        │ 教育思想  │ 范敬宜的新闻教育思想主要有哪些？        │ 第六章  立场、观
        │ 实现思想  │ 范敬宜如何塑造了清华新闻教育传统？      │ 点与方法：范敬宜
        │ 的再生产  │ 新闻教育应树立怎样的新闻人才观？        │ 新闻教育思想
```

↓ 以历史的语境 ↓

```
┌─────────────────────────────────────────────────────────────┐
│        第七章  范敬宜新闻思想的理论贡献与时代意义            │
└─────────────────────────────────────────────────────────────┘
```

   主要观点与基本内涵   主要贡献   理论与现实意义

研究设计框架图

第二章 知人论世：范敬宜的新闻生涯

一个人的一生有着无数的故事。所谓故事，就是他遭遇、解决矛盾的过程。故事的发展由个人的行为所决定，反映出他的思想和内心，他也在一个个故事中不断地成长。人是富有故事性的，一个好的故事又有着强有力的说服力。因此，讲好一个人的故事，比简单地罗列他的事迹或平铺直叙他的往事，更有触动人心的感染力和说服力。

人的思想尽管非常复杂，但一定是在其成长的过程中一点点慢慢积累和形成的。因此，我决定对范敬宜的人生经历，尤其是他从事新闻工作的道路进行梳理和分析。此外，正所谓知人论世，回溯范敬宜所在的时代背景对于了解人物思想也有着至关重要的作用，故而也是重要的一部分。

综上，本章内容主要聚焦于通过讲述范敬宜的新闻生涯，在叙述其新闻故事的同时探讨范敬宜新闻思想的成因与演变，主要完成两个目标：

（1）按时间序列回溯范敬宜新闻之路的各个阶段，厘清每个阶段范敬宜新闻思想的状况是怎样的，以及阶段之间的变化如何；

（2）理解哪些因素影响了范敬宜的新闻思想，进而塑造了他的新闻观。

一、新闻的启蒙：范敬宜新闻思想的文化成因

童年的成长经历对一个人的心理和行为有着终生难以摆脱的重要影响（梅珍兰，2013）。范敬宜童年和少年时期是如何成长起来的，如何接触到了新闻工作，他的性格、品行以及日后做出的职业选择受到了哪些因素的影响，都是本节所需要关注的重点。

（一）家学与家教

1931年6月12日，范敬宜出生于江苏苏州吴县。其父范承达是范端信[1]之

---

[1] 范瑞信，范氏义庄和文正书院主奉。

子，毕业于上海交通大学，与邹韬奋是同班同学。母亲蔡佩秋为蔡晋镛[1]之女，曾师从章太炎、吴梅，工于诗词，擅长音律，品格高洁（罗海岩，2009）。良好的家庭出身使他从小便与诗书为伴，家庭虽不宽裕，但尚可维持温饱。

范敬宜是宋朝范仲淹的第二十八代孙，有着深厚的家学渊源。这种与祖上的大贤人范仲淹千丝万缕的宗族纽带，加之周围人对范仲淹"先天下之忧而忧，后天下之乐而乐"浓厚的家国情结的推崇，对范敬宜早期成长和三观的成形产生了重要的影响。在往后的新闻实践中，这一份对家国人民深沉的感情时常可以在他的字里行间流露出来。

据范敬宜之子范迅的叙述，范敬宜幼年接连患有肺结核、心脏病和肾病，无法像正常孩童那样正常上学，7岁读完小学一年级后便休学在家养病。随着抗日战争的爆发，苏州沦陷，范家被日寇洗劫一空，其父范承达也在战乱中悲愤交加，不久后便病逝了。因此，范敬宜在尚且幼小的年纪便深切地体会到了"家破人亡"之痛，使他从小就比较"懂事"。1938年，范敬宜随母亲、祖母和姐姐迁往上海，投奔留美归来的两位姑母。[2]

由于范敬宜体弱多病，无法正常上学，他的教育则由他的母亲和两位姑母承担了起来。在当时，范敬宜的家庭经济情况属于普通的上海中等家庭水平。范母在一家中学做教师，领的薪水并不多。她每领到薪水，就会给范敬宜订一些《儿童世界》之类的杂志，而且时常会从学校图书馆借书出来带给他阅读。后来因为生活拮据，母亲变卖了首饰换钱，但即便如此，也凑出钱来为范敬宜买了当时商务印书馆最大部头的丛书《四部丛刊》。如此的家庭教育，是范敬宜日后虽未上过小学和初中，却工于诗书画，而被他人称为"神童"的重要原因之一。[3]

范母曾给范敬宜写过两条格言，一条是"无道人之短，无说己之长；施人慎勿念，人施慎勿忘"，提醒他时刻保持谦逊；另一条是"非淡泊无以明志，非宁静无以致远"，旨在让范克服自己浮躁的性格，专注下来。据范敬宜自己说，这两句话对他日后的性格和行为产生了深刻的影响，使得在他日后遭受诸多磨难的时候能有积极而坦然的心态面对之。

---

[1] 蔡晋镛（1868—？），字云笙，寓居苏州。晚清举人，书法家、画家、收藏家，为苏州草桥中学（今苏州一中）的首任校长，后来的教育家叶圣陶、文学家俞平伯、历史学家顾颉刚、画家吴湖帆，都是该校第一期学生。

[2] 内容来自与范迅的访谈，访谈时间为2021年4月7日，访谈地点为中国矿业大学。

[3] 内容来自与范迅的访谈，访谈时间为2021年4月7日，访谈地点为中国矿业大学。

（二）国学培养

仅有来自家庭的教育，是无法培养出传统文化底蕴如此深厚的范敬宜的。范敬宜得以到达"诗书画三绝"的造诣，与年少时期教过他的老师们有着密不可分的关系。

无法上学期间，范母请来了吴门画派传人樊伯炎为范敬宜教授国画，奠定了他山水画的根基。1946年，15岁的范敬宜考上了国学大师唐文治主办的上海无锡国专，在当时是难度极高的一件事。据其国专同学冯其庸的回忆，范敬宜和他当时师从钱穆、朱大可、唐兰、顾廷龙、童世业、周谷城等著名学者、文人，以吴湖帆[1]为师学山水画，以顾佛影[2]、陈小翠[3]为师学习诗词，以王蘧常[4]为师学习书法，自彼时便积累了深厚的诗书画功底（冯其庸，2010）。等到17岁时，范敬宜的诗词书画已经略有小成，奠定了其扎实的国学修养。

这种学习的习惯和国学的积累一直陪伴了他的一生，范敬宜也从中获益颇多。范敬宜曾称自己的诗书画爱好为"余事"，说：

> 我虽未能成为合格的画家、书法家、诗人，更未能留下什么精心之作，但是"物艺相通"，诗、书、画作为一种"余事"，对我的新闻生涯产生着潜移默化的作用。它们经常在我审时度势、谋篇布局之际，给我以灵感，给我以启发，其中的妙谛，只可意会，无法言传。（范敬宜，2001）[5]

深厚的国学积累深刻地影响了他的言谈举止，使他在开展日常的新闻工作之时，时而展露出"大儒"的风采[5]。正如范敬宜自己所说的，文化素养给新闻工作带来的这种"不可言传"的积极影响，毫无疑问可以给范敬宜带来新闻

---

[1] 吴湖帆（1894—1968），国画大师，为书画家、民族英雄吴大澂嗣孙，20世纪三四十年代与吴待秋、吴子深、冯超然并称为"三吴一冯"。

[2] 顾佛影（1901—1955），现代诗人，教授。原名宪融，别号大漠诗人、红梵精舍主人。著有《红梵精舍女弟子集》《大漠诗人集》等。

[3] 陈小翠（1907—1968），又名玉翠、翠娜，别署翠候、翠吟楼主，斋名翠楼。女，浙江杭县人。擅长中国画与诗词，十三岁即能诗，有神童之称。上海中国画院画师，著有《翠楼吟草》十三卷等。

[4] 王蘧常（1900—1989），中国哲学史家、历史学家、著名书法家。1920年入无锡国学专修馆。1927年在上海先后执教于光华、大夏、复旦、交通等大学。其书法作品在日本享誉极高，人称"当代王羲之"。

[5] 李彬语，引自与李彬的访谈，访谈时间为2019年11月4日，访谈地点为清华大学新闻与传播学院。

工作方面的巨大帮助，也是范敬宜的新闻工作和新闻思想有着与其他人鲜明区别的重要文化根源。

日后，范敬宜时常强调新闻作品要有好的文笔，特别是要"有点文化"。范敬宜提出的"新闻文化"思想，也成了目前新闻教育领域中的一项重要理论。在晚年进行新闻教学中，范敬宜也经常教导学生要"多读好书，懂点艺术"（曾维康，朱爽，2010）。这一切与他早年间长期接受国学浸润有着密切的关联。

（三）西方文化

除了母亲，范敬宜的两位姑母还主动承担起了教他英语和西方文化的任务。具有深厚中国传统文化修养的母亲向他教授中国古典名著，曾留学美国的两位姑母则成了英文老师，传给范敬宜西方文化的概要。这也为范敬宜日后能迅速吸收和学习西方文化开了一个好头。

值得一提的是，范敬宜的母亲和两位姑母都属于较有独立主见的，常就孩子的教育问题产生争执。据范迅回忆，范敬宜的母亲在教育方面是比较开明的，然而两位姑母都是比较严格的。[1] 这样的家庭环境给范敬宜随和、包容、逆来顺受、温文尔雅的性格形成产生了重要的影响。

1949年，18岁的范敬宜以优异的成绩考入上海著名的教会学校——圣约翰大学中文系，鉴于他的实际水平，学校特准其直入三年级，20岁大学毕业（乔申颖，2003b）。在读大学期间，范敬宜努力攻读外语，打下了比较扎实的英语基础，因此学问中外兼通，在同龄人之中一时翘楚。在上海圣约翰大学就读的这段时间也为他日后因为出色的外语水平受到赏识埋下了伏笔，甚至受益终身。

1984年8月到1986年3月，范敬宜从地方上被提拔，出任文化部外文局局长。而提拔他的重要原因之一，就是因为他有着扎实的英语基础，且对西方文化比较了解。

正是由于范敬宜独特的成长经历，使他有了深厚的文化积淀，在此之上结合后续经历和学习，形成了他文化思想发展的基础。

（四）选择新闻的原因

范敬宜是如何选择新闻的？是什么契机让他接触到了新闻，又是什么促使他对待新闻从兴趣转向了事业？

---

[1] 内容来自与范迅的访谈，访谈时间为2021年4月7日，访谈地点为中国矿业大学。

幼时的尝试：好奇心与新鲜感

范敬宜从小因为体弱多病无法正常上学，因而长时间待在家中。正如他自己所说："当时我在家里看的报纸比较多，大大小小的都有。大报有《大公报》、《申报》，那时候最重要的是《申报》。还有《文汇报》、《新闻报》等。外文的报纸，有当时比较流行的《大美晚报》，还有《密勒士评论报》等。我耳濡目染，对新闻记者这个职业就产生了一种无限的向往的羡慕。"（范敬宜，2011）[62]

也许是无学可上在家的时间实在无事可做，范敬宜就参考当时的报纸，自己办了个《静园新闻报》，将街坊四邻发生的故事记录下来，写好后就塞到人家的门缝里。由于他"报道"的事情大多是诸如《王大胖背儿女偷吃馄饨》此类的八卦消息，为此还没少挨邻居们的指责——然而这给当时的范敬宜带来了难得的成就感和快乐，也成为他最早的新闻实践。

在圣约翰大学中文系就读期间，范敬宜经常去新闻系旁听课程。圣约翰大学文学院院长，同时也是新闻系主任的黄嘉德先生是范敬宜在新闻领域的启蒙老师，给了范敬宜作业《我最喜欢的报纸》90分的最高分。当时圣约翰大学的校报《约翰新闻》由新闻系主办，鉴于范敬宜在新闻领域的出色表现，破例聘请他担任《约翰新闻》副刊的编辑。也正是在《约翰新闻》工作期间，范敬宜结识了日后的妻子吴秀琴，后者当时担任《约翰新闻》的总编辑[1]。

可以说，对新闻的热爱启蒙于童年时期自我实践的耳濡目染，他本身又积累了优于同龄人的文学功底，在大学期间得到了来自老师的肯定和激励，同时又有校报给予官方的肯定，各种正向的激励使得范敬宜对新闻的好奇心和新鲜感逐渐转化为浓郁的兴趣和热爱。

下定决心：《谁是最可爱的人》

范敬宜走上新闻道路，与魏巍的名篇《谁是最可爱的人》有着千丝万缕的关系。

据范敬宜回忆，1951年4月11日下午，《大公报》国际部主任刘克林来为上海的大学生作朝鲜战争形势报告，向在场的学生朗诵了魏巍从朝鲜战场发回的《谁是最可爱的人》，读得慷慨激昂、声泪俱下。这给了当时正值青年的范敬宜极大的触动，也正是在那天，范敬宜萌生了"去白山黑水当魏巍"的念头（李北陵，2010）。

同年，范敬宜从圣约翰大学毕业，获得了分配去华东师范大学当助教的机会，但当时的范敬宜觉得待在大城市"很没出息"，青年人应当充满浪漫主

---

[1] 内容来自与范迅的访谈，访谈时间为2021年4月7日，访谈地点为中国矿业大学。

义,做个"英雄人物"(范敬宜,2011)⁶⁴。于是他不顾周围人的反对和不解,放弃了去华东师范大学的机会和当时相对优渥的工作条件[1],对家里人撒谎说去北京工作,毅然决然踏上了北上的列车,去东北追寻他的新闻梦(刘鉴强,2002)。

半个世纪之后的2003年,在著名女作家草明90诞辰纪念会议上,时年72岁的范敬宜终于见到了他曾经的偶像——当时已83岁的魏巍——圆了他的"魏巍梦"。他对魏巍说道:"魏巍同志,我叫范敬宜,是您几十年的崇拜者,您一篇《谁是最可爱的人》,吸引我走上了新闻工作道路。"然而当时魏巍听力已下降得厉害,无法听清范敬宜说的话。范敬宜只好又补上一句:"魏巍同志,您的文章把我坑了!"引得全场人大笑不已。

就这样,经过一次大胆的尝试和冒险,范敬宜将童年时期积攒下来的对新闻的热情彻底转化成为职业选择时的理想主义。这并不是一时兴起的感性抉择,而是他出于热爱的理性选择。

二、深入基层:新闻思想的转变与重塑

无论是历史的哪一个时期,个人的命运与时代的命运是紧紧捆绑在一起的。范敬宜的新闻道路随着新中国成立初期的爱国热情而起,但也随着难以预料的政治动荡而崎岖波折。

(一)新闻初体验:新闻思想的转变

1951年,20岁的范敬宜北上来到了《东北日报》报到,正式开启他的新闻工作生涯[2]。然而和预想中的不同,范敬宜刚开始做的并不是冲在第一线采访写作的记者工作,而是在报社负责检查和校对的小编辑,这份工作一直持续了三年。当时新闻界的口号是:为办一张没有错误的报纸而斗争,因此范敬宜做着文字校对的工作,倒也很是心安,觉着自己也承担着重要的责任。

除了实际工作和预想的落差,当时报社内部的政治斗争趋势也令他遭遇了不小的麻烦。建国初期,大学生数量十分稀少,在东北日报社内更是凤毛麟角。当报社的人听说范敬宜是圣约翰大学毕业的之后,一方面是对他高学历的

---

[1] 一说是放弃了去《文汇报》的机会(范敬宜,2011)²¹。此处采用的是范敬宜2003年在给清华大学新闻与传播学院学生上课时的自述,并与范敬宜之子范迅进行了核对,确认当时范敬宜应该是被分配去华东师范大学当助教。

[2] 当时的《东北日报》是中国共产党在东北地区的第一大报,1954年8月31日停刊,9月更名为《辽宁日报》。

肯定,另一方面又对他是"美帝国主义大学"毕业的"资产阶级知识分子"指指点点。范敬宜对此当然不敢掉以轻心,在生活和工作中谨言慎行,诚心改造自己的"小资情结",努力与大家打成一片[1]。

1954年,范敬宜终于如愿成为一名新闻记者。由于他文笔相较于其他同事而言更为出色,经常有意"炫技",写的文章被同事们批评"花里胡哨""形容词太多""擦粉太厚,未必是美"。虽说范敬宜为此感到愤懑,但也不得不开始反思自己的文风是否真的太不接地气。

也正是在这段时间内,范敬宜作为一个新手记者,开始逐渐端正对待新闻工作的态度,其新闻思想也随着现实实践的经验不断调整和转变。

(二)打为右派:反右派斗争下的世界观转变

范敬宜进入辽宁日报社工作的最初几年总体而言是较为顺利的,1955年时已经是处级干部的级别[2]。虽然也犯过错误,但报社领导对这个上海来的大学生还是尤为器重的。然而,原本看似刚刚步入稳定状态的新闻道路和刚刚开启的美好生活被一场突如其来的政治风波给打断了。

1956年11月,中国共产党八届二中全会召开,宣布从1957年起开展党内整风运动。1957年4月27日,中共中央公布了《关于整风运动的指示》,决定发起一次以"反对官僚主义、宗派主义和主观主义"为核心内容的整风运动。5月15日,毛泽东撰写了《事情正在起变化》一文,提醒广大人民群众和党员干部认清阶级斗争形势,防止右派的反扑。6月8日,中共中央的文件《关于组织力量准备反击右派分子进攻的指示》和《人民日报》的社论《这是为什么?》双文齐出,标志着反右派斗争正式拉开了帷幕(萧永宏,2003)。

然而,当时的党中央对于反右派形势判断过于严重,放任采用"大鸣、大放、大字报、大辩论"的形式,致使反右派斗争严重扩大化,制造了一大批冤假错案,给党和国家带来严重的损失(季春芳,2006)。在这场反右派斗争中,范敬宜也遭了殃。1957年春,范敬宜因为两篇杂文被划为右派,撤职降薪,开除团籍,被迫离开了新闻工作,送往辽阳种马场进行劳动改造——当时的范敬宜刚刚27岁。

在"大跃进"的时代背景下,劳动改造的工作强度非常大,一天睡两到三个小时对范敬宜而言竟成了家常便饭。有时候从早上三点一直工作到凌晨一点,就连干活的时候都会不经意地打瞌睡。1959年,全国上下爆发了粮食危机,

---

[1] 内容来自与范迅的访谈,访谈时间为2021年4月7日,访谈地点为中国矿业大学。
[2] 按照当时的行政级别来说是16级,相当于现在的正处级干部水平。

新中国面临着建国以来最严峻的经济困难。范敬宜作为辽宁日报社的右派被上级从种马场调回社办农场继续劳改。然而，由于长期吃不饱导致的营养不良，他全身都出现了浮肿的现象，这种磨难对于一个自幼体弱多病的文弱书生来说无疑是十分痛苦的。"记得那时候只希望昏过去，或者能够发一场高烧、得一场重病，好休息一下，但就是不病。"范敬宜回忆这段经历时如是说[1]。

然而，这样的生活不仅没有击垮范敬宜，反而令他的身体锻炼得更为强壮；从记者到农民的身份转换，也令他的世界观悄然发生着变化。范敬宜说：因为真心实意地改造自我，他把和农民打成一片看作是转变世界观的机会，因而始终保持着一种乐观、愉快的心态。体弱多病的他不仅奇迹般地活了下来，反而变得越来越健康、结实。

1960年，范敬宜终于摘掉了右派的帽子，然而在现实生活中，他仍被别人以"右派"对待。1962年，范敬宜结束了劳改，重新回到了辽宁日报社。不过这次回来他已经不能再当编辑了，只能做一些文字排版、检查和校对之类的工作，更不允许写稿和发表作品，之后还当过一段"农民版"[2]的编辑。不过在范敬宜看来，能回到报社就已经是足够幸运的事情了，好歹生活总算安定了下来[3]。

（三）再被批斗："文革"时期的价值转变

就在范敬宜回归辽宁日报社四年后，也就是1966年夏天，"文化大革命"爆发了。和不少再次遭到清算的右派们一样，范敬宜被批斗为"牛鬼蛇神"，要把"新账旧账一起算"。用范敬宜自己的话说，被批斗的过程中他不断地触及灵魂，有着写不完的检讨，流不完的泪。

1969年冬天，范敬宜举家被赶到农村去"插队落户"，被流放到辽宁西部最贫困的建昌县二道湾子公社大北沟大队东下坎小队插队当农民，接受贫下中农再教育。这一次的下乡，不但艰苦程度超过了辽阳种马场和社办农场，而且一去就是整整十年。[4]

建昌县位于辽西，在当时有"辽宁小西藏"之称，是当时最为贫困和艰苦的地区之一。然而这一重大挫折并没有泯灭范敬宜对党和国家的信任，没有挫

---

[1] 内容来自与范迅的访谈，访谈时间为2021年4月7日，访谈地点为中国矿业大学。

[2] 据范迅介绍，"农民版"并不是指《辽宁日报》的农民版，而是辽宁日报社下属相对独立的一份小报，读者规模远不如《辽宁日报》大报本身。

[3] 内容来自与范迅的访谈，访谈时间为2021年4月7日，访谈地点为中国矿业大学。

[4] 内容来自与范迅的访谈，访谈时间为2021年4月7日，访谈地点为中国矿业大学。

败他对新闻工作的热情和执着。他从未与家人抱怨过生活和工作的艰苦。在跟农民们一起劳作和相处的过程中,范敬宜展现出来过人的交际能力和人格魅力,很快获得了当地村民们的认可和欢迎。从最基本的种地、收割,到挑粪、敛尿,什么脏活累活范敬宜基本都干过。[1] 他说:

> 就是在那些年,我才真正沉到了社会的最底层,了解了中国的国情、民情,特别是中国的农村。这时候再回过头来看我们过去做的新闻工作,就觉得太浅薄了。对人民了解得太少,对中国国情了解得太少。我才真正意识到,离基层越近,也就离真理越近。(罗海岩,2009)

这便是那句著名的"离基层越近,离真理越近"的出处。

在举家下放辽西建昌的农村生活时期,范敬宜真正融入人民群众中去,深切地感测到了基层的脉搏。他在下放期间填的一首词《浣溪沙·夏锄》正可以反映他当时的心境:

> 一袭轻衫锄一张,清风拂面槐花香,燕山脚下麦初黄。
>
> 难得书生知稼穑,犹堪明目辨莠良,喜看遍地绿如洋。(范敬宜,2001) 31

"难得书生知稼穑,犹堪明目辨莠良",写的正是他从事农业生产过程中,逐渐了解国情民生,得以"明辨良莠"的心路历程。这样的基层经历,使得他对于底层人民的生活有了最为直接的体验。范敬宜回忆说:十年的基层生活,使他这个从象牙塔里摔出来的知识分子,多少了解了我国的基本国情,懂得农民究竟欢迎什么政策,反对什么政策;什么样的政策会给农民带来幸福,什么样的政策会给农民带来灾难。这个"基本功"对他终身受用。

这个"基本功",正是范敬宜的基层情结,也是下放经历给他带来最大的财富,深深影响了范敬宜日后从事新闻工作时的立场和出发点。

胡显章在回忆范敬宜的基层情结时这样评价道,范敬宜很讲历史唯物主义和辩证唯物主义,他相信人民大众的创造力,特别能体会老一辈优秀的新闻人穆青对他说过的话:千万不能忘了老百姓,要处处想到他们。只要永远和人民群众站在一起,心里就踏实,就有抵制各种错误东西的力量。在范敬宜往后的新闻实践中,人民群众一直是他思考的出发点,也是他实践的最终归宿。

---

[1] 内容来自与范迅的访谈,访谈时间为2021年4月7日,访谈地点为中国矿业大学。

（四）破格起用：新闻观念和文风的转变

从1951年来到东北日报社，1954年正式成为记者，到1957年被打为右派，在辽阳劳动改造近五年后，1962年回到辽宁日报社工作，再到1966年被批斗，1969年下放到建昌县插队落户、生活工作十年，范敬宜新闻之路的开端不可谓不坎坷，但所幸并未就此夭折。

1971年，40岁的范敬宜在公社办的一个"打击经济犯罪"展览中负责出黑板报，个中展露出来深厚的文字和艺术功底，引起了县革委会副主任张化成的注意（洪文军，2013）。张化成考察完范敬宜之后，便决定将他调到该县农业办公室从事农村调查工作（梁衡，2010）。

范敬宜回忆说，张化成调他去县城的这段时间对自己而言非常重要。范敬宜原来对农业基本上是外行，一开始写出来的调查报告文绉绉的，像新闻通讯。张化成就手把手地教他，耐心地给他修改。在张化成的悉心指导下，范敬宜慢慢地开始形成较为实在和稳重的行文风格。另外，在县城的这五六年中，范敬宜把全县的三百多个大队跑遍了，公社的、大队的书记全都认识范敬宜[1]。

对农村、农业和农民的深入了解，令范敬宜的文字总能真实地反映现实情况，生动而又实实在在，受到了县委领导们的好评，因而领导们也放心地把更多的重要报告交给他去做。县委领导不断用他，这也让他获得了许多练笔的机会，有时一篇一万来字的讲话稿熬一个通宵就写完了，用他自己的话说就是"练出来了"。

在县委工作的这几年里，范敬宜笔耕不辍，进行了大量的写作，已经从一个文风略带浮夸的青年记者成长为一名心系民众、文风扎实老练的"无产阶级知识分子"，他的文风后来被季羡林评价为"流利畅达而灵气内溢"，达到了"真实、真切、真诚、真挚"的"四真之境"（范敬宜，2002）[3]。这为他重返新闻岗位练好了扎实的基本功，打下了真正的基础。

好的文笔并不是靠干就能练出来的，还需要丰富的人生经验作为支撑。范敬宜漫长的人生锤炼，使得他的作品如洗尽铅华一般，显现出"朴实无华而蕴含深厚的文风"（李彬，2011a）。

离开新闻岗位之后的这二十多年里，范敬宜凭借着强大而积极的内心建设和吃苦耐劳、乐于助人的人格品行，完成了对穷苦生活的适应。从记者到农民的身份转换，他并未因此一蹶不振而放弃新闻事业，而是在劳动的过程中主动

---

[1] 内容来自与范迅的访谈，访谈时间为2021年4月7日，访谈地点为中国矿业大学。

去了解基层人民群众的生产和生活,与基层民众建立起深厚而牢固的情结,使得"人民群众"这四个字成为他日后开展新闻工作的重要出发点之一。

三、厚积薄发:新闻思想的成熟与稳定

范敬宜在基层摸爬滚打了二十多年,深深融入广大人民群众中去,在砥砺前行锻炼笔力的同时,其新闻思想也不断发生着改变,为重返新闻岗位做好了思想和能力双方面的准备。

1975年秋天,范敬宜跟随县里干部到大寨学习"大寨精神",回来的路上经过北京,想见见自己在人民日报社工作的老同学,便"像朝圣一样"去了人民日报社。然而,当天是周日,报社不上班,没法找到同学的范敬宜就站在门口的报栏前面,把当天的《人民日报》从头到尾看了一遍。

寒风中,范敬宜望着人民日报社院里灯火闪烁的办公楼和影影绰绰上夜班的人们,心灰意冷道:在这里面工作的人是多么幸福啊,可惜他永远不会有这种幸福了。颇具戏剧性的是,18年后,范敬宜走进了这座大楼,成为《人民日报》的总编辑。

(一)"右派"入党:政治身份的调整

入党的信念在范敬宜心中由来已久,哪怕是在建国初期被打为右派时也未曾动摇。1960年冬天,范敬宜在摘掉了右派的帽子的第二天,便向辽宁日报社党委申请入党。当时的他连团籍都被开除了,但他仍郑重地对辽宁日报社党委书记说:"我知道这是根本不可能的,但我会用20年时间实现这个愿望。"(范敬宜,2011)[160]。

下放建昌县期间,范敬宜知道当时政策规定右派不许入党,也坚持每年写入党申请书。直到粉碎"四人帮"之后,县委出于对范敬宜的器重,开始为他入党的事情做工作。县委书记马汉卿跑遍了全县所有的公社,听取公社党委书记们对吸收范敬宜入党的意见;又召开常委会专门研讨范敬宜入党事宜,确定没有异议后最终拍了板。

1978年3月,在建昌县委书记马汉卿的力保下,范敬宜破天荒地以右派的身份加入中国共产党。马汉卿在县委常委会上表态:

> 我看了他所有的档案,我认为他没有什么大的错误。如果将来认为我们吸收他入党是错误的话,我首先戴高帽、挂牌子去游街。(罗海岩,2009)

据范迅回忆，当时全国上下只有三个人以右派的身份加入了中国共产党，他们分别是朱镕基、王蒙和范敬宜。其中，朱镕基和王蒙是恢复党籍，范敬宜则是实打实的"右派入党第一例"。[1]

党的十一届三中全会之后，范敬宜得以重返新闻岗位，他调侃自己真正的新闻生涯"从50岁才开始"。不久后，经《人民日报》转载而名震全国的《分清主流与支流　莫把"开头"当"过头"》就在他笔下诞生了，他也因此声名大噪，担任了辽宁日报社农村部副主任、主任，1983年升任副总编辑。

可以说，政治身份的调整为范敬宜重新返回新闻岗位提供了必要的前提条件，为范敬宜之后继续深入学习党的新闻理论和马克思主义新闻观奠定了政治基础，起码在政治身份方面不会再遇到问题。

（二）重大转折：《分清主流与支流　莫把"开头"当"过头"》

1978年9月，范敬宜终于被批准回到了辽宁日报社，重新开始了新闻工作，不过并不是以新闻记者的身份，而是笼统地冠以"干部"的身份。12月，党的十一届三中全会召开，终结了党的"左"倾错误，开启了改革开放的新时代，农村经济体制改革轰轰烈烈地展开了。范敬宜受此鼓舞，"感觉浑身有使不完的劲儿"，更加卖力地进行农村的新闻报道工作。

改革开放之初，各类社会思潮互相激荡和碰撞，产生了许多不一样的声音。1979年4月前后，当时的社会上一度流行着否定党的十一届三中全会精神的"冷风"，后来人们才逐渐意识到这是"凡是派"搞的"倒春寒"。而在1979年5月13日，范敬宜在《辽宁日报》刊发了《莫把开头当过头——关于农村形式的述评》一文，通过翔实的访谈和实地调查，回答了社会思潮中对于党的十一届三中全会路线的模糊认识，起到了澄清是非、引导舆论的作用。《人民日报》随后转载这篇文章，并为该文加了长长的编者按，刊发于头版头条，文章一出，社会反响强烈。这件事充分体现了范敬宜作为卓越新闻人的素质，即对各种社会思潮有着自主的判断，用实践去检验真理，用事实去回应问题，用作品去引导舆论。这篇文章是范敬宜新闻职业生涯中的经典之作，体现了卓越新闻人的政治意识、大局意识、责任意识，而这种意识也贯穿于他的整个新闻实践中。

1978年到1984年在辽宁日报社的这六年里，范敬宜马不停蹄地保持着高产，同时也在不同的新闻体裁上广泛实践。他创作了《"方向"辩》《"回头路"辩》《"单干"辩》等鲜活的新闻评论，同时也写了《要知政策好，穷乡问父老》

---

[1] 内容来自与范迅的访谈，访谈时间为2021年4月7日，访谈地点为中国矿业大学。

《老农炕头话政策》《夜半钟声送"穷神"》《月光如水照新村》等贴近人民群众而又不失文学色彩的新闻报道作品，更是有机会随着中国新闻代表团去到了日本和匈牙利出国访问，写了《"蜜蜂"的节奏》《多瑙河畔话"倒流"》等反映国外生产生活的新闻散记，以国外的经验思考国内的改革发展。

连续奔波的新闻工作中途也发生过意外。1982年，范敬宜下村了解"夏锄"情况，结果在返回报社途中乘坐的193次列车意外脱轨倾覆，造成重大伤亡。范敬宜虽然死里逃生，但一条腿却被一条钢管洞穿，造成粉碎性骨折，治疗后大腿打了不少钢钉，导致他后来走路一直一瘸一拐，需要依靠拐杖。

（三）思想的成熟：从《经济日报》到《人民日报》

离开辽宁日报社之后，用范敬宜建昌老乡的话说，就是"蓝笔"换成了"红笔"，从之前主要自己动笔写变成了主要负责策划、组织选题和修改他人的稿件，成了"新闻官"。范敬宜自己并不喜欢"新闻官"这一说法，他的领导风格在旁人看来，完全没有一点儿官架子。

1984年9月，在一次外事活动中，范敬宜由于出色的英文水平受到上级领导重视，得以在政界崭露头角。53岁的他被调任国家文化部外文局局长兼党组书记，从地方调往了中央，从辽宁搬到了北京。

1985年范敬宜得以彻底平反，摘掉了右派的帽子。1986年3月，范敬宜接受中央任命，担任经济日报社总编辑兼社长，第一次正式主管一家报纸，从地方报社的二把手成为中央重要党报名副其实的一把手，在报社内掌握最高的决定权，这为他在经济日报社大展拳脚搭好了舞台。

在担任经济日报社领导时期，正值改革开放初期思潮最为激荡交锋的时期。范敬宜抓住经济改革中的"难点"和"热点"，针对人民群众在改革过程中存在的思想困惑和普遍关切，组织策划了一大批反映经济发展问题和现状的报道，如"关广梅现象"系列报道、"追踪三角债"系列报道、"醒来，铜陵"系列报道等，引起了社会各界强烈反响，令经济日报社一度成为国内影响力名列前茅的报刊。

此外，范敬宜尝试着改进全国党代会报道和全国两会报道，改变以往报道内容枯燥、形式单一、读者不喜欢看的问题。他尝试以"记者手记"形式报道两会、党代会，著名的"十三大手记"系列、"十四大手记"系列、"两会漫笔"系列都出自这一时期。

1993年9月起，范敬宜离开经济日报社，前往人民日报社担任总编辑一职，官至正部长级别，时年62岁。据范敬宜在辽宁日报社时期的下属记者战红回忆，当时范敬宜面临一个抉择，到底是去故宫博物院做院长，还是去人民日报社做总编辑。战红强烈推荐他去故宫博物院，说道："你就适合做个文人，不适合做官！"然而没想到的是，范敬宜还是毅然决然选择了后者，他说道，新闻是他一生的事业，不做新闻，感觉自己与世界失去了联系。[1][2]

在人民日报社期间，范敬宜的工作重心放在了党报的改进与创新，首先做的便是"转文风"："党报要改变模式化、公式化，刻板单调的印象，一句话，必须要改变文风！"他延续了在经济日报社的思路，继续找重大会议作为切入口，上任三个月后便组织了"来自东西南北中的报告"系列报道，呼应党的十四届三中全会精神，得到了朱镕基总理的高度赞扬。

"转文风"的第二步，就是要加强新闻报道的文学性。范敬宜不止一次强调新闻报道要"有文化"，要让读者爱读，如果"言之无文"，必定"行之不远"（罗海岩，2010）——这也与他长期以来富有文学性的新闻实践经历分不开。

在人民日报社工作期间，范敬宜更是不遗余力地奖掖后辈，发现、培养并提拔了一大批优秀的年轻记者，例如《人民日报》海外版原总编辑詹国枢等人（詹国枢，2010）。就这样，范敬宜在人民日报社工作了四年半，至1998年3月离职。

除新闻岗位之外，1987年，范敬宜担任了中国共产党第十三次全国代表大会代表；1993年3月，范敬宜还担任了政协第八届全国委员会经济委员会副主任；1998年3月，担任第九届全国人大常委会委员，教科文卫委员会副主任委员。2004年5月，范敬宜正式退休。

曾有记者问范敬宜：下放十年您的心态一直这么充实平静吗？有没有心灰意冷的时候？范敬宜回答说：应该说不严重。心里有个目标很重要，当然，这个目标并不是当人民日报总编辑，而是一个记者。可以说，范敬宜即便在担任领导职务后，内心仍将自己视作一名记者，这样的心态使得他能够将精力专注于如果将新闻报道做得更贴近民生、贴近时代，而不至于被官场的杂事乱了心神。

四、新闻教育：对清华新闻教育传统的塑造

从新闻岗位退休之后，范敬宜转变了身份，以教育者的身份开始从事新闻

---

[1] 内容选自与战红的访谈，访谈时间为2019年11月27日，访谈地点为海南省海口市海南日报社。据范迅回忆，这段经历的真实性不可考，很有可能属于口耳相传的"小道八卦"。

[2] 内容来自与范迅的访谈，访谈时间为2021年4月7日，访谈地点为中国矿业大学。

教育工作，将新闻进行到底。从亲自做新闻，到教学生们做新闻，范敬宜开始思考和总结自己的新闻人生。范敬宜的新闻思想在他人生这最后八年时间里得到了淬炼、升华和传播。

（一）思想的延伸：面向主流，培养高手

2001年12月14日，时任清华大学党委常务副书记的陈希携王健华、胡显章拜望范敬宜，希望由他来担任新组建的清华大学新闻与传播学院的首任院长。当被问到对学院未来发展有何设想时，范敬宜表示："清华是中国首屈一指的高校，不办新闻教育则已，要办就得培养未来中国新闻界的主力军，而非一般化人才。"（李彬，2010a）在听到范敬宜对清华大学新闻与传播学院培养新闻人才的设想后，三人当下决定，院长一职非范敬宜莫属了。2002年4月，范敬宜正式出任清华大学新闻与传播学院首任院长。

上任院长之后，范敬宜大力倡导"素质为本，实践为用，面向主流，培养高手"的教育理念，并多次在多个公开场合阐发和论述这一理念。可以说，这一理念是范敬宜长期以来贯彻马克思主义新闻观所自然而然形成的育人观念，凝结了范敬宜对于中国新闻教育事业和清华新闻教育传统的思考和认知。

2007年，清华大学马克思主义新闻学与新闻教育改革研究中心成立，范敬宜担任首任主任，并率举国之先开设马克思主义新闻观课程，且将这一课程列为全院本科生必修课程。这一举动对其他新闻院校产生了极大影响，现如今马克思主义新闻观课程几乎已经遍布全国各大新闻院校。

其实，早在20世纪80年代，范敬宜就开始关注新闻教育事业，先后担任中国社会科学院研究生院新闻系教授、中国人民大学新闻学院与武汉大学新闻学院兼职教授、烟台大学人文学院名誉院长，兼任中国新闻摄影学会会长、中国新闻文化促进会会长（肖跃华，2012），培养了一批又一批优秀的新闻人才。

在清华大学任教八年期间，范敬宜主持了学院重大学科建设，为清华大学新闻与传播学院在短时间内的崛起和兴盛打下了坚实的基础。与此同时，他发挥个人在业界、学界的影响力，一方面将外部优质的资源引入校园，例如邀请方汉奇、郑保卫、童兵、白岩松、敬一丹等知名学者、媒体人给学生们讲课，另一方面将优秀的学生和学生作品推向外界，例如将本科二年级学生李强的社会实践调查作品《乡村八记》推荐给温家宝总理，获总理批示（李彬，2010b）。暨南大学新闻与传播学院院长范以锦教授就表示，范敬宜打通业界和学界壁垒的理念和做法给了他很大的启发。

（二）思想的传播：亲力亲为，革新思路

范敬宜就任首任院长期间，对很多方面的工作都非常重视，对清华大学新闻与传播学院这个年轻的学院产生了多方位、深层次的影响，形成了诸多优良的学院传统。

首先，是他对学生本位的重视。清华大学新闻与传播学院1999级本科生陆娅楠回忆道，范敬宜的办公室只要每天早上一开门，就总是会有络绎不绝的学生过去找他，在他那儿吃点心、侃大山。范敬宜也会乐呵呵地看着他们，替他们解答他们的思想困惑，与他们分享他的陈年往事，与学生完美而和谐地融合了一起[1]。清华大学新闻与传播学院2005级本科生周劼人曾任学生媒体《清新时报》总编辑，范敬宜曾经就一些出问题的报道给过她批评，虽然说得很客气，但那种滋味令她非常不好受。

范敬宜将学生视为有独立观点的个体，不仅尊重他们的意见，更会用平等的姿态与他们对话。也就是在一次次的对话和交换意见中，范敬宜完成了对学生们潜移默化的影响和教育，这种影响可以深至价值观和道德层面，真正做到了"全方位育人"。这一点放至整个当代教育界都是非常难得的。

其次，是对教学工作的重视。范敬宜亲自承担了多门本科生、研究生课程，不仅讲授专业知识和技能，亲自为他们批改作业，更通过自己丰富的人生阅历，向学生们展现新中国新闻历史发展过程，加深了学生们对于历史和新闻事业的认知和理解，对学生们的世界观、价值观、人生观和历史观都产生了积极的影响。范敬宜开设的评论与专栏写作课程，在本科教学评估中获得了新闻与传播学院的最高分（胡显章，2005）。第一个学期讲授新闻评论后，范敬宜得到了教学系统反馈的教学评估，评分者都是上过他课程的学生。虽然整体评分很高，但其中"教材"一项的评分格外的低（乔申颖，2003b）。范敬宜于是开始对教材进行重新选择，直至看到了著名新闻工作者丁法章写的《新闻评论学》。

> 我用了两天的时间，从头至尾读完了这本《新闻评论学》，深深为它的体例之完备、内容之丰富、立论之精当、文字之活泼所倾服，唯一感到不足的是，此书作于1984年，距今已将近二十年。（范敬宜，2007c）[31]

后来，丁法章将重新修订后的《新闻评论学》送到了范敬宜手中，这令范敬宜喜出望外，也让范敬宜最终敲定了教材的选择。

---

[1] 内容来自与陆娅楠的访谈，访谈时间为2018年4月9日，访谈地点为北京市人民日报社。

作为新闻实践经验丰富的"过来人",范敬宜对实践十分重视。正如他提出的"素质为本,实践为用"所示,实践是将理论和素质转化为实际影响力的重要环节。这个实践分为社会实践和专业实践。新建的新闻与传播学院继承了前身人文学院传播系的实践传统,每年都会在假期组织学生下到农村开展社会实践。范敬宜在此基础上,强调以马克思主义新闻观来指导教学实践和社会实践,涌现了如李强《乡村八记》的学生优秀作品;此外,范敬宜加强与主流媒体的交流和合作,创造了不少让学生进到主流媒体进行实习和实践的机会(范敬宜,2011)[113-114]。范敬宜对此也很是兴奋:"教书育人意义太重大了……现在新媒体兴起,许多大学生对主流党报存有偏见,经过我的引导后,许多人纷纷要求到党报工作。"(王慧敏,2014)

最后,是对马克思主义新闻观统领教学科研工作的重视。2005年秋,为了落实党的十六届四中全会精神和国家"马克思主义理论研究和建设工程",在范敬宜的首推和倡导下,清华大学新闻与传播学院首开马克思主义新闻观课程作为本科生和研究生的专业必修课,成为全国马克思主义新闻观教育的先行者(李彬,2011b)。在那之后,全国各大新闻院校也纷纷开设了马克思主义新闻观课程。2007年1月18日,在范敬宜和学院老师的积极筹备下,清华大学马克思主义新闻学与新闻教育改革研究中心正式成立,强调了开展马克思主义新闻观相关学术研究的重要性,以马克思主义者统领学院未来的新闻教育改革。

范敬宜的教育教学理念获得了显著的成效。据胡显章(2005)描述,当时"由学校教务处组织的2003届、2004届毕业生教学问卷调查,新闻与传播学院毕业生对教学的满意度名列全校第一。毕业生去主流媒体和相关国家机关工作热情高涨,其比例数逐年上升,2002年上升到40%,2003年为60%,2004年达到72%。多数学生上岗后表现了较强的适应性,受到用人单位的欢迎"。

更重要的是,这些重要措施对清华大学新闻与传播学院未来的发展产生了深远的影响。"素质为本,实践为用,面向主流,培养高手"的育人理念,对学生主体的重视,对教学工作的一丝不苟,对社会实践传统的秉承,对以马克思主义新闻观为指导的坚持,都成为学院发展的重要传统,延续至今而不断焕发活力。

五、范敬宜新闻思想何以形成

本章回溯了范敬宜自幼年时期,到从事新闻工作,最后到转入新闻教育的一生,对其新闻思想形成的大致脉络进行了梳理。

范敬宜新闻思想中的精神内核和文化渊源主要得自其幼年时期。"范仲淹后代"的家族渊源塑造了他的家国情怀和社会责任，成为他性格乃至理想方面的重要精神内核；母亲和诸多国学名师的教导构成了他的传统文化渊源，或者说国学渊源；而姑母的传授和在圣约翰大学的学习又让他有了接触西方文化的途径，成为他理解西方文化的渊源。这些精神与文化层面的品质在范敬宜日后的生活和工作中发挥了重要的指导和影响作用，而这些日常实践也反过来深化了他对于这些文化品质的理解和坚持。

此外，早年的经历也从性格的层面塑造了范敬宜，使他具备了与人亲和的性格和较为深厚的文学根底。他善于与人沟通，同时善于通过文字表达，表达欲很强，都是从事新闻工作所需要具备的长处。从早期自己办报纸的经历来看，范敬宜对于报纸有着"童年的情愫"，这一兴趣构成了他从事新闻行业的启动因素。

出于对新闻一直的热爱，加之当时受到魏巍《谁是最可爱的人》的直接感召，大学刚毕业的范敬宜义无反顾地踏上了北上的旅途，来到东北日报社从事第一份新闻工作——报纸编辑。然而，个人在时代的洪流中，势必会受到时代的影响。他因为几篇文章被打为右派，而后被下放到农村，遭遇到他人生中最为重大的挫折。

是什么让范敬宜在人生的挫折中坚持下来，同时维持着对新闻工作的热爱呢？范敬宜自身强大的适应能力和他包容的性格使得他在很短的时间内完成了认知的协调，并与周遭的人和组织达成了和解，主观精神上和客观生活上都适应了当时的境遇，并在与人民群众朝夕相处的过程中转变了自己的价值观和人生观，促使范敬宜从祖先那里传承下来的"先天下之忧而忧，后天下之乐而乐"的家国情怀真正地落地生根，有了现实经验作为坚实的基础。自此，"群众路线"成为范敬宜新闻思想中非常重要的一个理论基点。

改革开放后，范敬宜迎来了新闻职业生涯的飞速上升期。先是以"右派"的身份入党，而后写出了名震一时的《分清主流与支流 莫把"开头"当"过头"》，政治和新闻工作两方面的优异表现，令范敬宜迅速获得了高层领导的赏识。在经历外文局等一些工作后，范敬宜很快被调到新闻工作岗位上，一下子发挥出了极大的能量，可谓厚积薄发。在新闻人才断档、极度匮乏的当时，范敬宜过硬的政治素养和出色的业务能力，使他一下子脱颖而出，连任高位。

此时的他历经多年的新闻实践考验，政治意识已经非常成熟，足以明确判断复杂的时局和形势，并指导下级新闻工作者开展工作，不仅屡建奇功，而且极少出现纰漏。这段做"新闻领导"的经历，使得范敬宜新闻思想中的最后的拼图——"政治意识"——完成了检验，其新闻思想已臻大成之境。

在新闻岗位上功成身退后，范敬宜担任了清华大学新闻与传播学院首任院长，完成了从新闻业者到新闻教育者的身份转变，以他成熟的新闻观念和极大的热情描绘了学院未来发展的蓝图，一举奠定了学院的性格和传统，教育出了一批又一批优秀的新闻学子，也为清华大学新闻与传播学院未来的迅速崛起铺平了道路。

第三章　新闻与政治：作为政治家的新闻工作者

习近平2016年在党的新闻舆论工作座谈会上强调，党的新闻舆论工作是"治国理政、定国安邦的大事"，新闻舆论工作者要"政治坚定、业务精湛、作风优良、党和人民放心"，并且"坚持正确政治方向是第一位的"，树立政治家意识，不断解决好"为了谁、依靠谁、我是谁"的根本问题（习近平，2016；杜尚泽，2016）。

在习近平近些年对于新闻工作和新闻工作者的讲话中，"政治立场""政治意识""政治能力"等词均被提到了优先的位置。有学者对此指出，对于党的新闻舆论工作者而言，党的属性应当是其首要的"政治规范"，政治家意识是党的新闻舆论工作者最基本的政治素养要求（叶俊，赵云泽，2018）。2018年教育部和中共中央宣传部颁发的《关于提高高校新闻传播人才培养能力实施卓越新闻传播人才教育培养计划2.0的意见》明确指出，要打造"思想政治教育、职业道德教育、专业知识教育'三位一体'新闻传播育人体系"，并且强调了思想引领和价值塑造的重要性（教育部，中共中央宣传部，2018）。越来越多的国际新闻传播实践证明，培养政治家意识，是新闻舆论工作者守好思想阵地的重要武器。

新闻工作者这一群体直接关乎国家舆论导向，正确的舆论导向，对于国家和社会的繁荣富强、稳定团结有着非常重要的作用和意义（王春荣，2003）。尤其是在国际时局风云变幻的当下，新闻工作者的政治觉悟和政治意识越发显得重要。

范敬宜作为优秀新闻工作者的代表，之所以在新闻工作中表现得较为突出，与他敏锐的政治判断力和坚定的政治立场有着十分密切的关系。因此，对于范敬宜新闻政治思想的分析，有助于汲取有益的经验，助益当代的新闻事业和新闻舆论工作者。

一、如何理解新闻与政治？

在对范敬宜新闻政治思想进行具体研究之前，必须厘清的一个问题就是：新闻与政治到底是何种关系？对于这个问题的认识，直接关系到最终对新闻政治思想的基本理解。

首先，需要明确的是，新闻与政治是不可割裂的，二者的交融已经成为一种必然的历史现象。无论在什么历史阶段，也无论在何种媒介形态中，新闻都是政治活动的基本手段之一，包括政治斗争、政治交流、政治合作、政治动员、政治组织、政治宣传等形式（杨保军，2008）[214]。任何国家和社会的统治者，但凡要进行国家治理和政治管理，就不可能不涉足新闻舆论领域。此外，新闻还作为社会控制的重要手段，特别是精神文化控制和意识形态控制（杨保军，2008）[234]，涉及广大人民群众的根本利益，不可能脱离政治的讨论范围。在所有的社会因素中，政治对个体新闻观的形成有着直接的决定性作用（杨保军，2014）[153]。因此，在对新闻思想的讨论中，引入政治的视角是非常自然的，同样也是非常必要的。

其次，需要明确的是，所有主张新闻"去政治化"的观点，本质上恰恰都是政治化的体现。汪晖（2006）在与许燕的访谈中指出，媒体"去政治化的政治化"消解了政治价值和阶级话语，将媒体的市场化视为民主化进程的必由之路，其背后隐含着不可告人的政治诉求，故而存在着巨大的偏颇性和局限性。赵月枝（2008）就曾尖锐地指出，所谓新闻的客观性原则，其实是西方主导的政治经济利益和主流意识形态精心编织出来的"去政治化神话"，本质是要把培育工人阶级意识的劳工新闻边缘化，以实现其隐藏的政治目的。诚然，在伊拉克战争、"占领华尔街"等近年来诸多新闻事件中，西方媒体"虚伪的客观性"早已被揭露得一干二净。国内也有学者基于对新闻专业主义和新闻去政治化的批判，呼吁把"政治带回来"，并要求实现新闻学的"再政治化"（叶俊，2019）。因此，对于新闻与政治关系的讨论，要正确看待政治对于新闻的影响，避免"去政治化"的错误思路，并认识到意识形态等政治要素是如何"潜移默化"地影响新闻的。

此外，政党及党媒作为参与新闻活动的重要主体，也应当作为重要的讨论和研究对象。在党媒的范畴内讨论新闻政治关系时，更要充分意识到党媒与政治制度、政党制度的共生性。杨保军（2019）[323]指出，党媒特别受制于政治制度和政治文明制度，同样受制于政党制度和政党发展情况，可以说"有什么样的政治制度、政党制度，就会有什么样的政党媒体"。在毛泽东的新闻思想论述中，政党开展新闻工作，目的就在于获得党外合法性、传播政治理念和促进与人民的关系（郭小良，南长森，2013）。在中国本土的历史语境下，政党政治正是新闻媒体的党性原则诞生的重要土壤（吴风，2013）。因此，要研究新闻政治思想，尤其是党媒工作者的新闻政治思想，政党是一个无论如何都无法避免的关键要素。

最后，需要强调的是，对于新闻政治思想的理解，也不能与经济、文化、技术等其他要素割裂开来，而要以联系的观点看待问题。整个新闻系统是内嵌于社会的整体结构中运行的，不能脱离整个社会所提供的政治、文化、经济、技术和环境，更离不开上层建筑和各种意识形态观念的影响（杨保军，2003）[218]。对于新闻政治思想的分析，如果过于割裂和独立，势必只能产生碎片化的认知。因此，对于范敬宜新闻政治思想的分析，也要结合历史环境、经济文化背景等，综合考量和判断。

二、基本立场：以马克思主义新闻观为思想统领

以马克思主义新闻观为统领，是范敬宜新闻政治思想最为重要的"灵魂"。范敬宜从事新闻工作的时间长达半个世纪，他对马克思主义新闻观的认识和理解融合了他自身极为丰厚的实践经验，立场坚定，观点明确，且论述条理清晰。在他的新闻工作生涯中，并未有关于马克思主义新闻观的抽象论述，更多的是对马克思主义新闻观的秉持和践行。他开始对马克思主义新闻观进行理论化理解，主要是从他2002年之后从事新闻教育开始的。他在教授课程时，相较于刻板的理论灌输，更倾向于使用自己亲身的经历或听闻过的事迹来讲述一个道理，努力使论述变得生动，易为同学们接受。

综合而言，范敬宜对于马克思主义新闻观的理解和阐释主要集中于定义、主要问题和主要观点三个方面。

（一）对马克思主义新闻观的认知及其演变

范敬宜是坚定的马克思主义新闻工作者，他在晚年担任清华大学新闻与传播学院院长时强力推动马克思主义新闻观成为清华大学新闻与传播学院的教育教学重要内容，正是他毕其一生贯彻马克思主义新闻观的集中表现。

"马克思主义新闻观是什么？"

这是范敬宜被问到最多的问题，也是他经常在思考和总结的问题。他在马

克思主义新闻观课程中讲道：

>所谓马克思主义的新闻观，就是用马克思主义的立场、观点、方法来指导我们的新闻实践，来科学地、正确地反映客观世界。
>
>马克思主义新闻观不是由某一个人提出的，而是一批马克思主义理论家逐步总结归纳出来的，他们选择和提炼了那些被历史实践证明能够反映新闻规律的思想、理论和观点，这些思考都是由马克思、恩格斯、列宁、毛泽东、刘少奇等人奠定基础，并逐步在中国革命和建设的实践中形成的。（范敬宜，2011）[6,22]

可以说，这一概括基本涵盖了马克思主义新闻观的主要特征，并将马克思主义新闻观的内涵置于历史的大框架下进行了解释。然而，范敬宜对马克思主义新闻观的认识并不是"一步到位"的，而是经历了一个从无到有、由浅入深的过程。

范敬宜1951年从圣约翰大学毕业后，来到《东北日报》初试新闻工作，自己也坦言当时"政治上非常幼稚"，对马克思主义和马克思主义新闻观几乎毫无了解。在1957年被打为右派后，范敬宜一度在内心上接受了这一身份。范敬宜在晚年时回忆：

>有人说你有好多东西不像"右派"，"右派"应该是很自由化的。我觉得自己不是一个思想僵化的人，因为我自己的文化背景应该说既很西化，又很传统。我从小是在一个中国传统文化和西方现代文化交叉的环境中熏染成长的，我身上的非马克思主义的东西很多。比如，我在受难流放的时候，面对高山丛林，可以高唱《我们走在大路上》，也可以唱美国电影插曲，我脑子里的这些东西都是混杂在一起的。应该说，我是一个身上既有许多封建东西，又有许多西方资产阶级东西的人。我经历过"左"的严重迫害，差不多20年都是在最基层、最艰苦的农村生活的。在一些人的心目中，我这样的人思想上应该是很难接受马克思主义的。我说自己在正统人的眼里可能是个"异类"，而在新潮人的眼里可能又是个"顽固派"，我就是这么一个矛盾的人。（范敬宜，2011）[22-23]

但就是这么一个"矛盾"的人，后来却接受了马克思主义，并成了马克思主义新闻观坚定的提倡者和践行者。这又是为什么呢？范敬宜解释道：

>因为这是我的一种选择，是我经过比较以后的一种选择。在将近20年社会底层的生活中，我有机会接触最普通的老百姓，最贫苦的农

民，这使我逐步了解了中国的国情，懂得中国的许多事情只能这样而不能那样，知道怎么做才能行得通，怎么做就行不通。我们只能做行得通的事，而不应该做经过无数实践证明行不通或目前行不通的事。（范敬宜，2011）[23]

可以说，是底层的历练使得范敬宜突破了自己原有的圈层，有机会能接触和了解最真实的中国国情，了解到了解决中国发展困境、改善百姓生活的"底层逻辑"。这种了解，是范敬宜发生观念转变的最直接动因。

范敬宜从1960年开始申请入党，时年29岁，直至1978年才破例以"右派"的身份入党。他对马克思主义和党的信仰，在经历了反右派斗争和"文革"多年的政治动荡后，仍旧屹立不倒，反而历久弥坚。现实的种种历练使得他对马克思主义理论体系的理解更为深刻，对党的信仰更为坚定。

2001年2月，中共中央宣传部开始号召新闻界深入学习马克思主义新闻观（郑梦熊，2001）。三年后，2004年党的十六届四中全会，党中央更是强调要以马克思主义新闻观统领新闻教育教学。然而真正落到实际却有着各种各样的困难，各大新闻院校的马克思主义新闻观教育教学迟迟未有突破性进展。

在担任清华大学新闻与传播学院院长之后，范敬宜有了"回头看"的机会和意识，得以将其毕生对马克思主义新闻观的实践进行了总结。范敬宜认识到了在广大新闻学子中开展马克思主义新闻观教育的重要性和必要性，并积极探索，将之付诸实践。

范敬宜认为，清华大学新闻与传播学院的学生之所以要学习马克思主义新闻观，一是由国家性质决定的，我们国家是共产党领导的社会主义国家，我们国家的新闻工作的重要任务之一，就是传播马克思主义；二是由时代发展需求决定的，复杂的社会思潮容易使人迷失，而马克思主义新闻观是"定盘星"；三是学院"面向主流，培养高手"的教育方针所要求的（范敬宜，2011）[20-24]。

经过一段时间的准备，2005年秋季，范敬宜主讲的马克思主义新闻观正式开课，成为全国新闻院校开办此类课程的先驱（王健华，徐梦菌，2017）。

范敬宜在清华大学开辟了马克思主义新闻观教育教学传统，得到了中宣部、教育部的高度肯定，不仅取得了实打实的育人效果，而且引领了全国新闻院校开设马克思主义新闻观课程的风潮（李彬，2011b）。对马克思主义新闻观教育教学的强调和推动，是范敬宜新闻思想中非常重要的一部分，不仅是他本人马克思主义新闻观的集中体现，更是他对传播马克思主义新闻观所做出的重要贡献。

这一点是在他之前所有的新闻前辈所未能做到的一点，不光得益于他兼而从事过新闻工作和新闻教育，更是得益于他对马克思主义新闻观的深入理解——范敬宜能清楚地意识到马克思主义新闻观对于中国未来的新闻人才培养和新闻事业发展意味着什么。

（二）对马克思主义新闻观主要问题的提炼

范敬宜对如何学习马克思主义新闻观有着自己独到的概括。他根据自己几十年的新闻实践经验，将马克思主义新闻观要解决的主要问题概括为三个方面：立场、观点、方法。

自2001年中共中央宣传部正式提出马克思主义新闻观后，对于马克思主义新闻观的学术研究层出不穷，对于马克思主义新闻观内涵、主要关切和主要观点等的概括也五花八门。然而能根据自身丰富实践经历进行概括和提炼的，范敬宜毫无疑问是极少数富有代表性的一位。

在立场上，毫无疑问要坚持马克思主义的立场。范敬宜时常引用《共产党宣言》中的一句话："共产党人不屑于隐瞒自己的观点和意图。"在范敬宜看来，我们的党媒应当是旗帜鲜明的，这一点与西方媒体截然不同，因为他们宣称自己的报道是"客观公正"的，但事实上只是把立场隐藏于字里行间，处理方式不同而已，立场还是存在的。

在观点上，要坚持辩证唯物主义、历史唯物主义的观点。范敬宜认为，就新闻性而言，基于不同立场，对于不同事物就会产生不同的看法。因此，一切要从实际出发，坚持新闻的真实性原则和辩证唯物论的反映论，实事求是地反映客观事物，深入到最基层去调查研究，反对虚假新闻（范敬宜，2011）[8-10]。实际上，这一观点解决了如何看待和获取新闻真实的问题，即新闻工作者应当坚持实事求是，广泛且深入地调研，反映实情。

在方法上，坚持实事求是、走群众路线的方法。实事求是是毛泽东思想三大"活的灵魂"之一，也是党的重要新闻工作原则之一，范敬宜将实事求是视为马克思主义新闻观的"精髓"所在。范敬宜对改革开放后报道虚假化、模式化日趋严重的现状十分不满，或"合理想象"、任意夸大，或动辄"以什么为根本，以什么为重点，以什么为动力等等"，都违反了实事求是的原则（范敬宜，2011）[12-13]。另一方面，范敬宜也要求"讲究艺术、讲究技巧"，走群众路线。范敬宜曾在一次讲座中提到：

> 新闻工作者每天都面对千千万万的读者讲话，面对不同层次、不同职业、不同知识结构的群众说话。所以，首先要了解他们，要学会

讲话，讲群众想听的话，讲群众爱听的话，讲群众能够接受的话，讲群众能够相信的话，讲群众听得进去的话。（范敬宜，2011）[14]

范敬宜对艺术和技巧的追求，终极目的还是落在了让群众"爱听""听进去""能接受""能相信"。坚持实事求是，坚持走群众路线，能让新闻报道真正产生它应有的影响力。

（三）对马克思主义新闻观主要观点的概括

马克思主义新闻观的内容较多，范敬宜在其现有的论述中，根据新闻工作经验，将马克思主义新闻观最常被用到的主要观点概括了出来：实践第一，大局意识，与时俱进。

首先，范敬宜将实践的观点视为马克思主义新闻观的基本观点，并强调"实践是最广大人民群众的实践，而不是少数人的实践；也不是短期的实践，而是长期的实践"，新闻工作者应当深入群众，通过实践了解国情民情，这也体现了范敬宜对群众路线的坚持。范敬宜表示：

作为社会的瞭望哨、晴雨表，新闻工作的一个主要职责就是考察我们的政策在群众中的具体化过程，报纸最重要的一个任务就是考察政策在实践上的利弊得失。群众欢迎的，必然是正确的；群众不欢迎的，必然是错误的。（范敬宜，2011）[25-26]

实践是新闻工作者履行新闻职责的必要过程，这里范敬宜提出新闻工作肩负着"考察政策"的重要职责，而要履行好这一职责的必然过程就是新闻工作者要深入到群众中去，以实践结果说话，尽到职责，做好党和人民的"喉舌"和"耳目"。没有实践的过程，只是东拼西凑地做新闻，是做不到"耳聪目明"的。

其次，范敬宜认为新闻工作者应当具备大局意识，审时度势，掌握好"全部与局部、主流与支流、现象与本质"这三对关系，将大局意识视为新闻工作者"最重要的本领"，常用大局观去判断事物。范敬宜常用到成都武侯祠中的一副对联来自我鞭策和勉励："能攻心则反侧自消，从古知兵非好战；不审势即宽严皆误，后来治蜀要深思。"意在时刻提醒自己要审时度势，对局部事物的判断要联系全局。

1989年春夏之交，各种信息铺天盖地，范敬宜同经济日报社的诸多年轻记者一样，都感到十分焦虑，不知道该怎么办。这时，范敬宜偶遇曾经认识的几位农民朋友，他们刚从天安门附近回来，跟范敬宜说："再这么下去，我们可能又要挨饿了。"这一句朴素的真心话令范敬宜很受触动，他意识到，一旦社会发生动荡，最底层劳动人民一定是受到影响最大的群体（范敬宜，2011）[28]。他也借此教育报社的年轻记者们，不要老盯着脚下那几平方公里的土地（指王府井附近），而要看到全中国的九百六十万平方公里；不要只盯着"紫房子"（指北京最早的婚纱影楼），更要多看看"黄土地"。在风波期间，《经济日报》的记者们没有上街，就因为范敬宜在政治上已经成熟，对行为的后果有着辩证而全面的认识（何大生，2010）。

最后，范敬宜强调马克思主义新闻观一定是与时俱进的，新闻工作者要对时代的发展变化非常敏感，用发展的眼光看问题，并且努力不断学习，能在跟上变化的同时，对问题进行有说服力的分析和宣传（范敬宜，2011）[28-30]。范敬宜还曾呼应2008年6月20日胡锦涛考察人民日报社时提出的"用时代要求审视新闻宣传工作"，提出"审视新闻宣传工作是马克思主义新闻观的题中应有之义"，指出新闻工作需要不断进行反思和自我批评，审视自身是否符合时代发展的要求，保持与时俱进的先进性（范敬宜，王君超，2008）。

三、意识与观点：政治把关，导之有责

如果说立场是范敬宜新闻政治思想中的"灵魂"，决定了该从何种角度出发看待新闻事业的一系列现象与问题；意识和观点则是范敬宜新闻政治思想的"骨骼"，支撑起如何开展新闻工作的一系列主张与见解。

范敬宜常以主流媒体的三大意识——"政治意识、大局意识、责任意识"为纲，论述当代新闻舆论工作者应当具备的条件，以及未来新闻学子所应当培养的方向。故而本节以这三大主流意识为论述框架，展开陈述范敬宜新闻政治思想的基本立场与主要观点。或有提"导向意识""引导意识"和"全局意识"，本质上与"大局意识"论述的是一回事。

（一）政治意识：立场坚定，审时度势

2016年1月29日，中共中央政治局首次公开提出"四个意识"，分别为"政治意识、大局意识、核心意识、看齐意识"，其中政治意识排在首位（人民网，2016）。范敬宜对于新闻舆论工作者应有的政治意识的理解可以归纳为三个层面：一是要明确讲政治的重要性，坚持政治家办报思想；二是准确理解新闻与党和人民之间的关系；三是基于上述两者，对时局有精准判断和把握。

首先，新闻工作者必须有讲政治的意识，坚持政治家办报思想理论，用政

治的眼光看待和处理问题。讲政治是我们党作为马克思主义政党的突出特点和优势，而新闻舆论工作作为党思想和意识形态领域的重要阵地，也必须讲政治。范敬宜常把新闻工作和舆论监督比喻成刮脸刀，使用得好可以使人容光焕发；如果使用不当，则有可能受伤；但倘若掌握在敌人手上，任其在面颈处周游，则有性命之虞（何大生，2010）。可见他对新闻舆论工作"讲政治"之重视。

他在清华大学任教时，学生中间有不少对于政治家办报理论表示不理解的，范敬宜就说：

> 中央一直在强调要"讲政治"，要"政治家办报"，我想其意义就在这里。现在也有一种误解，认为这样做会变得教条，变得自上而下都很死板，其实这些人没有理解"政治家办报"的真正含义。（范敬宜，2011）[84-86]

时代在变化，错综复杂的国际政治格局对中国的新闻传播人才提出了新的要求。坚定的政治立场和过硬的政治素养成为新时代中国新闻人才必不可少的重要条件，这要求新闻人首先应当是一名"政治家"。这里的"政治家"并不是指真正作为政府官员来运营报纸或撰写报道，而是像政治家一般带着政治意识去完成新闻工作。

政治家办报理论作为富有中国特色的新闻理论，不应只被狭义地理解为让新闻人成为政治家，而应当理解它所强调的政治格局和政治素养。

例如范敬宜在担任人民日报社总编辑期间，曾审过一篇报告文学作品《我以我血荐轩辕》，其中有一句话写道："把国有企业这个低能细胞变为高能细胞，创造最大的效益，就是企业报效祖国的最好方式。"范敬宜就指出，国有企业是我国经济的重要支柱，笼统地形容为"低能细胞"，是一个原则性错误。借此，范敬宜告诫编辑们"文学作品也要从政治上、政策上严格把关"（范敬宜，2010）[9]。

其次，对新闻与党和人民之间的关系有准确的理解和把握，是做好新闻工作、找准正确方向的重要认识基础。经过半个世纪的新闻实践工作，范敬宜对党的新闻舆论工作在国家人民生活中的重要地位和影响有着深切的认识。范敬宜认识到，由于中国共产党在人民心中有着极高的地位和威信，因而党领导下的媒体在人民心中也有着极为重要的影响力。历史证明，当党的路线政策正确时，党媒可以起到无可代替的鼓舞和教育作用；相反，当党的路线发生错误，党媒必然也会犯错误，起到推波助澜、火上浇油的破坏作用（范敬宜，2011）[66]。因此，新闻工作者必须保持清醒的头脑，对待新闻工作慎之又慎，对党和人民负责。

最后，当新闻工作者明确了讲政治的重要性，同时可以准确把握新闻与党和人民之间的关系时，更需要对时局有精准的判断和把握。吴冷西（1995）[141]曾经如此归纳毛泽东对于政治家办报的要求："看得准、抓得快、抓得紧、转得快。"范敬宜的政治意识就体现在他对时局的精准判断和把握上，正符合毛泽东所提的四点要求。

在范敬宜看来，政治意识不是一味地唱赞歌、重复上级讲话和政策，而是要从大局出发，判断形势，做冷静的促进派和建设性的批评者。在人民日报社工作期间，1995年刚刚召开党的十四届三中全会和中央经济工作会议，会议的精神是加快改革和发展，当时中央也要求报纸要反映地方是如何贯彻落实会议精神。范敬宜在上夜班时发现许多省市的报道中都有"大"字，比如大思路、大格局、大手笔、大文章、大动作、大突破、大转变等，他敏感地意识到，如果一味求"大"，很容易刮风、跟风，等到回过头来再制止就晚了，而《人民日报》如果也这样报道的话，可能会刮起一场风（范敬宜，2011）[75]。于是，范敬宜就向中央反映了这一问题，而中央也非常重视，发了通知要求地方落实中央精神不要搞什么"大思路""大手笔"。《人民日报》在此期间专门刊发了文章《大思路还需硬措施》，说明仅有大思路不行还要有硬措施，否则只是助长浮夸风。文章发表后反响很好。

这一点还体现在范敬宜晚年从事新闻教育期间。据清华大学新闻与传播学院原党委书记王健华回忆，范敬宜在一次参加学生组织的"主题团日"活动中，发现同学们用"灰色""红色"等颜色给彼此的观点和身份"贴标签"，这引起了他的警觉和批评。王健华回忆道：

> 他说这个事情"要不得"。他引用了"文革"期间的一些教训，表示标签化地对青年学生分类是不可取的。那次给了我很深的印象。范院长看问题很尖锐，同学们在言谈举止中反映出的问题，他都能站在一定的高度，一针见血地指出来。[1]

政治意识贯穿在范敬宜从事新闻工作和新闻教育的全过程中。随着阅历的增长，范敬宜对于政治意识的重要性认识越来越深。范敬宜常说，新闻工作者最重要的本领是"判断"。而判断的基础，就是新闻工作者长期积累的政治意识。

---

[1] 内容来自与王健华的访谈，访谈时间为2019年11月4日，访谈地点为清华大学新闻与传播学院。

（二）大局意识：把握导向，正面引导

范敬宜对于新闻舆论工作者应有的大局意识的理解可以归纳为三个层面：一是坚持把握正确的舆论导向，强调新闻引导舆论导向的重要性；二是对正面报道的认识，正确认知正面报道的定位和作用；三是深入基层和群众，一切从实际出发。

树立大局意识的第一点，就是要明确地坚持正确的舆论导向，明确引导舆论的重要性。随着工作岗位的调整，范敬宜对于坚持正确舆论导向的认识经历了一个变化过程，他自己将之分为了三个阶段。第一阶段是担任《辽宁日报》副总编辑期间，当时他对担任新闻媒体领导的认识是"身体力行"，也就是要求编辑记者做到的，自己先做到。第二阶段是担任《经济日报》总编辑期间，认为担任媒体领导的主要人物就是出"好点子"，找到有意义、有意思的选题，范敬宜也一度被称为"点子总编"。第三阶段则是担任《人民日报》总编辑之后，范敬宜才意识到，开展新闻工作，最重要的是把握导向，导向错了，再以身作则、再有好点子也无济于事（范敬宜，2011）[118]。

对于把握导向的必要性，范敬宜用生动的语言进行了阐述：

> 导向并不神秘。人的一生，都离不开导向……西方何尝不讲导向？leading opinion, guiding opinion，都是引导舆论的意思。所不同的是，我们从来认为"隐瞒自己的观点是可耻的"，强调要旗帜鲜明，而西方则把观点隐藏在事实的叙述之中……为了国家、社会和人民的利益，新闻宣传不可能没有一定的纪律和规定，这在任何国家都不例外。（范敬宜，2011）[82]

改革开放之后，由于党报原有理念的抽离，形成了一个新闻舆论工作领域的意识形态真空，西方新自由主义思潮和新闻专业主义便乘虚而入，对党的新闻舆论工作产生了深刻的影响。范敬宜在开设马克思主义新闻观课程初期，便发现学生中间的意识形态阻力较大。一谈到马克思、党性、立场等，学生们或觉老生常谈，或不屑一顾，抵触心理较强。

例如，在论及"党报是党和人民的耳目喉舌"时，不少学生反映"喉舌"的说法难以接受。就此，范敬宜解释道：

> 现在许多新闻院校都回避这个问题，但这个词并不是中国共产党创造的，早在孙中山时代就提出了"为民喉舌"。王韬、章太炎等前辈也都讲过喉舌问题，怎么到了中国共产党就不能提了呢？所谓喉

舌,其实就是代表某个党派或团体说话……他们(指西方媒体)也讲导向,可是一掺杂意识形态的分歧,许多东西往往就扭曲了。结果,本来好好的词,中国人自己也不敢提了,觉得一讲喉舌、党性、导向仿佛就理亏了似的。我觉得这些东西并没有什么复杂的,几句话就可以讲清楚。(范敬宜,2011)[25]

其实,范敬宜在这段话里点出来的问题,一方面是当时中国的新闻事业深受西方自由主义思潮和新闻专业主义的影响所致,另一方面是21世纪初较为盛行的"去政治化"思潮所致。长期被"客观性"的所谓"专业标准"束缚着,当时的学生们或难以接受新闻可以是有立场和导向的,因而出现了一谈导向就"理亏"的情况。为什么"理亏"?对谁"理亏"?其实说到底,就是理论不自信导致的心虚,新闻认知的高地已经被新闻专业主义"插了旗"。由此,范敬宜深刻地意识到,开展马克思主义新闻观教育教学,对于改变学生心中的政治观念、新闻观念、意识形态,乃至世界观、人生观和价值观,对学生树立大局意识,都有着至关重要的意义,而且已经刻不容缓。

树立大局意识的第二点,就在于正确认识正面报道在新闻舆论工作中的重要地位和作用。范敬宜在青年时期初入新闻行业时,创作的报道大多为批评社会现象的负面报道,然而在改革开放后,范敬宜的报道却以正面报道为主。促使他完成这一转变的原因,一方面在于改革开放的政策使得人民的生产生活条件获得了跨越式的提升,出现了大量可报道的正面素材;另一方面在于基层的历练使得他深刻地认识到了正面报道在凝聚人心、鼓舞士气方面能发挥的作用。

把握导向需要自己更多的主动思考,一要了解全局,二要了解群众,要把对上负责和对下负责有机地结合起来。不仅是对负面报道的把关,更重要的是对正面报道的把握。前者比较简单,后者就复杂多了。(范敬宜,2011)[74]

范敬宜在1994年2月14日的总编辑手记《在反映矛盾的同时给人以光明、希望和方法》中指出,正面宣传为主不是要回避矛盾,而是"给人以光明,给人以希望,给人以办法",既不能"粉饰太平",也不能"渲染困难"(范敬宜,2010)[58]。这一观点与中央所倡导的"以正面报道为主"方针是一脉相承的。

此外,范敬宜还倡导加强批评性报道的"建设意识",就是在提出问题的同时,指出解决问题的方法和可行性,增强人们对于解决问题的信心和希望。范敬宜在《加强批评报道的"建设意识"》中指出,"建设意识"就是要求记者

"以实事求是的作风、与人为善的态度、解决问题的愿望、心平气和的写法"来进行批评性报道,改变"单纯淋漓尽致的揭露和义愤填膺的指责",回归到正面报道的立场上来(范敬宜,2010)[82]。

树立大局意识的第三点,就在于树立群众观点,深入群众,了解国情,一切从实际出发。范敬宜曾指出:"纵观新闻史,凡是成为大家的,都是对中国国情、世界时情了如指掌的新闻人,这样才能够纵横捭阖、居高临下,站得高、看得远。"(范敬宜,2011)[84]在这句话中,范敬宜也延伸出了把握大局的两个角度:一是空间上的把握,要求新闻工作者的站位要高,从"制高点"来看问题,而这个"制高点",就是马克思主义哲学思想指导下的基本理论、基本路线和基本政策(范敬宜,2010)[67]。二是时间上的把握,要求新闻工作者充分了解历史与现状,将二者融会贯通,从历史的纵深来看问题(范敬宜,2011)[91]。

范敬宜还从他的新闻实践经验中认识到,新闻报道之所以能够对政治产生影响,一个重要的结构性因素就是可以为政策制定者提供关键的信息。

> 曾经做过辽宁省委书记的任仲夷常常轻车简从,跑到报社来,找很多记者谈心,让记者讲当下的舆论环境如何,老百姓在议论什么……他说自己得到信息的渠道有两个,一是政府业务部门,再就是新闻记者。而且事实证明,往往新闻记者提供的事实更加真实与生动,为此,他非常重视新闻工作。(范敬宜,2011)[84]

而要获得"真实与生动"的事实,培养大局意识,就需要深入基层,深入群众。范敬宜直言:"大局意识从哪里来?不是光看文件就有了,只有真正到了基层,才知道大局是怎么回事,才知道我们的政策,哪些群众喜欢,哪些群众不喜欢。"(范敬宜,2011)[183]

范敬宜曾表示,他从事了一辈子的新闻工作,最大的收获就是增强了大局意识(范敬宜,2011)[72],足见树立大局意识在他心中的分量之重。

(三)责任意识:了解国情,维护稳定

范敬宜对于新闻工作者责任意识的理解和认识可以分为两大方面:一是了解国情,了解民情,了解农村;二是维护国家发展和社会的稳定。

范敬宜在2003年给清华大学新闻与传播学院新生们上的第一课就是《媒体人员的社会责任》(范敬宜,2011)[61]。他说:"不论你们将来是学新闻、学传播还是学媒体管理,社会责任的问题都应该是最重要的问题,应该作为新闻人

生的第一课。""既然选择了新闻这一职业,那我们肩膀上担负的就是不同于寻常职业的既崇高又重大的责任。"

温家宝就李强《乡村八记》给范敬宜的回信中讲道:"从事新闻事业,我认为最重要的是要有责任心,而责任心之来源在于对国家和人民深切的了解和深深的热爱。"(范敬宜,2011)[98]就此,范敬宜认为温总理说到了新闻人责任的要害之处:"责任感是什么?了解国情是最基本的;最大的国情是什么?就是农村。"(东方早报,2005)

范敬宜强调,做一个新闻"高手"的首要任务就是了解国情,只有了解国情,才能用历史的眼光形成对比,更准确地发现和衡量新闻价值(张莞昀,2005)。了解国情,了解农村,既是新闻工作者承担社会责任的前提,也是底气。

在谈到"新闻工作者的社会责任主要应该表现在哪里"时,他明确说,应该是不遗余力地维护国家的发展、社会的稳定,把维护国家社会的稳定放在第一位。

> 没有稳定,就没有发展,就没有一切。所以我们写每一篇新闻报道、每一篇文章,都要首先考虑这是有利还是不利于稳定,这是最起码的要求,最起码的责任心。(范敬宜,2011)[67]

在这次讲课中,范敬宜举了自己实际工作中的大量实例来说明如何认识新闻工作者的社会责任,如何从历史的维度、国际的维度来看到中国新闻人的责任意识。对于一些似是而非的认识也进行了澄清:

> 现在新闻界流行一种说法,认为新闻工作者的社会责任主要就是"铁肩担道义,辣手著文章",我认为这句话应该作分析。"铁肩担道义"当然没有错,但"辣手著文章"的"辣"就要看对什么人,对什么事,否则就会弄错对象、引起误导。(范敬宜,2011)[68]

范敬宜对于新闻工作要维护社会稳定的认识是发自内心的情感、源于个人的经历,并经过了独立的思考。他在2003年的另一次报告中说:"我并不否定目前还存在许多亟待解决的社会问题,但当前毕竟是一百多年来最安定、最有希望的黄金时期。正因为这样,我们的新闻工作者更应该自觉地时时刻刻把维护社会稳定当作自己的生命,战战兢兢,小心翼翼,如履薄冰。"(范敬宜,2004a)这段话讲得极动感情,也看得出来他对此问题的极度重视。

范敬宜在长期的新闻实践中,把媒体维护稳定的社会责任视为第一要务,绝不哗众取宠,也不人云亦云,不论自己写稿还是担任总编,牢牢把握媒体责任意识,把握正确舆论导向,通过自己的带动,也感染并培养了一大批优秀新闻人。梁衡（2010）曾经评价他：

> 总编之职，说难亦难，说易亦易。大学问家有之，甩手掌柜者有之。看大样签字点头亦可，殚精竭虑审稿、拟题、配言论亦可。办报是政治把关，文化兜底；把关易，兜底难，能言传身教，提升记者、编辑和版面的水平更难。

范敬宜在担任经济日报和人民日报总编辑期间，以身作则，切实尽到了他自己所提倡的新闻工作者的社会责任，做到了知行合一。

四、原则与方法：实事求是的实践观与"三贴近"原则

实践是勾连理论和现实的唯一途径。范敬宜如何将新闻政治思想的立场与观点贯彻在新闻报道工作中呢？

杨保军（2006）[5]在《新闻真实论》一书中指出，开展新闻报道工作的核心在于获取和实现新闻真实，而新闻真实的本质只能是"认识论意义上的真实"，也就是可以运用辩证唯物主义的真理"符合论"来进行阐释的"真实"。所谓的真理"符合论"，就是真理论中的符合论，是主张主观符合客观以认识真理的观点（杨保军，2006）[5-6]。从这个意义上讲，新闻真实其实就是新闻报道与新闻事实的相符合，是人们运用认识手段，在意识形态体系指导和渗透下建构起来的（杨保军，2006）[8,14]。

按照杨保军对于新闻真实的解释，这样的新闻真实，本质上是建构的、有限的、选择性的和过程性的，其中新闻工作者的主观能动性可以有很大的发挥空间，足以影响最后呈现出来的新闻真实。因此，在接下来的分析中，研究者将以范敬宜开展新闻工作的原则和方法为主要研究对象，以他如何运用这些原则和方法获取和实现新闻真实为研究目标，进而探讨他的新闻政治思想是如何指导他获取和实现新闻真实的。

（一）获取新闻真实：实事求是的实践观

范敬宜认为，实事求是地开展实践，是获取新闻事实的不二法门。他曾对实事求是有过一个精确的定位：

> 实事求是是马克思主义的精髓，也是马克思主义新闻观的精髓。讲马克思主义新闻观，第一就是实事求是，从实际出发，用事实说话。（范敬宜，2011）[12]

范敬宜指出，用事实说话，是新闻工作的基本观点和基本方法，也是对新

闻工作者的基本要求（李魁领，1999）。坚持实事求是，坚持马克思主义唯物论的反映论，用事实说话，是获得新闻真实的基本途径和原则。

范敬宜曾就新闻的真实性谈过他的认识：

> 新闻的真实性，就是要求我们以事实为基础和依据来进行报道。它的实质就是一切从实际出发，坚持唯物论的反映论，用辩证唯物主义和历史唯物主义的方法如实地反映事物本来面目。（范敬宜，2011）[10]

范敬宜常用自己初入新闻行业时犯的一个错误，告诫后辈实事求是的重要性。1956年，辽宁省举办了一次业余文艺会演，省委宣传部临时要求辽宁日报社增加报道瓦房店纺织厂歌咏队的经验，而负责此次报道的正是范敬宜。由于时间紧，到现场采访已经来不及了，范敬宜便找了歌咏队的队长进行间接采访。那位队长是个能说会道的人，在接受采访时说："我们车间里到处能听到歌声。"范敬宜无从辨别这是否有夸张的成分，于是全盘采纳了访谈的内容，写了一篇稿子《车间处处闻歌声》。很快，纺织厂的群众就来信检举，指出根本没有记者来厂里做过采访，而且工厂的车间里根本不让唱歌，那是违反劳动纪律的。在此之前范敬宜刚被报社评为先进工作者，此事一出，他立马被取消了资格。这件事对当时范敬宜的内心影响极大。

由此范敬宜深刻地认识到，实事求是是获取真实的基本原则，实践是检验真实的唯一标准。

1993年初，我国经济形势下行，通货膨胀严重，外汇储备下降，中小企业生存困难。针对这种情况，中央加强了宏观调控，然而社会上却出现了一股反对的声浪。当时，范敬宜初到人民日报担任总编辑，就碰上了一场百名经济学家组织参加的研讨会，会上一边倒地批判了宏观调控政策。有的媒体，甚至直接报道"宏观调控应该反思"，引发了社会上不小的讨论。对于这件事，《人民日报》报还是不报？范敬宜面临着这样的问题。范敬宜在后来回忆的时候说道：

> 当年我写《莫把开头当过头》的时候，思想比较明确，心里有数，知道自己没有错。这回我就没底了，因为我已经多年不做实际工作了。对宏观调控的形势到底怎么看？不能靠主观臆断，只能作调查研究以后才能作出判断。（范敬宜，2011）[75]

正是秉持着实事求是的实践原则，范敬宜让记者到企业中去深入了解情况，要求三天内反馈结果。在弄清楚企业的生存困难并非来自宏观调控后，范敬宜和《人民日报》编委会就下定决心，不能在这个问题上摇摆，继续正面报道宏观调控。直到1993年11月，中央经济工作会议明确地指出宏观调控政策是正确的，范敬宜才松了一口气。中央政治局常委会就此肯定了《人民日报》的表现，对范敬宜的处理方法比较满意。

可见，如果不是实地开展了调研，用事实来说话，范敬宜不会敢于如此坚持对宏观调控政策的正面报道。一旦《人民日报》这样的权威媒体出了偏差，产生的导向问题和错误后果不可估量。

（二）实现新闻真实：坚持党性与人民性相统一

实现新闻真实是新闻舆论工作的基本目标之一，它一方面指的是新闻舆论工作者传播出去的新闻报道本身是真实的，另一方面指的是新闻报道被受众准确理解并相信（杨保军，2006）[154-156]。这也就是说，新闻舆论工作者在以实事求是的实践观获取新闻真实之后，理论上是可以保障新闻报道本身是真实的。然而，想要全面实现新闻真实，就必须保障新闻报道能被受众准确理解，且要让受众认可和相信。这就意味着，新闻报道需要是具备公信力的。那么，如何使新闻媒体和新闻报道具备公信力呢？具体到实际操作层面，如何能做到这一点呢？

范敬宜在新闻实践中找到了答案：坚持并贯彻党性与人民性的相统一。范敬宜在给《人民日报》经济部的经济报道提意见时就讲道，在考虑选题和实际操作中要抓好"中央"和"群众"这两头：一方面宣传、解释好中央的重大决策，另一方面抓住、回答好群众最关心的问题，并了解政策在群众中具体化推行的情况。这样就可以把"权威性、指导性与群众性、可读性结合起来，把经济报道搞得有声有色"（范敬宜，2010）[68]。

抓好两头，就是把握好"新闻媒体与中央"和"新闻媒体与人民群众"这两对关系。掌握好这两者关系，事实上就等于坚持了党性与人民性相统一的原则。贯彻好党性与人民性相统一的原则，是掌握新闻真实的不二法门。杨保军（2019）[320]就党媒的性质指出，党性与人民性的统一，决定了党媒的核心价值指向是为人民服务，其中党性是党媒的"方向盘"，而人民性是党媒的前进目标。只有在掌握好党性、人民性相统一的大前提下，才能具体而准确理解党媒的政治定位和价值定位；基于对党媒性质的理解，才能找准立场；只有找准了立场，才能准确地理解新闻真实，才能掌握处理新闻真实的正确方法。

我国是中国共产党领导的社会主义国家，党的新闻舆论工作就必须讲党性、讲政治、讲立场。范敬宜长期的新闻实践经验使他明白，对于新闻真实的准确把握，离不开对立场、党性的准确认识和掌握。范敬宜在给清华大学新闻与传播学院的学生们授课时曾说：

> 我们年轻的时候和你们也都差不多。我们也讲立场，就是要客观公正，因为新闻是对事实的反映，这一点不简单。以前给大家上课的时候，每当我讲到立场、讲到党性，同学们就在那里相视而笑，说"怎么又来这一套"。我自己也曾年轻过，很能理解同学们为什么会有这种想法。几十年的经验教训积累下来，我才建立了比较牢固的立场。（范敬宜，2011）[8]

在担任《人民日报》总编辑期间，范敬宜倡导加强报社与党和政府各级领导部门之间的关系，目的就在于使报社的记者编辑们"吃透上头精神"，从而掌握全局情况，使报道能跟上实际工作的步伐（范敬宜，2010）[14]。范敬宜之所以如此重视"吃透上头精神"，就在于他深刻地认识到掌握好党性对于指导新闻工作正确开展的重要性。有了对党性的高度认识和掌握，才能准确地认识和掌握新闻真实。

另外，在扎根农村生活的二十余年使范敬宜深刻地体会到，新闻的真实性离不开对基层人民群众的深入了解。在范敬宜看来，人民群众之所以掌握着真理，就是因为党的性质决定了党的一切决策都是为了人民群众，人民群众是党的政策的出发点、践行者和最终归宿。因此，对于政策的利弊得失，人民群众是最有发言权的（洪文军，2013）。范敬宜很喜欢引用汉朝王充《论衡》中的一句话，"知屋漏者在宇下，知政失者在草野"，说的正是向人民问政的重要性。

范敬宜在辽宁日报社时期带的"学徒"马光就说：

> 当时农村部经常能收到农民读者的来信，往往一天就有三四十篇来稿、来信，这些可都是他的"宝贝"！他的意见就是找到好的（稿件），可以的话尽可能地发——我后来觉得，这就是他之所以能"吃透两头"的重要依据。[1]

范敬宜对于人民群众意见的重视，是他能准确理解基层情况，从而正确理解政策的不二法门。

范敬宜曾殷切地告诫《经济日报》的记者编辑们：

> "我希望我们的同志，特别是青年同志，不要只看到王府井周围这一平方公里，而要经常了解九百六十万平方公里上的喜怒哀乐；不要只津津乐道八千多元一双的皮鞋、上万元一套的西服，而要经常想

---

[1] 内容来自与马光等人的焦点小组访谈，访谈时间为2021年4月19日，访谈地点为辽宁日报社。

到全国农民的每年平均收入还只有七百多元；不要只为在歌榭舞厅一掷千金、万金的大款们喝彩，而要经常想到还有多少终年辛勤劳动的人们，连十二元一宿的床位都不敢问津……"（范敬宜，2009）[139]

范敬宜的成名作《分清主流与支流 莫把"开头"当"过头"》，就是在1979年春各类思潮激荡的历史环境下完成的。当时，支撑范敬宜在新闻报道中坚定支持"包产到户"的重要原因，就是他对建昌县广大基层农民和基层干部的广泛调研，以及他在建昌县此前十多年的长期浸入式观察。正如范敬宜自己所说："那是我在农村待了十年，我知道我说的是对的，心里有底。"（乔申颖，2003a）

范敬宜在担任《人民日报》总编辑期间，时不时能收到群众写在"演算本、包装尿素的牛皮纸、废旧书刊封面"上的来信，对此他很珍视。范敬宜在接受河北大学2009级新闻学硕士生郝帅的采访时说：

群众来信有读头、有看头，别说有真理的成分内含其中，但就是语言上，也有值得我们学习的地方，言简意赅，直奔主题，不像秀才们写的文章，三纸无驴，既长又臭。新闻讲求个性语言，而现在的写作成了一个模式。官话、套话，看不出群众的思想，把不准群众的脉搏，这种东西（文章）不用采访也能照葫芦画瓢写出来的。（郝帅，2011）

更重要的是，深入到群众中去，不仅是了解和掌握真理的重要途径，更是对新闻记者自身的一种保护。范敬宜指出，当新闻工作者无法准确判断政治状况时，就应当深入到群众中去，因为只要这样做了，"即使不能进行报道，也不至于犯太大错误"（范敬宜，2011）[26]。

改革开放以后，范敬宜早期的新闻才华集中体现在对农村的报道上，他在长期的新闻实践中认识到了基层与真理的关系，认识到了新闻人应该如何发现事实。到了晚年，范敬宜多次谈到自己的基本经验"离基层越近，离真理越近"，并认为，这一原则的形成，得益于自己20年的下放岁月："没有那20年的磨难，就没有我的今天。"（申宏磊，雷向晴，2005）回想这段经历，范敬宜说："就是在那些年，我才真正沉到了社会的最底层，了解了中国的国情、民情，特别是中国的农村……我才真正意识到，离基层越近，也就离真理越近。"（罗海岩，2009）

综上，范敬宜对新闻真实的认识和把握，正是建立在他坚持党性与人民性相统一的方法和原则之上的。范敬宜认识到，做好新闻工作的头等大事在于准确地获取新闻真实,而获取新闻真实需要坚持实事求是的根本原则,深入到基层和人民群众中去;而在实现新闻真实的时候,又需要坚持党性和立场,做到党性与人民性相统一。因此可以说,掌握了党性,就掌握了立场;掌握了基层,就掌握了真理。

(三)范敬宜的原创新闻思想:"三贴近"原则

有没有一套新闻思想原则,可以规劝新闻工作者做到既能准确地获取新闻真实,坚持实事求是的实践观,又能正确地实现新闻真实,坚持党性和人民性相统一呢?范敬宜给出了他自己的答案,也正是他原创的新闻思想——"三贴近"原则:贴近实际、贴近生活、贴近群众。贴近实际,意味着要坚持实事求是的实践原则,不搞虚假、浮夸的报道;贴近生活,意味着要关心老百姓关心的问题,反映和服务于社会生活;贴近群众,意味着要说老百姓爱听、能听懂的话,深入群众,主动倾听人民群众的心声。

"三贴近"原则的源头可以追溯到1986年范敬宜首次担任《经济日报》总编辑之时。1986年3月,范敬宜任经济日报社总编辑兼社长。这是范敬宜首次作为中央媒体的一把手开展新闻工作,也是他个人的新闻思想在实践中不断深化并充分展示的一个时期。

到任后不久,范敬宜就提出,经济报道要"贴近实际、贴近生活、贴近群众"(范敬宜,2009)[98]。范敬宜提出该原则的初衷,在于他意识到引导舆论需要遵循正确的方法,不能刻板地说教,必须用对方法,才能使正确的舆论"入耳、入脑、入心",让广大人民群众接受,且接受后能产生积极的影响。范敬宜指出,落实"三贴近"原则,核心在于走出观念的误区,在思想上先"贴近",然后再通过内容和报道方式的选择,将"三贴近"落到实处(乔申颖,2003a)。

然而这一想法在当时受到了比较大的阻力,有人质疑其缺乏"高度",和中央贴得不紧。故而范敬宜只好改变了说法:"同中央精神贴得近些更近些,同实际工作贴得近些更近些,同群众脉搏贴得近些更近些。"(陈崇山,1987;王君超,2010)还加上了四个意识——"增强宏观意识、理论意识、国际意识和建设意识"(范敬宜,2011)[77]。

在担任经济日报社总编辑期间,范敬宜抓住经济改革中的"难点"和"热点",针对人民群众在改革过程中存在的思想困惑和普遍关切,组织和策划了一系列富有影响力和充满鲜明时代特征的重要报道。围绕1989年经济形势推出的"五个意味着什么""五个变迁"和"五个变迁的背后"等一系列重磅报道,既执行了中央的宣传要求，又反映了人民生活，体现了坚定的党性和人民性相统一原则与灵活高超的新闻策划能力。

十几年后，"贴近实际、贴近生活、贴近群众"的提法得到了党中央的认可。2003年3月28日，中共中央政治局下发了《关于进一步改进会议和领导同志活动新闻报道的意见》，明确提出了"贴近实际、贴近生活、贴近群众"的"三贴近"原则和要求，旨在加强党报与人民群众之间的联系，是党报理论在市场经济条件下顺应新闻规律所做出的一种调整（方晓红，2004）。该原则一经提出，就受到了广大新闻工作者的欢迎和拥护（范敬宜，2004b）。

时隔多年，党中央当时提出"三贴近"原则是否是得到了范敬宜"三贴近"的启示已经无从考证，但足以说明范敬宜坚持群众观点的正确性，以及提出"三贴近"原则的前瞻性。范敬宜在世时，从未将"三贴近"的提出归功于自己。王健华对此评论道：

> 他总说他不适合谈论思想理论，而适合谈工作法，谈自己过去鲜活、复杂的工作经验。他从不觉得自己能耐大，能用一双手在拉着国家这个大航船走。他从来只是默默地用自己的行动去实践中央的政策。[1]

如今，"贴近实际、贴近生活、贴近群众"的"三贴近"原则已经成为党的新闻舆论工作中重要的工作原则和方法论。可以说，范敬宜这一原创性新闻思想，是范敬宜得以在中国新闻思想史上留名的重要原因之一。

五、作为政治家的记者：《分清主流与支流　莫把"开头"当"过头"》

1978年12月，党的十一届三中全会顺利召开，宣告了改革开放的开始，农村开启了改革的新进程，一个重要的突破口就是家庭联产承包责任制的推行。然而，联产承包责任制在"文革"十年中是已经被"批烂批臭"的修正主义路线，突然放开重新实施，不少人就觉得是"资本主义复辟"，不仅背离了社会主义，还开了"历史的倒车"。因此，农村改革之初阻力重重，社会上对于改革政策的看法也莫衷一是。另一方面，20世纪70年代末80年代初，国际上以"和平与发展"为主的时代主题日益凸显，注重国内的改革和发展，成了大多数国家的首要选项。在这样的背景下，党中央决定坚定不移、全心全意地推行改革开放，将破除思想上的僵化视为一项重要任务。

---

[1] 内容来自与王健华的访谈，访谈时间为2019年11月4日，访谈地点为清华大学新闻与传播学院。

当时刚恢复新闻工作不久的范敬宜，在《辽宁日报》从事农村报道。由于长期在农村生活，与农民相处，范敬宜十分清楚这次改革是能够解放生产力的，可以实实在在提升农民生产生活水平，并为之由衷地感到兴奋。因此，虽然他当时右派的"帽子"还没摘掉，但他却以高涨的热情从事着农村的新闻报道，大力宣传改革开放政策。

（一）时局："张浩事件"的发酵与争论

党的十一届三中全会过去不久，1979年3月，社会舆论突然发生了转向，一股否定党的十一届三中全会精神的"冷风"骤起。不少传言开始散播，如"三中全会的政策过头了""农村中资本主义泛滥"，大肆否定农村改革的政策方针（范敬宜，1999）。其中，数"张浩事件"带来的影响最为深刻。

事情的起因是，1979年2月，甘肃省档案局的干部张浩在回老家洛阳探亲时发现，村里正在实施"大包干"，但他家因为劳动力较少，分到的牲畜数量也较少，因此产生了对包干制度的不满。3月15日，张浩给《人民日报》写了一封长信，名为《"三级所有，队为基础"应该稳定》，认为家庭联产承包责任制是一种历史的倒退，应当重新实行人民公社制度（张志勇，2015）。《人民日报》刊发了这篇文章，并配发了编者按，"向读者特别是农村干部、社员推荐张浩同志这封来信"，号召地方政府停止推行包产到户，呼吁按照张浩所主张的观点，重新稳定"三级所有，队为基础"的制度（钱念孙，1998）。

这一举措使得刚推行不久的农村改革重新陷入了混乱中，洛阳当地直接叫停了责任制，不少地方干部思想出现动荡，改革的脚步停滞不前。随着时任中共安徽省委第一书记的万里等领导人的介入，并组织文章对张浩的主张进行反驳，这场史称"张浩事件"的大争论趋于白热化。而一切争论的重点都聚焦在农村的改革是否应该继续下去。

（二）行动：回到建昌，寻找答案

"张浩事件"出现后，《辽宁日报》收到的群众来稿几乎都是反映基层党组织和人民向农村的资本主义势力进行反击之类的内容（罗海岩，2009），仍旧留有浓浓的阶级斗争的余味。

为了搞清楚基层的真实状况，报社农村部的领导组织了一批记者下到农村进行走访，范敬宜就主动选择去了他最熟悉的建昌县。从1969年到1978年，范敬宜一直待在建昌，按他的说法是：

当过名副其实的生产队社员，当过县农业办公室干事，跑遍了全县20多个公社、300多个大队的山山水水，对农村情况比较熟悉，而且结识了一批基层干部和普通农民。他们肯定能够向我说真话、说实话，这样调查研究可以少走一些弯路。（范敬宜，1999）

到了建昌县一走访，机关干部和基层农民对范敬宜说的话却迥然不同。机关干部反映农村"已经乱了套了"，资本主义势力泛滥，严重威胁到人民群众的生产生活，甚至有的干部晚上都不敢出门去开会。然而，范敬宜走到农户家里去后，农民们却跟他说"三中全会政策太好了，照这样下去，农民就有希望了"，给了生产队自主权，就意味着可以自己决定种什么了，搞点副业也不会被割"资本主义尾巴"了，三中全会的政策让农村"活起来了"……这巨大的反差令范敬宜感到十分困惑，尤其是老百姓的一个"活"字，给了他极大的震撼。

最后，还是范敬宜的老上司——县委书记马汉卿和副书记张化成，为他解答了这一疑问："根本问题是多少年来我们的干部被'左'的思想禁锢住了，满脑袋都是阶级斗争，现在一放开，反而不知道应该怎样走了。"范敬宜由此意识到，要坚持把农村改革搞下去，保证农村生产队行使自主权，关键在于各级领导干部解放思想（范敬宜，2009）[7-8]。

结束采访后，范敬宜向报社领导汇报了调研结果，发现得到的结论与其他记者的调研结果基本相同。于是，报社决定针对这个问题撰写一系列述评，主题为"分清主流和支流，千万莫把'开头'当'过头'"，首篇就由范敬宜来主笔（范敬宜，1999）。

（三）反响：解放思想，正本清源

由于素材丰富、主旨明确，范敬宜很快将所见所闻写成了《莫把开头当过头——关于农村形势的述评》一文，刊发于1979年5月13日《辽宁日报》头版上。

没想到的是，文章发表后一石激起千层浪。不少干部对这篇文章充满了议论，觉得范敬宜是在胡说八道，甚至觉得"范敬宜这右派还没当够"。然而，时任辽宁省委第一书记的任仲夷在省委三级干部会议上明确表达了对范敬宜的赞赏，甚至还专程来见这位出了名的"小记者"，从此与范敬宜结为好友。这令范敬宜感到受宠若惊。

连范敬宜也没想到的是，三天后，这篇文章被《人民日报》转载，并刊发于头版头条，还加了长长的编者按。这篇编者按文风尖锐，高度肯定了范敬宜的报道,并提出:"作为新闻工作者,要像《辽宁日报》记者范敬宜同志那样,多搞一些扎扎实实的调查,用事实来回答对三中全会精神有怀疑、有抵触的同志。"(范敬宜,1999)。这下,所有对这篇文章包括对范敬宜本人的非议都瞬间平息了,甚至许多地方还以这篇文章为范本开展干部和群众的思想工作。

这给范敬宜的新闻思想以极大的触动,打消了他对自己在政治上是否会犯路线错误的顾虑,坚定了开展新闻工作的立场、观点、方法和文风,同时也让范敬宜第一次深刻地认识到《人民日报》这一中国第一大报所具备的威力和影响(范敬宜,2009)[8-9]。当时的中共中央总书记胡耀邦也看了《分清主流与支流 莫把"开头"当"过头"》,不禁感慨右派里有不少是有能力的人。

(四)总结:实事求是,深入群众

《分清主流与支流 莫把"开头"当"过头"》这篇报道回答了社会上人们对于党的十一届三中全会路线的模糊认识,起到了帮助人们分清是非、正本清源的作用,及时遏制了"凡是派"搞的"倒春寒"(罗海岩,2009)。而《人民日报》的及时转载,使这篇文章的影响力远远超出了一省的范围,在全国范围内引发反响,也深刻地改变了范敬宜这个当时名不见经传的"小记者"的命运。

范敬宜在晚年编著新闻作品选的时候,把这篇文章放在了最前面。正如范敬宜自己所说:

> 我之所以把《莫把开头当过头》放在(新闻作品集)的开头,不仅因为他对我后半生命运的改变起关键性作用,更重要的是因为"开头"还是"过头"的争议,始终贯穿在改革开放的全过程之中,而我本人的新闻人生,也随着这个过程不断跌宕起伏。(范敬宜,2009)[1]

而促使他能够完成这一报道的主要原因,一方面在于他坚持了实事求是的实践观,将新闻报道写在坚实的事实调查基础上。另一方面更在于他贯彻了深入基层的群众路线,长期在基层的浸润和锻炼使得他对基本国情有一个较为全面的了解,十分清楚农民究竟欢迎什么政策,有了扎实的"基本功"。有了对国情民情的基本把握,再加上科学而扎实的广泛调查,做出来的报道就一定是内容上"过硬"、政治上安全的。

正如范敬宜的同事高鸿烈所说:

> 我认为,范敬宜最突出的思想特点就是:坚持党的领导,坚持人民至上,为农村着想。他写新闻的时候真的是敢于担当,一往无前。他的《莫把开头当过头》就是不回避问题,直接解决问题的。他为了

破除改革阻力，打破城乡格局等等，写了一系列的文章。他当时开玩笑说，他后来去了人民日报，就是抱着一种"站着进去，横着出来"的决心的……就当时社会上吵得火热的"姓社姓资的问题"，他写了一系列评论，有很大的影响力。[1]

范敬宜直面现实问题的勇气和担当，使得他的新闻报道在坚定的立场和扎实的调查之上，多了一层新闻记者的使命感。

六、作为政治家的总编辑："关广梅事件"系列报道

范敬宜担任经济日报总编辑兼社长时期为1986年至1993年，改革开放正遭遇着激烈的思想斗争。这一时期的一个突出时代特征是：改革开始由农村转向城市，引起了全国人民更大的关注，但党的十三大尚未召开，社会主义初级阶段的理论还没有提出，社会上对于当前的改革究竟姓"社"还是姓"资"的争论非常激烈，广大群众迫切需要媒体对关系改革前途和命运的重大问题解惑释疑。范敬宜为此组织了多场战役性报道，以思想解放、文风尖锐而闻名全国，为推进改革开放政策深入人心和进一步推开做了重要铺垫工作，为党的十三大召开营造了良好的舆论氛围。

为了更好地阐释范敬宜作为总编辑如何在实际工作中践行其新闻政治思想，本小节将以范敬宜在经济日报社期间组织的一次富有影响力的新闻工作——"关广梅现象"系列报道为例，分析这一系列报道的创作过程，以及其中如何体现范敬宜的政治觉悟和政治意识。

（一）时局："关广梅现象"的缘起

1987年4月，范敬宜收到了一份来自辽宁记者站的记者庞廷福发来的报告《关广梅是搞资产阶级自由化吗？》。材料中反映，辽宁本溪的关广梅受到了舆论的非议，不少人抨击她为"本溪市搞自由化的代表"，并对她3月获评辽宁省劳动模范和党的十三大代表的结果提出了质疑，而且这类批评呈现愈演愈烈的趋势（陈崇山，1987）。

关广梅自1984年以来，租赁了8个食品商店，拥有1000名员工，组建了东明商业集团，创造出了租赁、承包、股份合作相结合的三位一体经营模式。她以这种"新租赁制"对租赁的商店进行了体制改革，经济效益显著，仅1986

---

[1] 内容来自与高鸿烈等人的焦点小组访谈，访谈时间为2021年4月19日，访谈地点为辽宁日报社。

年的全部收入高达44000元人民币，是当时中国人平均收入的12倍（庞廷福，2009）。

本溪市委、市政府对关广梅的改革举措十分支持，将她视为改革的模范代表，然而这也遭受了不少人的非议，认为她就是典型的"走资派"。这种思想上的冲突反映了当时"左"倾思想并未完全退出历史舞台，仍在持续地影响着人们的判断；也反映了当时不少人对于改革政策和自由化边界的认识和理解仍然十分混乱，并未统一思想，在姓"社"还是姓"资"的问题上存在巨大的分歧。

（二）判断：范敬宜的决策和担当

范敬宜意识到了问题的重要性，便给庞廷福打电话，详细询问事情的原委和庞廷福本人对事情的看法。编委舒野也给范敬宜提了意见，建议报社发起一场关于"关广梅现象"的大讨论，或许可以在思想上破除改革的部分阻力（陈崇山，1987）。在详细了解完具体情况后，范敬宜果断拍板：

> 我们主张就关广梅搞租赁不应选为十三大代表这样一个问题，来弄清承包、租赁究竟是什么性质，共产党员、先进人物搞租赁是不是不坚持四项基本原则，从而进行一次实际的、生动的两个基本点的教育。在讨论中，既可以肯定关广梅的正确方面，也可以指出她的不足甚至错误之处。我认为，这是一种实事求是的、可以深入人脑的宣传方法。（庞廷福，2009）

据庞廷福（2009）回忆，当时范敬宜做这个决定时语气"异常坚定"，他更被范敬宜那种尊重记者想法并愿意与记者平等交流的作风所感动。

由于报道此次事件难度较大，且风险较高，记者在调查过程中也受到了一些挫折，思想上出现了一些反复，对完成此次报道的信心不如一开始那么足了。对此，范敬宜在5月24日给经济日报社财贸部的长信中强调：

> 整个宣传要体现在新旧两种体制交替、并存的情况下，我们如何正确认识改革的复杂性，如何正确认识改革者身上同时出现的矛盾现象，这是当前报纸的重要任务……中央要求两个基本点的宣传要深入。如何才能深入，我认为很重要的一个问题是不回避热点，不回避难点。否则老说些一般化的话，不接触广大群众议论纷纷又莫衷一是的问题，如何深得下去？关广梅问题就是一个难点，搞好这个讨论，肯定是很有意义的。（陈崇山，1987）

后来，范敬宜还专门给负责报道"关广梅现象"的记者写信，表示"如果将来的事实证明这个报道搞错了，一切由我负责，与记者无关"（庞廷福，2009）。范敬宜愿意主动承担责任的表态，让负责报道此次事件的记者没了后顾之忧，得以放开了手脚去做调查和讨论。

（三）反响：对"关广梅现象"的大讨论

经过庞廷福等三名记者历时七天的深入调查和走访，关于关广梅的现象和其中的问题终于被厘清。1987年6月13日，《经济日报》头版头条刊出报道《关广梅现象》，紧接着，又陆续跟进了《本溪市委、市政府的一封吁请信》《"关广梅现象"大对话》《论关广梅现象》等九篇报道和评论，将关广梅租赁改革情况、遭遇的问题，以及正反两方对于她的不同观点，"掰开了揉碎了"呈现在了读者的面前，顿时引起了举国上下关于租赁企业究竟姓"社"还是姓"资"的大讨论。这场关于"关广梅现象"的大讨论历时45天，影响之广之深，甚至引起了国际媒体的高度关注（庞廷福，2018）。

这组系列深度报道获得了来自三方面的反馈。

首先，是来自读者和社会层面的反馈。《经济日报》在发出这组报道之后陆续收到了读者来信、投稿、供图等一万多件，被《经济日报》择优发布的就有两百余件。

其次，是来自党和政府的反馈。关广梅本人在报道发出后，照常出席了党的第十三次全国代表大会，并在有数百名中外记者参加的记者招待会上分享自己的观点和经验，成了会上的"风云人物"。更为重要的是，党的十三大明确提出了社会主义初级阶段多种经济成分并存的表述，承认了租赁制的合法地位，证明了"关广梅现象"系列报道的正确性。

最后，还有来自国际媒体的关注和反馈。有的外国通讯社将关广梅称为"关广梅旋风"，美国《时代周刊》甚至将关广梅作为封面人物进行介绍，更有英国《金融时报》记者跑到经济日报社来问"谁是'关广梅现象'大讨论的后台"。（庞廷福，2009）

来自各界的反馈印证了"关广梅现象"系列报道产生的巨大的影响力。也正是因为它产生的积极影响，"关广梅现象"系列报道获得了1987年度全国好新闻的特等奖，成为当年唯一获得特等奖的作品，后在2013年被收入《中国百年新闻经典通讯卷》（庞廷福，2018）。

（四）总结：立场坚定，方向正确，方法得当

对于"关广梅现象"系列报道得以产生如此影响的原因，范敬宜在随后发表的《一点补充》中做出了三点总结：一是系列报道回应了广大人民群众的思想困惑，基于坚实的调研给出了解答；二是系列报道回答了时代提出的新问题，承担起了《经济日报》所应当承担起的时代责任；三是《经济日报》自身的改革和发展提升了报社的综合实力，促成了系列报道的诞生（庞廷福，2018）。

可以发现，范敬宜认为"关广梅现象"系列报道切准了时代的脉搏，解答了人民关心的问题，这也是他对新闻媒体呼应时代改革命题的自我认知之使然。除此之外，范敬宜还强调报社的领导班子对改革要有坚定的信念和态度，不能轻易动摇立场（陈崇山，1987）。

但研究者认为，更深层次的原因在于，此次系列报道一来坚定了改革开放的基本政治立场，二来找准了正确的报道方向，三来采用了扎实的方法，通过实事求是的调查回应了问题。

为什么范敬宜可以做出"必须坚持改革开放政策不动摇"这样的政治判断呢？根据他与陈崇山（1987）的对谈可以得知，这与他的亲身实践经历有关。范敬宜在辽宁建昌县下放的经历，以及在《辽宁日报》从事农村报道的经验，使他深切地体会到改革开放政策给农村发展和农民生活带来的巨大变化，更令他坚信改革是中国未来发展的唯一出路。这种经历和信念，构成了他在此次事件中，包括其他更多的新闻报道中，对改革开放立场坚定不移的事实基础，也构成激发他政治觉悟的重要"知识储备"。

在此基础上，范敬宜运用自身强大的政治意识，从复杂的信息中提取出来关键的政治信息，即"如何正确认识改革的复杂性和改革者身上同时出现的矛盾现象"，并作出研判，认为经济日报应当积极参与其中，利用这一次对争议事件的报道和讨论，对广大人民群众"进行一次实际的、生动的两个基本点的教育"，使得原本复杂的一场争议，最终变成了解答人们心头疑窦的系列报道；使原本身陷非议的关广梅，终于得以正名，成为改革开放的"风云人物"。同时也贯彻了中央对于深入宣传"两个基本点"的要求。

在整个过程中，范敬宜的政治思想通过立场坚定、方向正确和方法得当三个方面得以呈现，对新闻报道的过程产生了深刻而显著的影响。由此亦可见，新闻工作者的政治意识和觉悟，是可以直接影响报道的高度、深度、品质和影响力的。

七、何以培养和提高新闻工作者的政治素质

在前文的论述中，研究者对于范敬宜的新闻政治思想进行了系统性的梳理，并以范敬宜作为记者和作为总编辑时期的两个案例，详细阐释了范敬宜新闻政治思想在新闻工作中的具体体现。这也促使研究者思考，范敬宜的新闻政治思想可以产生何种现实意义呢？

作为一名新闻工作者，尤其是一名党报的新闻工作者，政治素质是其所需要具备的诸多素质能力中最为重要的一项，而党报的性质和承担的任务则决定了新闻工作者必须培养好政治素质（路敦英，李长江，高永强，1999）。具体到人才培养方面，范敬宜的新闻政治思想可以为培养和提高当代中国新闻工作者的政治素质提供以下三方面的建设性意见。

首先，范敬宜的新闻思想是以马克思主义新闻观为统领的，新闻工作者要坚持马克思主义的基本立场，秉持辩证唯物主义和历史唯物主义的基本观点，以实事求是的实践观和群众路线为基本方法。新闻报道本身不是新闻工作者眼光的唯一焦点。新闻报道之所以要承担起舆论引导的重要使命，就是因为原始的政治信息不便于广大人民群众理解，有些内容需要经过新闻工作者的"加工"后才能为人们所接受，或者说原始的政治信息不经过解读可能会引发误解和矛盾，这才有了新闻舆论工作"事关党和国家前途命运"的重要地位。因此，正确认识新闻工作的性质，摆正新闻工作的定位，以正确的思想和立场统领新闻观念，是每个新闻工作者在参与新闻工作之后所必须做到的。在这一点上出现了问题，则做出的新闻报道也会出现问题。

其次，在意识和观点上，一来要树立政治意识，明确讲政治的重要性，坚持政治家办报思想，同时准确理解新闻与党和人民之间的关系，对时局有精准判断和把握。在当下媒介技术相对成熟、专业训练相对充分的业界环境下，记者之间水平的高低，往往不在于业务能力这一项，更多的是在政治意识和知识储备的差异。记者的资历越深，知识储备相对会更加丰富，但不意味着其政治意识会更强。政治意识固然需要个人的政治知识作为基础，但更重要的是对党、国家、人民，乃至国际的大局形势有所理解，对党的历史、理论和主张有所学习。这就需要新闻记者时刻将自己定位为"政治家"，摒弃去政治化的错误思想，用政治家的眼光和格局进行观察、思考和新闻创作。

二来要树立大局意识，坚持把握正确的舆论导向，正确认知正面报道的定位，积极发挥正面报道的作用，并且深入基层和群众了解大局，一切从实际出

发。把握大局，把握导向，正面引导舆论，是新闻工作者所肩负的重要责任和使命。范敬宜的新闻实践经验带来的一点启示是，记者、编辑参与到新闻策划环节来是十分重要的，不仅可以改善新闻策划的具体流程和细节，更能令记者和编辑从中有所学习、获取经验，培养和树立他们的大局意识。参与"关广梅现象"系列报道策划过程的庞廷福，就在此次采访事件中获得了极高的成就感，不仅在于报道为他带来的实际荣誉，更有他对于范敬宜政治意识、工作作风和处事方式的体会和学习（庞廷福，2018），这对他长远的新闻工作产生了有益的影响。根据研究者所采访的几位较为资深的记者所言，目前不少刚入行的年轻新闻记者要么没机会参与新闻策划环节，要么就是缺乏主动提案、参与讨论的积极性，抑或是缺乏大家群策群力的讨论氛围，这都不利于新闻策划的丰富和年轻新闻记者编辑的成长。因此，鼓励甚至要求年轻的新闻记者积极参与到新闻策划过程中来，有利于培养他们的大局意识，丰富他们的创作经验，应当引起重视。

三来要树立责任意识，以了解国情为己任，以维护国家和社会稳定为首要任务。新闻工作不是高高在上的"社会公器"，而应是扎入泥土的"人民喉舌"。正如范敬宜一直以来所强调的，做新闻要把老百姓放在心里。时刻关注民生国情，与人民群众共呼吸，才能树立和培养历史的眼光和格局，才能写出最能反映时代内核和社会真实状态的新闻报道；时刻把维护国家和社会稳定作为新闻报道的首要目的，才能经得起历史的检验，并受到党和人民的肯定，才能说是对国家和人民负责。了解国情，维护国家和社会稳定，是新时代党的新闻舆论工作者开展新闻工作的基本要求，也是其职责所在。

最后在原则和方法上，要坚持实事求是的实践观，目的是正确地了解和获取新闻真实；同时要坚持党性与人民性相统一，坚持群众路线和"三贴近"原则，目的是正确地认识和实现新闻真实。在马克思主义新闻观中，新闻实践永远是最重要的一个环节，它是连接主观意识世界和客观物质世界的桥梁，是新闻工作者运用意识改造世界的必然方法。通过实践，新闻记者可以将政治意识转化为对政治信息的改造行为，并通过新闻报道的形式传递政治信息，影响更多的人。而实践行为所带来的不仅仅是意识的输出，更有对他人反馈的接收。这种反馈对主观意识有着直接的影响作用，例如在新闻报道中，来自读者的反馈能直接影响作者对于此次新闻创作过程的效果评估，并对自己的新闻生产方式乃至新闻生产观念产生更深层次的影响，进而影响他/她下一次的新闻创作。这也就是"实践出真知"的"真知"所在。

综上，对新闻工作者政治素质的培养和提高，需要在基本立场、意识观点和原则方法三方面进行建设，核心是要解决新闻工作者怎么看待新闻工作和怎么开展新闻工作的意识形态问题。在这方面，范敬宜新闻政治思想所提供的经验基于他本人长时间的新闻实践，其正确性经过了实践的反复检验，其价值在当今时代更显珍贵。

第四章　新闻与文化：作为群众观点的新闻文化

范敬宜是坚定的新闻文化倡导者。在他众多的头衔中，"中国新闻文化促进会会长"这一头衔鲜为人知（王君超，2010）。纵观中国新闻思想史，自身有着较为深厚的文化功底，同时又对新闻文化有着较为深切的体会，并且在新闻报道中灵活熟练地运用文化要素和相关技巧的，恐怕无人可出范敬宜之右。这也造就了范敬宜对于新闻文化独树一帜的理解和认知，往后的学者或实践者，但凡论及新闻中的文化，如果不对范敬宜的观点进行回溯和参考，则其观点或多或少都会有所纰漏。

范敬宜对于新闻中的文化十分重视，在多个公开场合和多篇论述中均有提及，尤其在其晚年任教于清华大学新闻与传播学院时期，对新闻文化极其重视且反复强调。在范敬宜一生的新闻实践中，他不单单是新闻文化的倡导者，更是新闻文化的直接受益者。他对新闻文化的认知和理解，也就是他的新闻文化思想，构成了范敬宜新闻思想的主要关切之一。

范敬宜一直提倡："新闻要有文化含量，记者要有人文情怀。"多年来的新闻实践表明，这句话至今仍有很强的警示意义（刘保全，2016）。然而，在新闻写作过程中强调文化要素，范敬宜并不是第一个，那它为何唯独成为范敬宜新闻思想的一大特色呢？何为新闻的文化思想？如何理解范敬宜的新闻文化思想？范敬宜的新闻文化思想对当下的新闻事业有着怎样的借鉴意义呢？这些都是亟待解答的问题。

一、如何理解新闻文化？

要解读范敬宜的新闻文化思想，首先要明确文化的含义，以及文化与新闻长久以来互相交融的关系。

何为"文化"？关于文化的定义非常复杂且数目繁多，常常被理解为与"自然"相对的概念。根据吉登斯（Anthony Giddens）在《社会学基本概念》中的定义，文化是"一个社会或群体的特定生活方式，包括知识、习俗、规范、法律及信仰等"（吉登斯，萨顿，2019）[190]。马克思主义唯物史观将文化定位于观念形态的文化，是"社会精神生活形式的总和"，反映并反作用于一定的政治和经济（钟哲明，2012）。在社会学研究，包括马克思主义研究中，常把文化与社会结构和社会关系放在一起，例如核心价值观、政治信仰、主导思想、社会规范等（吉登斯，萨顿，2019）[191]。杨保军（2014）[156]也指出，新闻文化的内核就是新闻观念，新闻文化深刻地影响着新闻观念的形成。

那么，如果放诸新闻事业中，所谓的"文化"又该如何解释呢？

首先需要甄别的是，新闻中的文化，不等于新闻中的文学。我国的著名新闻人穆青在讨论新闻文化时曾提出，要"用散文的笔法来写新闻"（刘保全，2016），本质上是强调新闻的文学属性对于新闻价值的增益效果，新闻的文学属性并不等于新闻的文化属性。有学者在讨论新闻文化的时候，指出"新闻观"和"叙述惯例"二者是描述新闻文化的重要内容（王强，2015）。也有学者指出，新闻文化作为一种"群众性应用文化"，其中更为重要的内容是"价值观"，它意味着媒介作为一种主体，对于媒介自身与其受众产生的意志的区别（方延明，2004）。而传者和受者作为新闻文化的主体，对于某些新闻价值的追求和强调，构成了新闻文化的主要表现形式（高金萍，2002）。因此，对于新闻文化内涵的理解，不能只局限于新闻文学，而应认识到"文化"作为一个宏大的概念所蕴含的丰富意义。

其次，新闻中的文化，不应只在新闻中讨论，更应该在国家、社会、历史的大环境中讨论。有学者就曾警示，西方强权国家常常通过新闻传播的形式向其他国家输出自身的价值观、伦理观、政治观等文化理念，构成了一种实质上的"新闻文化殖民"现象（朱清河，2019）。在西方用于价值输出的新闻报道中，文化成为新闻在传递信息这一帷幕之下的核心传播内容。同样的，对于一则新闻中的文化要素的分析，也不能脱离社会和历史的大环境。有学者指出，新闻文化具备"国家属性、政党属性、公众属性"三大属性，对于新闻文化的理解离不开对这三者意义的理解（方延明，2008）。因此，讨论新闻文化，并不是单纯地讨论新闻的文化，而是在一个政治、历史和社会的大框架里理解和讨论新闻的文化属性。

最后，新闻本身就是一种文化现象，文化属性是新闻的重要属性之一（方延明，2008）。新闻作为一种文本，更作为一种文化，扎根于政治经济社会的土壤中，其历史纪事功能构成了文化属性中重要的一项功能（方晨，李金泳，蔡博方，2016）。有学者分析，新闻文化属于文化系统中的一个"亚系统"，是新闻实践过程中所积累的"新闻表现形式、体制形态、价值观念总和"（郑岩，2007）。也有学者认为，新闻文化是媒体通过新闻报道"捕捉和传播社会上的人和事并影响其他人和事所产生的现象"（周凯，张慧娟，2012）。总而言之，新闻本身就是文化的一部分，历史和价值是新闻文化较为核心的属性。

所以，综上所述，新闻本就是文化的一部分，或者说是一种文化现象。新闻文化是一个较为宏大且复杂的概念，泛指在新闻实践过程中产生的与历史、社会、政治、经济等相勾连的特定的现象、价值和观念。理解范敬宜新闻文化思想的前提，就是对新闻文化的内涵有准确的把握。

故而在之后的研究和讨论中，"新闻文化"一词就是指代"新闻中的文化"，包括新闻实践活动中的文化现象、价值、观念等。后续对新闻中的文化的分析，也正是基于"新闻文化"这一概念。

二、层次与本质：范敬宜对新闻文化的理解

范敬宜曾在诸多场合表达过自己对于新闻文化的观点和理解，并十分强调新闻文化的重要性，对新闻文化的普及和应用十分推崇。有别于前人对于新闻文化理论的贡献，范敬宜对新闻文化有着自身独到的洞见，将对新闻文化的理解提升到了一个全新的层次。

范敬宜对于新闻文化的认知并不是一成不变的，他对于新闻文化的阐述集中于晚年时期，且频度之高、重视之深，是他此前的人生阶段中从未有过的。虽然，他对新闻文化有过许多表达，但他对于新闻文化却从未有过系统性的统一论述。因此，理解范敬宜对新闻文化的认识，需要对他在不同历史阶段、不同场景、不同事件中对于新闻文化的不同认识，进行层次分明的分析。

在研究者看来，范敬宜对于新闻文化的理解和认知，至少分为四个不同的层次，分别为文学和艺术的文化底蕴，历史和文明的文化积累，家国和人民的文化情怀，以及辩证和唯物的文化哲学。

（一）文学和艺术的文化底蕴

首先是基于文学和艺术的文化底蕴，对于新闻文化方法论层面的理解。范敬宜本人有着相当深厚的国学修养，在诗词歌赋、书法和国画方面都有造诣，被称为"诗书画三绝"。在新闻中体现文学元素，将新闻作品变得更加鲜活和生动，是范敬宜孜孜不倦所追求的主张。

他在担任经济日报社总编辑期间就曾强调，《经济日报》的作品不仅要体

现经济特色，还应该兼顾新闻性和文学性，在经济报道中多点"文化味儿"，二者缺一不可（王秋和，2011）。范敬宜曾表示：

> 提倡写经济中的文化，文化中的经济，多从文化的角度思考经济问题……为了说明这个想法并非玄虚，我率先做了不少尝试，写了像《土到好处便是雅》（谈旅游饭店建设中的文化观念问题）、《莫忘了——白云深处有人家》（谈农村扶贫问题）、《由丝绸之路想到陶瓷之路》（谈陶瓷产品的创新）、《真正的"秘密武器"》（谈省级领导班子的团结问题）……（范敬宜，2009）[99]

范敬宜常提古人所说的"言之无文，行而不远"，就是他对文化之于新闻重要性的切身感受。

范敬宜对于新闻文化的理解，还蕴含在他对于新闻文化与艺术关系的认知中。范敬宜十分重视新闻文化和艺术的勾连，主张运用艺术处理新闻报道中的矛盾。范敬宜呼吁，新闻工作者要懂一点艺术，认识到艺术修养之于新闻工作的重要性。范敬宜在1993年中宣部的一次研讨会中专门探讨了宣传艺术的问题：

> 所谓"艺术"，并不是让新闻写成小说，主要是指对宣传报道从总体上"度"的把握，正如绘画要把握好笔墨、色调的"度"，音乐要把握好节奏、韵律的"度"。冷与热，快与慢，多与少，虚与实，刚与柔，疏与密，重与轻，浓与淡，隐与显……不论是正面宣传，还是批评报道，都存在一个"度"的把握的问题。（范敬宜，2004b）

范敬宜对党报宣传艺术的论述，是从新闻规律与艺术规律结合的角度来把握的。他精通诗书画，又长期在地方办报和做记者，对如何将艺术规律应用于新闻规律进行了长期的思考（王君超，2010）。在范敬宜看来，掌握好了宣传艺术，可以大大增强新闻工作者把握好报道"度"的能力，而这种把握"度"的能力，本质上就是分析和处理矛盾的能力。范敬宜指出，艺术归根到底是处理矛盾的手段，运用得好可以大大增强新闻作品的说服力和解释力。

（二）历史和文明的文化积累

其次是基于历史和文明的文化视野，对新闻文化在认识论方面的理解。范敬宜认为，历史是新闻文化中尤为重要的一方面，记者应该具备一定的历史修养，懂得从历史的高度看待新闻事实。有学生曾在"新闻中的文化"一课中问范敬宜："文化是不是在写新闻的时候多一点形容词？"这其实就是前文所提

到的将新闻文化等同于文学手法的局限认知。对此,范敬宜回答道:

> 文化的含义很广泛,历史是其中尤其重要的一方面。作为记者应该具备一定的历史修养,懂得从历史的高度看待新闻事实。(范敬宜,2011)[92]

范敬宜认为,新闻文化的体现,需要从历史的高度来看待。新闻工作者要有历史学家那样纵观古今的历史观,才能够站在历史发展的高点审时度势,对未来的发展作出预见。对于这一点,范敬宜有意无意间曾提过一个精辟的概括——"文脉",出自他为《人民日报》记者费伟伟《体验生命》一书所作的序中:

> 我发现在费伟伟的经济报道作品中,总是贯穿着一条"文脉"。具体地说,他正在努力求索如何更多地人文的角度来反映经济成就。
>
> 所谓"文脉",是指流动在一个人血液中的全部文化积淀,是长期蕴藏积在胸臆的古今中外文化气息在他从事的各种活动中的流露……几十年来,尽管有许多有志之士都在力图改进经济宣传,无奈很少有人触及文化这个层面。(范敬宜,2003)

这种能够在新闻报道中灵活运用文化,化繁为简,贴近读者的"文脉",与其说是一种文化素质,不如说是一种文化意识,它的终极目的还是回归到以人民为主体的读者身上,让读者能更好地接受和理解新闻所想要表达的内容。新闻是各种文化的交汇点,本身就是一种文化,而新闻人更应是"文化人",新闻媒体应当坚持在新闻作品中贯穿"文脉"(范敬宜,2009)[380-384]。

在这里,范敬宜认为的新闻文化,其实归根到底就是调动新闻工作者的文化积累,为读者把故事讲好的能力和意识。而这种文化积累,不仅来自他对传统历史的学习和理解,更来自他对东西方不同文明的比较和融会贯通。

范敬宜自幼在留美归来的两位姑母潜移默化的影响下,对西方文化有了一定的了解。在圣约翰大学学习时,他更是对西方文明有了更为深入的学习,培养了较好的跨文化交流能力和意识,对于中西方文化差异有一个较为清晰的认知。

在人民日报担任总编辑期间,范敬宜就一再跟记者编辑们重申增强国际意识的重要性。范敬宜在一次编者按中指出:在对外开放的年代,在经济日益走向一体化的形势下,我们应当引导人们打开眼界,了解世界,自觉地把本国经济的发展同世界联系起来。今后,我们应把这点作为办报的一个指导思想。(范敬宜,2010)[367]在具体技巧上,范敬宜建议可以多利用外国人的言论,使自己的言论更具说服力(范敬宜,2010)³⁷¹。

(三)家国和人民的文化情怀

基于家国和人民的文化情怀,是范敬宜对新闻文化在价值观层面的理解。例如他认为文化是新闻贴近群众的重要方法,是新闻工作者把握好"度"的重要依据。在范敬宜看来,对新闻文化的坚持,是贯彻群众路线和"三贴近"原则的重要路径之一。范敬宜指出:

> 我提出了要"抓经济中的文化,文化中的经济"的口号,就是说,要重视从文化的角度、用文化的视角来观察经济现象,从而使经济报道更贴近实际,贴近群众,贴近生活。(范敬宜,2007b)

由于长时间浸润在基层,范敬宜对新闻文化与"国家-人民"关系的理解尤为深刻,包括对新闻文化之于舆论引导和社会治理的思考。可以说,范敬宜新闻文化思想最核心的部分,在于他对新闻文化的舆论引导和社会治理角色的认识,也在于他对新闻文化加强国家与人民关系的理解。

2008年7月13日,在清华大学新闻与传播学院第三次科研工作讨论会上,范敬宜就胡锦涛在人民日报社考察工作时的讲话陈述了自己的感想:

> 缺乏文化的新闻是没有力量的。胡锦涛同志讲到我们要增强舆论引导能力,反过来讲就是我们缺少这个能力……什么是舆论引导能力?就是文化的亲和力、吸引力和感染力……归根到底都是文化的力量,因为"言之无文,行而不远"。我们的文化不仅是中国的文化、传统的文化,而且是中西文化交流。(范敬宜,2011)¹⁵¹

范敬宜希望大家能重视2008年抗震救灾给新闻界带来的"文化的觉醒",重视新闻文化,学会和人民群众说话。范敬宜在建昌县的故友李元宝之子李万东,受范敬宜的影响也从事了新闻工作,现为辽宁日报社驻葫芦岛站记者,开展了大量的农村报道。他对范敬宜与人民群众的沟通方式进行了总结,并讲述了自己的经验:

> 首先,(发现选题的)角度要好,要为老百姓的利益着想,从老百姓的角度去想问题。找准了角度之后,你的报道就能够起到一种指导和示范的意义。
>
> 其次,要用百姓的语言跟百姓交流,而且跟老百姓交往还得有交情,这个是最难的。如果我到了一户人家,在那边端着个架子,那么人家只是把你当作一个客人,甚至把你当成一个领导对待,那样你一

定跟人家唠不出什么来。一定是得跟老百姓贴近了,他才能把他心里头真正想表达的,或者是跟别处不一样的内容提供给你。

然后,要融入他们的生活,入乡随俗。比如你去到东北的农民家里,有一些老人会自然而然地拿起挂杆上一条脏兮兮的毛巾给你擦杯子,然后倒上水给你,这时候你喝不喝?再用这毛巾给你擦个苹果,你吃不吃?这是人家对你的尊敬,你要是不(喝水或者吃苹果),人家会觉得你嫌弃他们,因为他们已经把对待客人最好的态度给你了。这个时候你如果拒绝了,距离就会产生。我就亲眼见过有些小姑娘,看到这种举措(指老人家把水或者苹果递了过来),连接都不接,接过来了也在那边放着,然后很尴尬地笑一笑。接下来怎么沟通?没法沟通!所以说,有些时候我们到一个地方就是要入乡随俗。一定要有这种努力,你才能够跟他们走得近。

做到了这三点,你这东西(指新闻报道作品)才能够真正叫作接地气,跟别人的采访才能不一样。[1]

李万东总结的三点,即找准群众的利益点、语言上贴近百姓和生活上贴近百姓,尤其是后两点,可以很好地体现范敬宜是如何通过文化的途径贴近人民群众的。只有当真正与人民群众在文化上消除距离了之后,才能获得最为鲜活的故事和素材,才能写出最能打动人的文字。正如范敬宜所说的:

现在提出很多口号,包括新闻要贴近群众等,这些口号都是对的,但是你没有文化,前面这些都是空的。你贴近了群众,也不知道怎样是能打动人的,怎样是无法打动人的。(范敬宜,2011)

所以说,在范敬宜的新闻文化思想中,新闻文化是联结作为主流意志"喉舌"的媒体与广大人民群众的重要纽带,是实践"三贴近"原则的重要途径。在运用新闻文化的时候融入对家国和人民的文化情怀,可以令报道更加"贴近实际、贴近群众、贴近生活",走出"听起来鼓舞人心,写起来平淡无奇"的怪圈(范敬宜,2007b),进而也可以加强新闻报道的说服力,更好地服务于舆论引导和社会治理。

范敬宜对于新闻文化的理解来自他长期的新闻实践,具备很强的实践性,体现了马克思主义的反映论。范敬宜对于新闻文化本质的认识,主要集中于他对新闻文化之于艺术,新闻文化之于历史,以及新闻文化之于"国家-人民"这三者的理解。以上这三个层次并不是并列而彼此无所关联,而是逐次由浅入

---

[1] 内容来自对李万东的线上访谈,访谈时间:2021年1月15日。

深的关系。有了对于文学和艺术的学习和掌握，就能开阔其历史和文明的视野，加以价值观的引领，则能更为深入地理解家国天下和人民的文化情怀。

需要强调的是，范敬宜相较于他的先祖范仲淹，他的新闻文化思想和家国情怀，已经有了质的改变。引用赵月枝（2017）的话说，就是"这不是封建士大夫'先天下之忧而忧'的救世主式的劳动，而是'无产阶级只有解放全人类才能最后解放自己'的事业"。范敬宜与范仲淹最大的不同点就在于，范敬宜是真正走到最广大人民群众中去的马克思主义新闻工作者，早已完成了对传统精英主义的"士大夫精神"的超越。

（四）辩证和唯物的文化哲学

马克思将哲学称为"文化活的灵魂"，在范敬宜的新闻文化思想中，也贯穿着鲜明的哲学"灵魂"。范敬宜对于文化的理解基于前三者，有第四层所谓哲学层次的理解。

这种哲学层面的理解，一方面是基于辩证法的方法论，另一方面是基于唯物主义的世界观。在世界观上，范敬宜对于文化的理解主要来自现实生活，他从长期在基层的新闻实践经验中总结出"三贴近"这一方法原则，就是他基于唯物的历史观从现实生活中抽象出来的独特文化观点。在方法论上，他灵活运用辩证的方法，综合调节自身所具备的多种文化元素，例如将中国古代传统士人的家国情怀与党报理论中的群众路线相结合，将对西方文化的体会与对中国文化的理解相结合，综合二者的优点，做到两方面的辩证统一。

对此，胡显章是这样理解的：

> 他以马克思历史唯物主义哲学为指导，发扬了范仲淹"居庙堂之高则忧其民，处江湖之远则忧其君"和"先天下之忧而忧，后天下之乐而乐"的风范，永远与人民群众站在一起，为人民利益鼓与呼。他有清醒的"离基层越近，离真理越近"的哲学观和"贴近实际、贴近生活、贴近群众"的新闻观；同时，深刻理解并把握马克思主义辩证唯物主义，在改革开放之初，发表《分清主流与支流 莫把"开头"当"过头"》《最易往往是最难》等文章。同时，他对当代学子优长和不足也有主流与支流之分，从而坚定教育信心与责任。正如他在"新闻中的文化"这门课中，所强调的新闻与哲学、历史、文学、艺术的关系。[1]

---

[1] 内容来自与胡显章的线上访谈，访谈时间为2021年4月1日。

可以说，胡显章所说的范敬宜的"哲学观"和"新闻观"均是他深刻理解和把握马克思主义辩证唯物主义的结果，同时在他身上也可以看到前文所说"党与民""古与今""主与次"等多重关系的辩证统一，将这种辩证和唯物的文化哲学演绎得淋漓尽致。

三、对新闻媒体文化现状的分析及反思

范敬宜在新闻行业工作了半个世纪，对于媒体行业的观察可谓入木三分。范敬宜曾对媒体行业文化缺失的问题发出过质问，痛陈媒体浮躁的问题：

> 为什么读者不爱看新闻？为什么这么激动人心的时代和变化，到了我们的新闻里就变得那么苍白无力、那么八股？为什么我们缺少那种有血有肉的、新鲜生动的、能够打动人的、就像魏巍《谁是最可爱的人》那样能打动人一辈子的新闻作品？（范敬宜，2011）[164]

对于这些问题，范敬宜根据自己长期以来的行业观察和思考，给出了自己的分析，提出了解决的方法。

（一）分析：新闻媒体文化缺失的原因

范敬宜在2007年《解放日报》第十届"文化讲坛"上指出，文化的复兴媒体责任重大，关键是要依靠媒体自身的文化意识提升。他批评当时的媒体存在水准滑坡和过于浮躁的问题，而浮躁源于文化的缺失（范敬宜，2011）[50-51]。范敬宜曾指出，全国的新闻奖项林林总总，却鲜有对新闻工作者文化修养的评奖。对新闻文化缺失的现状，范敬宜分析并总结了三大历史原因和两大误区：

> 一是宋明理学重质轻文，只求"词达"，对文学采取鄙薄的态度；二是清末的西学东渐时期，崇尚实务与科学，只务实而不务虚；三是解放区的新闻工作长期处于战争环境之中，重视政治性、思想性和战斗性，只要写清楚就可以了，这一传统后来成为我国新闻界的主流意识。西方也有人把文学与新闻对立起来，不重视文笔对反映事实的影响……
>
> 这里存在两个误区，一是认为强调文学性，就会伤害新闻真实性；二是认为文学笔法只适用于新闻特写，不能用于新闻评论等其他新闻体裁。实际上，问题并不那么绝对，新闻真实性主要是反对"合理想象"和任意拔高，借鉴文学主要是指谋篇布局、刻画细节和语言个性……能给人留下记忆的文章，还是需要有文采的。（纪

忠慧，2011）

范敬宜对于新闻媒体文化缺失的分析侧重于历史角度，也提到了西方同样存在这样的问题，总体而言是准确的，但也未能明确指出改革开放之后专业主义新闻范式对新闻文化范式的相对剥夺。但范敬宜在两大误区中探讨了新闻真实与文学性的关系，明确提出了文学性与新闻真实并不互斥，为呼吁新闻媒体强化文化素质奠定了理论基础。

除了文化缺失导致的浮躁，范敬宜还认识到了中国新闻媒体所面临的另一项重大挑战，就是新自由主义思潮带来的西方新闻专业主义的影响。

20世纪80年代中期之后，中国的新闻业态结构化、专业化、样板化的问题逐渐突显了出来，在新闻中体现文化的做法逐渐被边缘化。范敬宜感叹："'文采''文笔'变成了一种贬义词，写什么都是那几个词儿颠来倒去地重复组合，怎么能有感染人的力量？"（龚永泉，1997）针对当时媒体缺乏文化的状况，范敬宜批评道：

> 现在许多媒体的报道中经常可见令人生厌的文字。比如说评论，大家可以找找报纸、杂志看一看，会发现很多固定模式。比如写"落实科学发展观"，第一段就是，什么什么是什么什么的根本；第二段：什么什么是什么的关键；第三段：什么什么是它的前提；第四段：什么什么是它的基础……凑对仗，搞排比。还有板着面孔的"必须强调"、"应当指出"、"毋庸置疑"等生硬的词汇。（范敬宜，2011）[52]

范敬宜指出，新闻工作者应当对这类现象进行反思，"提高文化修养，加强文化底蕴，多读书，读好书"。

（二）方法：追求文化，反对浮躁

范敬宜认为：新闻本身就是一种文化，而且是各种文化的交汇点。新闻人本身就应该是文化人，不论是被称为瞭望者，还是守望者，新闻工作者都应该是有社会责任感、有学问、有道德、有能力的文化人。（范敬宜，2011）[51]这段话，基本可以完整地概括范敬宜对于新闻人在文化层面的要求，包含对定位、文风和作风的要求。

范敬宜指出当代一些新闻工作者最大的毛病就在于工作作风不深入，往往满足于一知半解，而作风不深入，其实就是浮躁（范敬宜，2011）[164]。在清华大学新闻与传播学院2007年毕业典礼上，范敬宜给予即将毕业的学生们"远离浮躁，追求文化"的寄语。范敬宜殷切地说：

> 浮躁的根源，在于文化的缺失。文化，是人类的灵魂。文化一旦被边缘化，一切道德、观念、信念、学问、操守就失去了依附。这是一种危害极大的社会病……所以，千万不要把"浮躁"当作一种戏言，一定要充分认识它的危害性……希望你们走上社会以后……继续加厚自己的文化素养和文化积累，使自己永远做一个有远大理想，有高尚情操，有深厚内涵的人。（范敬宜，2011）[147]

范敬宜对于在新闻工作中文化素养和文化积累可以发挥的作用深有体会，尤其是新闻文化可以提高新闻工作者的新闻敏感性，从一般人难以注意到的地方发现有意义的选题（范敬宜，2007a）。

> （新闻）敏感从哪里来？一部分来自他的生活阅历，而另外很大一部分来自他的文化修养。文化底子很弱的人当记者，同样去采访，观察事物、思考问题，完全不一样。有修养、有底蕴的记者能看到别人看不到的东西，一件事情别人谁也没感觉到它是个新闻，他却可以感觉到新闻性。（范敬宜，2011）[165]

范敬宜在担任《人民日报》总编辑时曾出访韩国，参观韩国济州道"盆栽艺术苑"，因为提到了清代诗人龚自珍的散文《病梅馆记》而引发了艺术苑主人的兴趣，二人促膝长谈，从盆栽艺术的角度探讨了社会治理：修剪盆栽并不是摧残植物的天性，而是在它们良好生存的前提下将它们培养和调教得更符合人类的美感；同样的，人也需要学会在有限的生活空间内生存，改造社会的人应该像修剪盆栽那样制约和管理社会上的不良现象。二人相谈甚欢，最后竟成为交往频繁的跨国好友。范敬宜回来后，将这段交谈写成了《新〈病梅馆记〉》，发表于《人民日报》1995年11月17日第七版。当范敬宜回忆这段采写过程时，他表示：

> 如果在童年时代没有读过《病梅馆记》，就不会发现这里花木蕴含的信息，更不可能写出《新〈病梅馆记〉》了。读书，可以开阔记者的视野，活跃记者的思维，于无新闻处发现新闻。（范敬宜，2009）[241-242]

范敬宜在许多场合都对新闻工作者、新闻学子提出过要加强文化素质和文化修养的期望，就是因为当时的新闻工作者整体文化积累不足，本质上还是表达对于当时媒体过于浮躁现状的不满，希望这种状况可以通过加强文化学习得到些许改善。在担任清华大学新闻与传播学院院长后，范敬宜专门给大一新生开设了"新闻中的文化"课程，强调尽早对新闻学子文化素养开展培养。

四、范敬宜新闻文化思想中的辩证法

正如前文所表述的，范敬宜的新闻文化思想中有着辩证的文化哲学思维。用范敬宜自己的话说，新闻人本身都该是文化人，那么范敬宜就是一个非常复杂的"文化人"。他身上集合了诸多的文化特点，如传统的士人文化，现代的知识分子文化，中国本土的传统文化，西方的政治文化，等等。在处理各类文化传统之间的关系时，范敬宜按照马克思主义的辩证法，通过自身的实践和探索，对不同的文化传统进行了统一和整合，进而达到了和谐统一的精神状态，形成了系统而统一的新闻文化思想理论体系。

（一）传统的与现代的

范敬宜新闻文化思想中最为显著的一个辩证法，就是传统文化与现代文化的辩证统一。范敬宜从小体弱多病，无法正常上学，他的母亲请了吴门画派传人樊伯炎为他教授山水画，后来考上专门培养国学人才的无锡国学专修学校，向周谷城、钱穆、唐兰、朱东润、王佩诤、朱大可、顾佛影、王蘧常等著名学者、教授学习文史哲和诗书画，自此打下了坚实的国学基础（范敬宜，2001）[2-5]。

可以说，一方面，传统的文史哲和诗书画学习，塑造了范敬宜身上较为浓厚的中国古代"书生"气质，这与范敬宜的先祖范仲淹所奉守的"先天下之忧而忧，后天下之乐而乐"的"士人"精神是一心同体的。张扬（2004）评价这种气质是"精英主义"文化，其实并不尽然。精英往往指的是已经取得成就的社会成功人士，并对社会有着一定影响力的人群，往往处于统治阶级（朱旭峰，2006）。学会诗书画并不一定是精英，成就上远高于一般人的才是精英。因此研究者更倾向于称范敬宜身上的这种传统文化气质为"书生"气质或知识分子气质，与人民群众虽有一定距离，但尚未脱离人民群众，毕竟此时的范敬宜尚未形成成熟的世界观和人生观。

另一方面，范敬宜身处中国从传统社会向现代社会转型的历史时期，后来又有了一个现代知识分子的身份——党报新闻工作者。作为党报的新闻工作者，要求深入群众，同时要求在新闻报道中写人民群众听得懂的"大白话"，这与他先前的"书生"文化气质产生了冲突。范敬宜入职早期喜欢在文章中卖弄文采，结果被报社同人批评"擦粉太多，未必是美"，就是这种冲突的直接体现。于是在他的新闻实践中，范敬宜开始逐渐转变"书生"气质，向现代无产阶级知识分子的身份"妥协"。

这种"妥协"并不是顺利的，范敬宜早期（指1957年前）的新闻报道虽然已经尽力做到了向大众靠近，仍旧体现了"书生意气"——习惯用耸人听闻、情绪化、夸张化的表述，对新闻事实的重视程度也不足，多有自己的臆想成分掺杂其中（这一点在第五章第三节中会具体分析）。可以说，当时初为记者的范敬宜是一个十足的"愤青"，对新闻工作的认识仍然停留在表面。

这种情况直至范敬宜被打为右派，下放基层之后才得到了真正的转变。长达二十年的基层经历，使得范敬宜彻底洗去了"书生"的气质，从心底接受了现代无产阶级知识分子的文化身份，深刻认识了"贴近群众"的现实意义。但值得注意的是，洗去"书生"气质，并不意味着舍弃传统文化。相反，范敬宜将传统文化融入党的新闻工作，运用文化改善了新闻工作的表达效果。

例如，在他1982年下村写就的通讯《两家子公社干部开始睡上安稳觉——夜无电话声，早无堵门人》中，范敬宜在文末即兴加了一首诗：

劫后灾痕何处寻？月光如水照新村。

只因仓廪渐丰实，夜半不闻犬吠声。（范敬宜，2009）[73]

当时的范敬宜觉得，如果在文末仅仅是写"政策好了，大家都好"，或者"三中全会以后，这个公社好起来了"之类的老腔老调，没有什么新意，而且显得非常俗气。因此，他就做了一些创新。虽然副总编希望他可以删掉这首诗，觉得"不伦不类"，但总编同意了保留这首诗"试试"。

结果文章一经发表，《人民日报》马上转载了这篇文章，并将标题改为《月光如水照新村》，后来中国人民大学的新闻教科书中也引用了这篇文章，足以说明这首诗加得很成功。他的传统文化功底在党的新闻事业中重新焕发了活力，这种活力是在贴近人民群众的过程中才产生的，且最终回归到服务人民群众的宗旨中去。

范敬宜独特的成长环境、从小接受的教育和他本人极高的文学造诣，为他在新闻中灵活运用文化元素提供了先决条件。后来，他在实际的新闻实践中对新闻文化的应用，又造就了他对新闻文化更加立体而丰富的认知——二者是一个良性的循环结构，也是一个相辅相成的过程。

至此，范敬宜完成了传统文化与现代文化二者的辩证统一，既保留了传统国学带给自己的文化涵养，同时将这种文化涵养服务于现代文化；又从内心接受了现代文化对自己的改造，将自己的传统文化涵养运用到改造世界的活动中去，将之提升到一个全新的高度。

（二）本土的与西方的

范敬宜新闻文化思想中第二个重要的辩证法，就是本土文化与西方文化辩证统一，也就是中国和西方的辩证。随着全球化的不断深入，这一对辩证关系越来越要求新闻舆论工作者具备国际视野和跨文化传播能力。

范敬宜对中西方表达方式的差异较为了解，因此强调我国的对外传播工作者必须学会"中国问题的国际表达"。他用自己的亲身实践经历说明了这种表达的实践意义：

> 1988年我国经济出现过热现象，政府决定实行治理整顿，被西方宣传为"中国的改革刹车了"。针对这种说法，我写了一篇评论《刹车辩》。这篇文章不但没有回避"刹车"，而且承认了刹车的必要……最后，我借用了美国前驻华大使温斯顿·洛德的一段话，即"在中国，矛盾时常反映出现实。中国在前进；但是，它前进的速度和道路的崎岖又要求踩刹车"。这样写外国读者看了也比较容易接受，使他们能了解一些中国人的辩证法。（范敬宜，2011）[188-189]

在统一本土和西方这对矛盾时，范敬宜还强调真实性和群众路线的重要性。他指出，国际表达中最为重要的就是内容的真实，这是"生命攸关"的事（申宏磊，雷向晴，2005）。同时无论报道的是国内还是国际的议题，都要抓住群众关注的问题，富有针对性地开展报道（范敬宜，2010）[369]。

不仅是学会"中国问题的国际表达"，范敬宜用实践还告诉我们需要学会"国际问题的中国表达"。范敬宜在从事新闻工作时，时而有随领导人出国访问的机会，往往是以政治任务为主。在处理公务的同时，范敬宜往往会留心观察各种事物的细节，尝试将严肃、庄重的政治活动写得有文化味。例如他的《月夜泛舟塞纳河》《星空下的漫话》《爱琴海凭眺》和《"心灵的节日"》等作品，都是文化味很浓的优秀作品，将国外的文化通过本土的文化知识进行阐释，如在巴黎的塞纳河上想起了"二十四桥明月夜，玉人何处教吹箫"的诗句，联想起了中法两国对于优秀民族文化的保护和开发，思考如何将现代文明与传统文化结合得更加和谐（范敬宜，2009）[246-248]。

又比如范敬宜初到经济日报社担任领导时，有位美国专家名叫艾思里奇，将自己积攒了50多年的首日封捐赠给了中国，《经济日报》的记者王秋和报道了此事，并写成了报道《一位热爱中国的美国朋友》，交予范敬宜审阅。范敬宜将其中的英文单词"wish"换为中文"心愿"，令王秋和大为不解，后者认为在文章中出现一些英文单词很正常。范敬宜解释道：这种写法严格说并不妥，懂英文的人认为这个单词太浅了，不懂英文的人却又看不懂，而且还有卖弄之嫌……一篇优秀新闻报道可以结交一位好朋友，可以改变他周围的人对中国的不正确看法。王秋和听后深以为然。后来，这篇文章被翻译成了英文，艾思里奇看后专门到经济日报社感谢范和王，并表示回国后愿意写一本书介绍中国改革开放的成果，使更多美国人了解中国（王秋和，2011）。从范敬宜的表述和举措中，可见他对于平衡中外文化、本土化讲述国际故事的尺寸拿捏之准确，以及他对于让叙述贴近读者这一原则的融会贯通。他的行为不仅讲好了国际故事，更动员了国际同人来讲述中国故事，足可见范敬宜精通跨文化交流所带来的裨益。

在这些案例中可以发现，范敬宜对中国历史和西方文明的深厚积累发挥了重要的作用。他通过贴近群众的叙事方式将国外的文化和中外都关注的问题向国内民众进行了生动的介绍，在行文和叙述中完成了本土文化与西方文化的辩证统一。

（三）专业的和博学的

范敬宜新闻文化思想第三个辩证法，就是本专业文化知识和其他专业文化知识的辩证统一，也就是专业与博学的统一。

但正如前文所指出的那样，范敬宜对新闻文化的理解绝不仅限于文笔或文字的文学层面，不能把文化单纯地看成文笔的问题。范敬宜曾说：文化不仅仅是写的文字，这只是一个层面。记者需要的文化是多方面的，政治、经济、社会、文学、艺术等各个方面的积累，才能厚积而薄发。因此，范敬宜对于新闻文化的理解，更多的还包含了跨学科的知识积累。

当有记者问到范敬宜，当下的学生不愿意再花时间学习经典，只愿意关注现实的专业问题，该怎么办时，范敬宜指出，这是对培养目标的认识上存在误区。他强调，新闻舆论工作者不能只依赖于新闻传播学本专业的知识，更需要广泛地涉猎其他各个领域，包括文学、历史、哲学、艺术社会、心理等（申宏磊，雷向晴，2005）。

范敬宜在担任人民日报社总编辑时，就多次强调要加强文化知识的修养，免得出现"常识性错误"。战红回忆，一次范敬宜在与记者校对稿件，发现文章中描述一条河流是"一江春水向东流"，但范敬宜了解过有关地理知识，记得那条河是向西流的。经过查阅和核对，记者发现这条河流果然是向西流的。

范敬宜的博闻强识，令记者避免了一个基本错误。[1]

又如一次《人民日报》有一篇杂文《"嫁接"的误区》，其中涉及不少农业相关的科学术语，由于编辑和记者缺乏相关的知识，因此犯了不少知识性错误。范敬宜在批示中严厉地批评道：

> 如说："杂交水稻是'嫁接'，产量就高。"杂交与嫁接是完全不同的两件事，不能混为一谈。又说"杂交稻不香，杂交西瓜不甜，骡子跑不过马"，也是外行话，许多杂交的水果糖分高于原来的品种，骡子的耐力也胜过马。昭陵六骏中有一头就是骡。在农村，骡的价钱高于马。如果不这样，为什么老提"杂交优势"呢？（范敬宜，2010）407

这个例子中还可以看出范敬宜在农村的生活经历也成为他"博学"的重要原因，这也说明文化知识可以源自生活实践，而且生活实践也可以为新闻工作者提供不少"跨专业"的知识，使人的知识积累变得更为丰富和立体。

此类的例子在范敬宜的新闻工作中举不胜举。诚如范敬宜所说的，了解其他专业的相关知识，有助于避免犯一些在其他行业人看来的"常识"错误，同时显得更为专业。

因此，范敬宜在倡导新闻专业的精通时，也同样倡导对其他专业知识的涉猎和学习，专业与博学二者是相辅相成的。这种认识是基于他自身的新闻实践和观察得出的，完成这二者的辩证统一的过程是相对容易理解的。

（四）少数人的与多数人的

范敬宜曾给清华大学新闻与传播学院的新闻学子们提过提高综合素质的几个要求：古今贯通，中西贯通，文理贯通。基本可以概括三个小节所提的三个方面的辩证要求。然而范敬宜的新闻文化思想还有一个不容忽视的辩证法，也是最重要的一个辩证法，就是少数人与多数人的辩证，或者说是特殊性与普遍性的辩证，也有人称之为"精英主义"和"平民主义"的辩证。

张杨（2004）从范敬宜的诗词着眼，经过分析后认为范敬宜是"知识上的精英主义"和"思想上的平民主义"，其实这一概括并不准确，知识和思想二者不能完全割裂来讨论。知识是思想形成的基础，精英主义的知识是不可能形成平民主义的思想的。再者，范敬宜的前半生从未成为"精英"，等到他调任

---

[1] 内容选自与战红的访谈，访谈时间为2019年11月27日，访谈地点为海南省海口市海南日报社。

外文局局长、成为两大党媒的领导人，真正成为"精英"时，他的思想和知识，乃至行动上都已经是"平民主义"了，因为后来的他已经蜕变为一名真正的马克思主义新闻工作者了。

在文化层面思考少数人和多数人的辩证统一，本质上就是范敬宜人民观的辩证统一，即新闻文化究竟应该为谁服务。从前他所学习的文化仅是自己"修身"所用，在经过基层历练后，他的人民观已经趋于成熟，他的文化已经是为了人民群众而服务的了。

这点从他阐述自己写新闻后的心态就可以看出，他的文化是为了让更多人民群众来阅读并认可他的新闻而存在的：

> 我是要千方百计地写出好作品，逼着读者非看不可。我经常去报栏观察。哪天我发表了篇东西，就到街上的报栏看，要是看到有人在那里读我写的那篇稿子，我这一天就非常高兴；要是看不到有人在读我的稿子，我就很沮丧，觉得自己真是白写了——我们现在白写的东西太多了，一扫标题就知道不用看了。（范敬宜，2011）[167]

范敬宜在新闻实践中贯彻了传统文化赋予他"先天下之忧而忧"的家国情怀，同时将这种情怀转化为对人民群众的热爱和贴近，并无传统士人"居高临下"的悲悯姿态，而是将自己原本属于"少数人的文化"用以服务"多数人"，以一种融入人民群众的姿态做到了"少数人"与"多数人"文化的辩证统一。

五、作为群众观点的新闻文化

范敬宜的新闻文化思想，是范敬宜对于新闻价值观和认识论的集中体现，是对其创作思想的深挖，体现了马克思主义新闻观的指导思想。他对新闻文化的强调并不是空穴来风，主要是基于当时媒体环境过于浮躁，新闻工作者文化修养整体偏低的现状而提出的，是有其历史依据的。

在范敬宜的新闻文化思想中，他一来完成了传统文化与现代文化的辩证统一，解决了文化层面的身份认同问题；二来完成了本土文化与西方文化的辩证统一，既掌握"中国问题的国际表达"，又掌握"国际问题的中国表达"；三来完成了专业文化知识与跨专业文化知识的统一，引导新闻工作者广泛地涉猎其他领域；四来完成了少数人文化与多数人文化的统一，以少数人的文化服务于大多数人。

通过对范敬宜新闻文化思想的内涵分析可以发现，范敬宜新闻文化思想最本质的核心就是马克思主义新闻观：既有对现实情况实事求是的批判与反思，又有对主要矛盾的分析和处理，最后落脚于以新闻文化联结人民群众。

可以说，范敬宜所提倡的新闻文化，骨子里就是人民的文化，这与中国共产党"党性与人民性相统一"的新闻理论实际上是一致的，也是一脉相承的。从这个角度讲，范敬宜的新闻文化思想本质上是政治观和人民观的延续和深化，体现的是范敬宜对待人民群众的态度和立场。正如范敬宜曾在《人民日报》的一篇编者按所明确指出的：增加可读性，绝不仅仅是活跃版面的问题，而是群众观点问题。（范敬宜，2010）[179]这种"群众观点"，正是范敬宜的文化观建立的基础，也是他文化观最终的归宿。

首先，新闻文化的存在和普及是为了更好地贴近人民。在范敬宜的新闻观点中，提升新闻的文化品位，能直接提升新闻价值，使人民"爱读""想读"，便于广大人民群众更好地理解新闻报道所要传达的信息，终极目的就是达到更好的舆论引导效果。

其次，重视新闻文化是对新闻规律的尊重。正如范敬宜反复强调的，没有文化的新闻是没有力量的，没有文化水准的新闻是无法使人信服的。越有文化的新闻就能有更多的读者，就能收获越好的舆论引导效果，这是由长期以来的新闻实践所总结出来的规律。运用好这一新闻规律，发挥好新闻文化这一素质来处理矛盾，势必会达到更好的报道效果。

再次，在新闻中彰显文化，是党性在新闻报道中发挥引领作用的重要手段。党的新闻报道追求党性与人民性相结合，然而怎么能更好地做到这一点呢？在新闻报道中体现较高的文化水准，不仅可以体现党媒工作的先进性，更能拉近与读者之间的距离。较高的文化水准不意味着晦涩难懂，而是懂得如何按照人民群众便于理解和接受的方式去展开叙事。如能很好地做到这一点，党开展新闻舆论工作的先进性和引领性自然不言而喻了。

最后，新闻文化作为党性与人民性相统一的一种路径，可以为现下的新闻事业发展提供有益的借鉴。在新闻中强调文化，是为了更好地统合党性与人民性，为二者的统一创造一个共同的意义空间。如多家媒体在报道中印加勒万河谷冲突一事中，不少采用了诗词、歌曲等文化形式丰富的宣传报道方式，全方位且富有人情味地报道了祁发宝、王焯冉、肖思远、陈红军、陈祥榕五位戍边英雄的光荣事迹和感人故事，详细地描述了他们的家庭生活和人生理想。富有文化意味和"人情味"的报道一下子拉近了戍边卫士与读者的距离，带给读者的震撼感是非常直观的。

综上，范敬宜的新闻文化思想，本质上是范敬宜群众观点或者说人民观的一种延续和深化。新闻文化来源于人民，回归于人民，拉近了媒体与人民之间的距离，是党性和人民性相统一的一种有效路径，也是对新闻传播规律的尊重和运用。

第五章　政治与文化的交响：范敬宜的新闻实务思想

本章聚焦于对范敬宜的新闻思想和内在逻辑进行分析，而剖析这一层面的最好载体，就是新闻范式（刘勇，2019）。范敬宜的新闻范式是怎样的？应当以何种维度、如何分析范敬宜的新闻范式？范敬宜的新闻范式如何体现他的新闻实务思想？范敬宜的新闻范式经历了怎样的内在化过程，又是如何最终趋于稳定的？范敬宜的新闻实务思想对现如今中国的新闻事业有何借鉴意义？这些都是本章致力于解决的问题。

新闻作品是体现范敬宜新闻思想最为重要的载体，本章将对范敬宜的新闻作品进行范式层面的集中分析，试图剖析其形成的过程，通过范式的转变和发展来展现范敬宜新闻思想逐渐成熟的过程。

一、新闻实务思想的系统化表达：新闻范式

在本研究中，新闻范式将为全面理解范敬宜新闻实务思想提供一种科学且规范的视角和工具。运用新闻范式对范敬宜的新闻作品进行分析，可以系统而全面地反映出范敬宜新闻思想的形成过程和具体特征，便于总结其经验教训，为当下的新闻工作提供借鉴。

目前国内对于新闻范式的研究数量较少，有关注新闻学职业范式和社会范式的（杨保军，李泓江，2020），也有关注新闻范式在抗议报道和反腐报道中的应用的（白红义，2014；李金宝，2014），更有关注其在数据新闻中的叙事形态的（方毅华，杨惠涵，2018），但都缺乏对新闻范式本身的探讨，故而本研究可以对国内新闻范式理论研究这方面做出一些贡献。此外，国内外目前都尚未有以新闻范式对具体人物的新闻思想进行研究的先例，从研究方法上来说，也算是一种全新的尝试。

（一）新闻范式的界定与特征

新闻范式并不是一个新鲜词，早在三四十年前就有学者进行讨论与分析

了。目前，学界指代新闻范式的英文词组为journalistic paradigm，最早翻译为news paradigm。

范式最早出自托马斯·库恩提出的"paradigm"这一概念，后被正式翻译为"范式"（王荣江，2018）。托马斯·库恩口中"范式"最初指的是：科学研究中能吸引一批专注于此领域的拥护者，并足以为后来的实践者留下研究问题的"成就"（库恩，2003）[9]。范式作为一种科学术语，尽管其含义总在变化，但公认不变的含义包括：（1）范式是一种原则或者说信条（tenet），对实践者的思想和行为形成约束（Berkowitz，2000）；（2）范式是一种意识形态（ideology），是一组明确、合理、系统化的信念和表达，指导实践者应该开展何种研究、关注什么问题、怎样解决问题等（Cecil，2002）。

范式在提出之初作为一种带有革命性质的认识论，迅速在科学研究之外的学科和行业发展中得到广泛应用，新闻学和新闻业也不例外（Coddington，2012）。新闻范式（journalistic paradigm）是指规范新闻生产和制作的一组假设和世界观（刘勇，2019）。它为新闻媒体和新闻工作者如何建构社会现实提供原则，遵照不同的范式会建构出不同的社会现实（Lee & Francis，2006）。

从特征层面上看，新闻范式不仅是认知性的，可以决定新闻工作者如何认识社会现实；它更是指导性的，可以指导他们如何通过建构社会现实来报道新闻，而且还决定了新闻工作者如何理解他们报道新闻的方式（Pan & Chan，2003）。新闻范式是内隐性的（implicit），一般不以显性的形式出现，往往在范式出现危机时才会显露其表征（Vos & Moore，2020）。新闻范式还具有符号性特征，常被用于区分主流与非主流、专业与非专业的新闻工作者，逐渐演化为一种行业标准和身份标志，并在实践中不断被强化（Berkowitz，2000）。此外，新闻范式是具有约束性的，它具有强大的主客观约束能力，专业的记者认可一套新闻范式后，往往会主动按照范式的标准工作，当范式成为行业标准后也会在客观上形成约束（Cecil，2002）。最后，新闻范式是可自我修复的，当范式受到破坏时，例如有记者认为某事件或情况损害了记者或新闻所奉行的范式，重视范式的人会尽力去进行范式修补（paradigm repair），以维护范式的正常运行，或为范式增添新的内涵（Steiner et al.，2013；Whipple & Shermak，2020）。

选择新闻范式作为分析范敬宜新闻实务思想的基础，主要就是基于新闻范式可以作为新闻实务思想的系统化表达的优势，既可以总结归纳范敬宜在开展新闻工作时的方法、思路，又可以体现新闻创作者的原则、思想和意识形态。总而言之，新闻范式作为新闻实务思想的系统化集中表达，可以为范敬宜新闻实务思想的理论化提供一个基点。

（二）1921—2020：百年中国的新闻范式

为了更好地理解范敬宜新闻范式的历史定位，并从历史的角度理解范敬宜书写新闻的特点，对中国新闻史上的新闻范式进行历史的梳理就显得十分必要了。

清末民初时期的中国新闻范式主要以政治活动为报道对象，诸如徐宝璜、邵飘萍、戈公振等知名报人都强调新闻对于政策实施和公众舆论的影响，有学者将其定义为"政治学范式"（刘海龙，2013）。

待到1941年延安整风运动之后，以陆定一《我们对于新闻学的基本观点》为标志，无产阶级新闻学的马克思主义"哲学范式"取代了资产阶级新闻学的政治学范式，也有学者称之为"延安范式"（李海波，2017）和"宣传范式"（刘勇，2019），将对舆论和政治问题的关注置换为对价值观和世界观的讨论，转换了问题域（刘海龙，2013），为后来党报理论、群众办报、政治家办报理论等富有中国特色的新闻理论发展开辟了空间（詹小美，张梦媛，2020）。自此，中国共产党将新闻事业深深植入到革命事业中去，党的新闻观前所未有地统一起来（向芬，2019）。

与马克思主义哲学范式同时代的新闻范式，还有一种"文学范式"，指的是以文学创作理念指导而成的新闻报道形式，更多借鉴散文、小说等写作技巧去进行新闻写作（刘勇，2019），例如抗美援朝战争时期著名的报告文学《谁是最可爱的人》就是这一范式的经典案例，曾给范敬宜的新闻范式产生过重大的影响。

专业主义新闻范式源自西方新闻学，早在民国时期的新闻实践中就已传入中国，无疑对近现代中国的新闻学研究和新闻业发展产生了十分重要的影响（杨保军，李泓江，2020）。建国后，周恩来就曾批评当时的新闻报道主观色彩过于浓厚、报道手段过于单一，而后中新社便开始对接国际专业新闻标准，强调"实、宽、短、快、活"（中国社会科学院新闻研究所，1980）[223]；刘少奇1956年对新华社的讲话中强调，新闻要是"客观的、真实的、公正的、全面的，同时必须是有立场的"（中国社会科学院新闻研究所，1980）[358-382]。从中可见新闻的专业主义范式对宣传范式的调整和影响作用。

然而到了"大跃进"以及后来的"文化大革命"时期，党的马克思主义新闻范式遭遇了建国以来最大的一次挑战，"文学范式"和"专业主义范式"也受到了严重的破坏。"浮夸风""假大空""语录体""大字报"等极端新闻体裁占据了主流媒体的领地,产生了大量不实报道,充斥着报刊的版面。新闻媒体主要执行阶级斗争的功能,其调查、批判功能几乎消失。因此,该阶段的新闻范式可以被称为"阶级斗争范式"。

改革开放之后,马克思主义新闻范式得到了及时的调整,群众路线和方法论信息重新得到了强调,主张要"积极、主动、创造性地宣传党的方针、政策",同时还要"反映公众舆论、传播信息和知识,满足人民群众多方面的需要"(钟沛璋,1985)。同时,新闻的"文学范式"也一定程度上得到了复苏,报告文学如雨后春笋般涌现,保持有序增长(龚举善,2009)。到了20世纪八九十年代,专业主义新闻范式的影响力随着《南方周末》、央视《焦点访谈》、《财经》等一批专业类媒体的大规模实践而逐渐扩大,直接促成了新世纪调查新闻"黄金十年"(2003—2013)的出现(刘勇,2019)。

2008年以后,对于新闻传播学中国化、本土化的反思,激发出一代人的学术自觉(李彬,刘海龙,2016)。随着国家对中国特色新闻学和马克思主义新闻观研究的需求日益强烈,新闻的"建设性范式"(或称为"积极新闻范式")也受到越来越多学者的重视(晏青,麦金泰尔,2017;吴飞,李佳敏,2019;漆亚林,2020),在西方建设性新闻的基础上,强调以马克思主义新闻观为指导,扎根于中国特色的新闻实践经验和中国传统文化。

近年来,互联网技术、算法技术和新媒体技术很大程度上重塑了原有的媒体格局,加之社会转型期出现的公平性问题,带来了全新的媒体范式——新闻的民粹主义范式——的崛起(罗坤瑾,2019)。新闻的民粹主义范式强调主观价值判断与情感偏向大于客观事实,其实并非新鲜事物,而是长期存在于中国社会,然而发展成为一股不容忽视的范式则是受到了新媒体技术的直接影响(姜华,2015)。公民新闻便是这种范式的直接产物,与此同时频发于新媒体平台的媒介事件和新闻反转事件使得越来越多的媒体看到了其中的经济利益,甚至引发专业媒体的"越轨"行为(刘琴,2014),更是催化了这种范式的增长。

除此之外,计算机技术在新闻生产领域内的日益普及也带来了数据新闻的兴起,对数据的高度运用大大强化了新闻的公共性和服务性,新闻生产过程中的主体、内容、传播手段等都发生了深刻的转变(杨保军,李泓江,2020)。数据对新闻的再结构化和重新建构正在发生,数据新闻对原有新闻格局势必产生重大的影响(王慧敏,2020)。这一范式姑且称之为"数字范式"。

可见,百年中国以来,新闻领域出现的范式种类非常丰富,整体反映了不同历史时期、不同群体所倡导的意识形态和价值观。范敬宜的人生经历正好完整覆盖了这一重要的历史阶段,因此从历史的视野对范敬宜新闻实务思想和新闻范式进行定位和分析，是开展本节研究的一个重要思路。

二、范敬宜新闻范式的特点与核心

范敬宜的新闻作品既可以"上达天听"，又可以非常"接地气"，正确处理好党、人民、国家的关系，同时富有文化气息，可以说独具一格。那么，如何根据他的新闻作品描述和定位范敬宜的新闻范式呢？范敬宜的新闻范式有哪些特点，体现了怎样的新闻实务思想？

研究者通过对范敬宜新闻作品的文本分析，辅以少量的数据统计，对上述问题进行解答。

（一）范敬宜新闻作品的历史分期

范敬宜的新闻创作经历了几个重要的历史分期，不同历史分期中的新闻作品体现出来的新闻范式有着显著的区别。范敬宜新闻作品的历史时期大致可以按照他从事的具体工作，分为如下几个阶段：

（1）"1951—1957东北日报社时期"，泛指范敬宜在东北日报社初步从事新闻创作工作的时期，从1951年初入报社一直持续到1957年被打为右派并调离新闻岗位[1]。其间范敬宜在"小品文"专栏担任编辑，共发表新闻报道、文艺评论、杂文、小品文等文章100余篇（商立民，2011）[484]。

（2）"1978—1984辽宁日报社时期"，主要指范敬宜1978年至1984年重回辽宁日报社，并恢复新闻工作的这一时期。这六年中，范敬宜解脱了右派的精神枷锁，释放了他对新闻压抑已久的热情，成就了他新闻生产的一个高峰期。这一时期，范敬宜集中于农村新闻报道，共发表新闻报道、评论、散文、杂文等130余篇，且多有如《分清主流和支流　莫把"开头"当"过头"》这类的精品出现，为他日后担任大报领导奠定了思想和业务基础。

（3）"1986—1993经济日报社时期"，主要指1986年3月至1993年9月范敬宜担任经济日报社总编辑兼社长的时间段。这一时期适逢改革开放后思想较为动荡之际，社会上各种思潮暗流涌动。范敬宜首次作为主流新闻媒体的一把手开展新闻工作，组织策划了多组富有影响力的系列报道，为坚定改革开放、统一思想做出了重要贡献。

（4）"1993—2006人民日报社时期"，泛指1993年9月至1998年3月范敬宜在

---

[1] 东北日报社系辽宁日报社前身，1954年更名为辽宁日报社，此处为便于区分，将1951年至1957年这一时期统称为"东北日报社时期"。

人民日报社担任总编辑的时期，以及从人民日报社退休后，继续在《人民日报》及其他刊物上不定期发表文章的时间段（一直持续到2006年）。这一时期范敬宜的工作重心主要放在了党报的改革创新与提携后辈，但仍坚持身体力行，笔耕不辍，不断发文，形成了又一个创作小高峰。

笔者将按照上述四个时期的划分方法，对范敬宜新闻作品样本进行阶段划分。新闻作品的样本主要选自辽宁人民出版社2011年出版的《范敬宜在辽宁日报》，清华大学出版社2009年出版的《范敬宜文集：新闻作品选》，以及其他收录他新闻作品的各类文献，包括杂志、书稿、手稿等，共收录其不同时期的文章290篇，按新闻报道、新闻评论类文章和报告文学类文章三种体裁分别进行统计，具体分布如表5-1所示。

表 5-1 范敬宜新闻作品样本分布

时期		东北日报社时期（1951—1957）	辽宁日报社时期（1978—1984）	经济日报社时期（1986—1993）	人民日报社时期（1993—2006）	合计／占比
体裁	新闻报道（通讯、硬新闻报道等）	13（26.5%）	39（38.6%）	36（57.1%）	19（24.7%）	107（36.9%）
	新闻评论类文章（评论、社论、编者按等）	6（12.2%）	38（37.6%）	6（9.5%）	35（45.4%）	85（29.3%）
	报告文学类文章（散文、杂文、小品文等）	30（61.2%）	24（23.8%）	21（33.3%）	23（29.9%）	98（33.8%）
总数／占比		49（16.9%）	101（34.8%）	63（21.7%）	77（26.6%）	290（100%）

从发表数量上不难看出，范敬宜作为新闻记者的创作高峰期主要集中在辽宁日报社时期，辽宁日报社时期发表数量是东北日报社时期的两倍还多。这一方面是由于他在辽宁日报社待的时间较长，另一方面也是由于范敬宜重返新闻岗位后被压抑许久的工作热情都得以迸发了出来；进入经济日报社和人民日报社担任报社领导后，数量基本相较于此前有所下降，但基本维持在一定的水平。

在体裁结构上，纵观范敬宜一生，他撰写新闻报道、评论类文章、文学类文章三类体裁的新闻作品占比整体分布均匀，分别占到36.9%、29.3% 和33.8%。相较于东北日报社时期，辽宁日报社时期范敬宜发表新闻报道和评论类文章的比重大大提升，这一方面是因为范敬宜在东北日报社时期是小品文专栏的编辑，发表新闻报道的机会比较少，另一方面是范敬宜重返新闻岗位后在报社内部的地位有所提升，获得了更多采写和评论的机会。担任经济日报社领导后，范敬宜发表新闻报道的比重有所上升，这与他当时主要开展的新闻工作有关；担任人民日报社领导后，发表作品则更多偏向高屋建瓴、提纲挈领，撰写评论类文章的比重大大增加。范敬宜作为报社的最高级别领导仍能保持近25% 的新闻报道发表率，这一点非常可贵。

（二）范敬宜新闻范式的主要特点

与既有范式无法达成一致或形成稳定联系的新理论，有可能脱离于既有范式而独立发展成一种新的范式，这种现象在人文社科领域较为常见（杨保军，2017）。因此，对范敬宜新闻范式的分析可能会产生一种全新的新闻范式也未曾可知。在对范敬宜290篇新闻作品展开文本分析后，研究者总结出了如下几点发现。

1. 政治性：政治报道占据主要位置

经过简单的数据统计，研究者发现范敬宜新闻作品中以政治为主题的占到了一半以上，经济报道和文化报道次之，社会报道末之。其中在政治报道中，会议新闻、国际政治新闻和领导人新闻占了较大的比重。范敬宜在进行政治新闻创作的过程中，大多数情况下会从身边寻找选题，而类似情况下更会选择从政治的视角切入去寻找叙事角度。例如，范敬宜1957年5月21日发表于《辽宁日报》的《说"墙"》一文中，从生活中的"墙"联想和延伸到了党群关系中存在的隔阂，过渡自然，见微知著，寓说理于事物（商立民，2011）[557-559]——而这也是范敬宜撰写政治类报道和评述常用的技巧和角度。

此外，范敬宜对于在报道中体现政治立场和观点十分重视。在人民日报社担任总编辑时期，范敬宜就一再强调编辑和记者的政治意识和大局意识十分重要。1997年7月7日，《人民日报》头版头条刊登了驻河南记者站记者李杰写的消息《河南农民高高兴兴卖粮食》，负责这则消息的编辑黄彩忠为之配发了短评，受到了朱镕基总理的高度赞扬。朱镕基之所以如此看重这则新闻，是因为当时中央经济工作的重点之一是按保护价敞开收购议购农民的粮食，这是关乎粮食安全和社会稳定的大事，然而当时社会上对于这件事的重要性认识并不深，思想上还有反复。这次《人民日报》以头版头条报道此事，对于推动实际工作有着很大的作用，被朱镕基形容为"神来之笔"。对此，范敬宜总结道：

> 一条看来只是常规性的农业报道，为什么能够引起如此重视？关键是它抓住了全局性的大问题。据事后了解，这篇报道是经济部黄彩忠同志在读了朱镕基同志视察安徽、河南的消息后，意识到"按保护价敞开收购粮食"是一件大事，主动组织本报驻河南记者李杰同志写的，李杰很快交稿，黄彩忠又配了短评。由此可见，编辑的"大局意识"何等重要。如果不了解大局，不研究大局，就很难掂量出这条新闻的重要性，也不会有意识地去组稿。（范敬宜，2010）[36]

与此同时，范敬宜能意识到这件事的重要性，并将这篇新闻放到当天的头版头条，也足以体现范敬宜作为总编辑过硬的政治觉悟和政治意识。

2. 文学性：修辞数量丰富

据研究者统计，范敬宜超过七成的新闻作品中使用到了修辞手法，包括比拟、排比、反问、设问、用典等。使用修辞手法的目的无外乎两点，一是增强文学性以增强可读性，二是帮助读者更好地理解作者所想要表达的主旨。而要在新闻作品中熟练使用修辞，必须有较为深厚的文学底蕴。

范敬宜非常强调新闻中的文化属性，认为新闻就是一种文化，且是文化的交汇点，做新闻的人应该是文化人（曾维康，朱爽，2010）。范敬宜的学生张扬（2004）在《精英气质平民思想——传统与现代之间的范敬宜》一文中指出了范敬宜诗歌和随笔中展露出来的平民主义思想和中国古代"士人"忧国忧民的气质，这点也影响了他，进行新闻创作过程中加入不少的文学成分，例如在报道的结尾附上一首诗词。然而值得玩味的是，这种带有文学性的叙事不但没有削弱新闻文本的置信度，反而还增加了可读性，受到了广大读者的欢迎。究其原因不难发现，这是因为范敬宜的文学都是基于基层的文学，并不是在卖弄风雅，而是将文学性与人民性做到了完美的融合。

在1999年4月5日发表于《人民日报》的《爱琴海凭眺》一文中，范敬宜使用了大量富有文学性的表达，包括引用了英国诗人拜伦的长诗《哀希腊》，为反抗帝国主义和霸权主义呼告。范敬宜在阐述该文的创作背景时说道：

> 记者在具备勤奋、深入、刻苦这几个基本条件之外，还需要强调一条：学养——丰厚的文化素质、文化积累……随便举一个例子：跟随领导出访时，没有采访时间，都是浮光掠影似的参观……出访中没有什么新闻事实可以写，但是能写出一个国家的历史、人文，就靠平时的积累。

2002年，随李鹏同志访问希腊的第一天，突然发生科索沃战争，主办方临时调整日程，随行记者也只得改变采访计划，去爱琴海游览……碧海沙鸥之间，我浮想联翩，忽然想起十六岁时读过的吕思勉著《中国通史》结尾，引用梁启超先生翻译的英国诗人拜伦的长诗《哀希腊》……情急之下，连夜往北京人民日报社打长途电话，请我原来的秘书郑剑帮我到报社图书馆去查阅……如果缺了这首诗，文章就写不成了，即使硬写也全然感受不到那股历史苍茫感。（范敬宜，2009）[250-251]

这篇文章也得到了李鹏同志的批示："思想深刻，文笔优美，正合当前形势。"这也令范敬宜十分欣慰，因为李鹏同志从不轻易给报道批字（曾维康，朱爽，2010）。从中不难看出范敬宜对于新闻文学价值的高标准和高追求，以及对于积累文学素养的重视。若是寻常记者，恐怕也不会觉得"如果缺了这首诗，文章就写不成了"。

3. 积极性：正面报道为主

在范敬宜1978年之后的新闻作品中，积极性成为一个较为显著的特征，具体体现在正面报道的作品占比较高（据研究者统计，占比在90%以上）。而且他本人在诸多场合也指出，要坚持正确引导舆论，发挥正面报道凝聚共识、鼓舞人心的作用。

例如在1996年初，李沛瑶遇害、丽江大地震等负面报道较为集中，范敬宜特地跟人民日报社的同志们强调要"多发一些反映广大群众欢欢喜喜迎新春的报道"，尤其是夜班的编辑们"在版面上突出一下这方面的气氛"（范敬宜，2010）[16]，目的就是控制好年关的舆论风向，确保春节期间整体舆论都是积极向上的。从中也可以反映出范敬宜在处理新闻报道倾向时判断之清晰，思想之明确。

又如1994年2月13日，《人民日报》刊发了一篇反映春运状况的纪实报告《潮起潮落总关情》，通过描写铁路部门和铁路职工如何在春运巨大的压力下，千方百计地为旅客解决实际需求和困难，例如饮食问题、如厕问题、分流问题等（王科，1994），反映了铁路部门为人民服务和艰苦工作的精神，加强了人们对于春运压力的认识和对铁路部门的理解。对此，范敬宜在给这篇报告的作者王科写信时肯定了他的表现，并指出：

　　我认为这是正确地理解了正面宣传为主的方针。正面宣传为主，绝不是回避矛盾，而是要求在反映矛盾的同时，给人以光明，给人以希望，给人以办法。既非粉饰太平，也非渲染困难。在这一点，您对"度"把握得很好。我想，无论是铁路部门还是广大旅客，读了这篇报道都会感激您的。（范敬宜，2010）[58]

"在反映矛盾的同时，给人以光明，给人以希望，给人以办法"，其实就是范敬宜如何理解"正面报道为主"方针最好的概括。坚持正面报道为主，并正确理解"正面报道为主"的含义，把握好其中的"度"，对于当下的新闻舆论工作而言都非常重要。

4. 引导性：带有情感的白描

在通读范敬宜的所有新闻作品后，研究者可以明确感受到范敬宜从不避讳在新闻报道中体现自己的主观情感，甚至时而能让读者十分直接地体会到他在作文时是怎样的情感状态。他之所以采用这种做法，目的就是加强新闻报道的引导力和影响力。

范敬宜崇尚使用"白描"手法进行新闻创作，同时也习惯在新闻作品中带入自己的情感，即使是在20世纪末国内新闻专业主义盛行时期也依然如此，似乎从未受到后者的影响。新闻作品中带有主观情感，并不妨碍其成为一篇具有影响力的新闻佳作，运用得当的话还能增强作品的感染力和说服力，使其更自然地达到引导舆论的效果。

1981年改革开放初期，范敬宜来到辽西山区红崖子公社对老驸马大队第五队进行采访，发现这个曾经穷困落后的"三靠队"在实施家庭联产承包责任制一年后便迅速摆脱了穷困的处境，粮食产量极大地得到了提升，农民们的生活状态得到了根本性的改善。这令范敬宜难以抑制内心的激动，将采访的结果写成了报道《要知政策好，穷乡问父老》。他在文末写道：

> 一天的所见所闻，使我们激动不已，毫无睡意……如果不了解我们的农民这些年是怎样生活过来的，就不理解三中全会的政策为什么这样深入人心；如果不了解今天农村正在发生什么样的变化，也就不懂得我们国家的形势为什么能够这样稳定。我们有些同志不是至今还在这些问题上疑虑重重，争执不休么？那么，请到那有过老驸马大队第五队相似经历的穷乡僻壤去走一走，问问饱经忧患的父老兄弟姐妹们吧，他们会作出最有说服力的回答的！（范敬宜，2009）[48]

这段结尾饱含范敬宜对于十一届三中全会政策深入人心的赞美之情，尤其是"我们有些同志……争执不休么？"一句反问，更是对党的十一届三中全会精神质疑者的强有力的回应。在这里如果只是冷冰冰的"专业主义式结尾"，对这一事实不加置评,不给明确的导向,则文章的感染力将大打折扣,甚至令读者怀疑记者是否真的认同他们所观察到的事实。换言之,记者身在其中若无这样真切的感受,"说服不了自己",更不用谈去说服读者和观众了,到最后只会贬低了老驸马大队第五队这一事实应有的新闻价值。

范敬宜在辽宁日报社时期的"徒弟"战红说道:

> 老范深深影响了我的写作的风格……我到现在也是喜欢这样,不做结论性的东西,就是白描。然后每一句白描都要有点情绪在里面,影响读者就可以了。[1]

白描中带有情绪,可以说是对范敬宜新闻手法的精辟概括之一,也是他的新闻作品深得读者喜爱,令读者觉得"有温度""接地气"的重要原因之一。但需要注意的是,新闻工作者在运用带有情绪的白描手法进行舆论引导时,需要把握一个"度"的问题。情绪如果表露得过于浅白,例如运用过度的形容、比喻、赞叹等修辞方法,就会产生负面效果,正如他当初刚入新闻行业时被警告得那样——"擦粉太厚,未必是美",这也是范敬宜比较警惕的(范敬宜,2010)[224]。

(三)范敬宜新闻实务思想的核心观点

在对范敬宜新闻范式的主要特点进行总结后,研究者自然地会对为何形成上述特点产生好奇和疑问。换言之,是何种思想在指导范敬宜写出富有上述特征的文字呢?

研究者将范敬宜的新闻实务思想定义为指导范敬宜创作新闻作品时的主要思想和观念,创作思想是其新闻范式的主要指导思想。在对范敬宜所有新闻作品进行深入的文本分析后,研究者归纳了如下四点范敬宜新闻实务思想的核心指导思想。以此四点表述范敬宜创作新闻的核心指导思想,基本可以达到饱和程度。

1. 党性与人民性统一的观点

如前文分析所示,范敬宜的新闻作品具有鲜明的政治属性,而在这些政治报道中,可以近乎完美地彰显一名优秀的新闻工作者是如何做到将党性与人民性相统一的。

首先,范敬宜做到了对党性的坚持,形成了稳定的党报观点。他深刻地理

---

[1] 内容选自与战红的访谈,访谈时间为2019年11月27日,访谈地点为海南省海口市海南日报社。

解和贯彻着"政治家办报"和"耳目喉舌论":在担任新闻记者时,时刻谨记自己是党和人民的"耳目喉舌";在担任报社领导后,摆正自己的定位,坚持"政治家办报"。1988年夏天,中国的经济体制改革正步入深水区,不少报纸上对于中央提出的"治理经济环境,整顿经济秩序"进行了负面解读,认为这是改革出现了问题和困难,不得不"刹车"。针对这种言论,范敬宜特地写了一篇《"刹车"辩》,指出经济体制改革是复杂而伟大的,改革正如驾驶,有前进、加速、减速,也必有刹车,甚至后退,都是为了使改革"更加稳妥地深化",不必大惊小怪。旋即振聋发聩地反问:"即使说是'刹车',又有什么不可呢?"(范敬宜,2009)[163]范敬宜的此番"辩论",高屋建瓴地指明了问题的要害,揭示了部分人对于改革存在的偏见与成见,巧妙地解决了这一思想困惑。

诸如这类的文章还有《"方向"辩》《"单干"辩》《"回头路"辩》《"私心"辩》等十数篇,均发表在改革开放之后,无不是针对当时人们对于改革存在的种种思想困惑所写成的"解惑"式辩文,促进了党的改革事业深入人心,促使党的政策更好地被人们所接受。

其次,范敬宜做到了对人民性的坚持,形成了稳定的群众观点。这一点具体体现在范敬宜坚持走群众路线,深入到群众中去了解国情。中宣部原常务副部长徐惟诚曾这样总结范敬宜开展新闻工作的四个特点:"接近群众,多才多艺,恪守记者本分,勤于写作和实践办报。"(乔申颖,2003a)其中"接近群众"被放在了首要位置。范敬宜不止一次在重要场合强调新闻记者必须深入基层,不能高高在上。体现范敬宜重视新闻报道人民性的最佳格言就是那句"离基层越近,离真理越近"(乔申颖,2003b)。范敬宜在担任经济日报社总编辑时期提出经济报道要"贴近实际、贴近生活、贴近群众"的"三贴近"的想法,这与后来党中央对宣传思想工作提出的"三贴近"工作原则不谋而合(王君超,2010)。

范敬宜在"文革"期间被下放到辽西农村,前后二十年的时间里,早已与人民群众"血脉相连",这也是范敬宜对人民性认识如此深刻的主要原因之一。1993年"两会"召开前夕,一对辽西农村的夫妇为了给孩子治病,千里迢迢来到北京,找到了时任经济日报社总编辑的范敬宜。范敬宜认出这是他当年"落难"时结识的乡亲,便赶紧帮忙安排了医院和住处。也是经过这次与老乡的相谈,范敬宜才了解到,辽西农村的生活相比十几年前确实改善了,然而人均收入却仍然低得可怜,连电话都打不了,连北京最低廉的招待所都住不起。范敬宜心情沉重地对经济日报社的记者说:"我希望我们的同志,特别是青年同志,不要只看到王府井周围这一平方公里,而要经常了解九百六十万平方公里上的喜怒哀乐……"（范敬宜，2009）¹³⁹ 而后将此次经历写成了《勿忘黄土地》，发表在《经济日报》上，号召新闻工作者要时时刻刻心系人民群众，"勿忘黄土地上的父老乡亲"。

2. 把握大局和正面引导的观点

范敬宜经常强调新闻工作者应具备大局意识，尤其是在他先后担任经济日报社和人民日报社总编辑之时，更是多次指出要提高记者编辑把握全局的能力，"时时不忘考虑大局"（范敬宜，2011）²⁴⁰。

在做记者的时候，范敬宜的大局意识体现在他总能在微小处纵观全局，见微而知著。在发表于《经济日报》1988年7月28日第一版的文章《填表》中，范敬宜从日常填写干部履历表一事延伸开来，纵观自建国初期到"文革"，再到改革开放之后的"填表心境"，从"轻松自如"到"自卑失落"再到"不再害怕填表"，反映的其实是不同时代千千万万知识分子的政治处境，令读者不禁感慨改革开放十年来人们命运和精神发生的巨大改变（范敬宜，2009）¹⁶¹⁻¹⁶²。

在做报社领导的时候，范敬宜的大局意识体现在他的谋篇布局和组织策划，应和党和国家的重要决策，引导和创造良好的舆论氛围。1997年8月7日，范敬宜在给当天的《人民日报》作评述时指出，要"集中版面为十五大创造舆论氛围"，从版面到内容都进行了点评和排布：

今天的一版，改革的气息很浓，头条《无悔的选择》分量很重，但文笔轻松可读。同班以突出位置刊登了国家体改委关于发展城市股份合作制企业的"指导意见"和本报评论员文章。这就使这一天的报纸改革的声音很强，为十五大的召开创造了一种比较好的舆论氛围。（范敬宜，2010）³⁸

不难发现，大局意识已经成为范敬宜从事新闻工作的一种"潜意识"，令他时时刻刻如古代的兵法家一般总能从大局入手谋篇布局，写出或策划出站在全局高度的好文章。

上一小节已经分析，范敬宜的新闻作品以正面报道为主，同时常常在进行新闻报道书写的同时表述自己的情感，以感染和引导读者，可以说他的新闻范式中有着明确的导向性思想，要以新闻报道引导舆论，营造氛围。

在新闻创作过程中，范敬宜采用的诸多手法，无论是文学性、情感化表达，还是呈现数据、引用案例，都是为了强化导向性而服务的。1978年6月，范敬宜对小德营子公社党委书记于海文进行了采访，写成了长篇人物通讯《他像焦裕禄那样战斗》。全文共出现12位信源人物（实际采访人数肯定更多），17次直接和间接引语，9次使用情感丰富的修辞手法，呈现调查结果（数据、事例等）17次，而且几乎看不到记者本人直接表达的任何观点（商立民，2011）[220-226]。但通篇下来，满满地都能让读者感受到于海文这一人物无私、勤劳和伟大的人格品质，让人们感受到一名基层的先进党员干部是如何全心全意为人民服务的。当然从中也能体会到范敬宜本人对于海文深深的敬佩之情。

此外，记者作为采访过程的发起者、记录者和表述者，记者的主观感受和立场毫无疑问会对报道产生影响。然而，范敬宜并不隐藏自己作为记者在呈现事实时所扮演的角色，甚至有时还会让自己主动出现在报道中呈现对话或表达感受，将自己作为新闻的一部分。这与社会学和人类学研究中研究者正视自己在研究过程中的角色一样，都是自己对自己主观立场的和解。

在1980年10月发表的通讯《党的政策越来越对老百姓的心思》中，范敬宜就生动地还原了自己与营口县虎庄公社土台子大队党支部书记、生产队长、会计、作业组长等9人座谈和对话的过程，生动地讲述了家庭联产承包责任制对农村生产生活带来的巨大改变。除了大量地引用了人物的原话，范敬宜还将自己在其中的对话呈现了出来，不但显得更为真实，而且达到了更好的表达效果。在文末处，范敬宜是这样处理的：

> 他们都希望这"法儿"坚持实行下去，在实践中不断加强、完善。三队队长王启胜问记者："今后要是生产都上来了，政策会不会哗嚓一下又变了？"记者回答："那也兴许，不过肯定会越变越好，越变越符合实际，越变越符合老百姓的心思。"大家呵呵乐了，说："那敢情是好！"（商立民，2011）[158]

任何时候，尤其是在改革开放之后形形色色的社会思潮层出不穷的时候，党媒发出的权威之声对民众舆论进行引导显得格外重要。所谓的追求客观公正，并不是对事实不加判断、没有立场，而是建立在更加坚实的调查基础之上再进行严谨、合理的判断和分析，进而陈明利害，引导舆论。在这一点上，范敬宜一直如此坚持着。

3. 实事求是的实践观点

范敬宜一直将实事求是奉为新闻工作的基本准绳（刘鉴强，2002），指出"用事实说话是新闻工作的基本观点，也是一种基本方法"（李魁领，1999）。

据范敬宜回忆，著名新闻记者爱泼斯坦曾经跟范敬宜抱怨，有人写了一篇关于他和他已故夫人邱茉莉的文章《爱泼斯坦的爱情生活》，在千字的篇幅内无中生有了25处情节，甚至还造谣说宋庆龄是爱泼斯坦的媒人和婚礼主持人，严重歪曲了事实，令他十分震惊和气愤（范敬宜，2007c）[118-120][1]。在爱泼斯坦的坚持下，刊发该文的报纸作了公开检讨。这件事令范敬宜深感真实性之重要，也让他对于改革开放后部分新闻媒体追求"眼球效应"而罔顾事实的现象感到担忧。

1998年，范敬宜在打的去参加第九届全国人民代表大会第一次会议时，听了出租车司机对市政建设方面的三条建议，写就了《"打的"赴会》一文，发表在《人民日报》上，随即在会内会外都引发了热议。然而，即便范敬宜清楚地交代了该司机的具体信息属实，仍有读者对其真实性提出怀疑，例如问该事是否是范敬宜一手"策划和导演"的"新闻剧"，实在令范敬宜很是委屈。这也令他重新反思了当时新闻工作中频发的虚假新闻现象：

> 虚假报道实在太多了！不但添枝加叶、合理想象、张冠李戴、任意炒作已经司空见惯，可以畅通无阻，连无中生有、全部失实都受不到惩罚，难怪看到完全真实的报道，反而引起怀疑了。（范敬宜，2002）[123]

范敬宜深知，真实性是新闻的生命，动摇了真实性，记者乃至报刊媒体的公信力将不复存在。他在清华大学新闻与传播学院开展新闻教育时，也常常对学生们强调这一点。

4. 创新的观点

范敬宜之所以"高产"，作品"高质量"，很大的原因就在于他总能发现好选题，找准好角度，获得好立意。而个中体现的，就是范敬宜独到的问题意识和创新意识。

据胡显章回忆，范敬宜曾说过这样一句话：任何事情都可以报道，关键是看你选择什么时间、什么角度。在范敬宜眼里，一个萝卜、一只红薯、一盘蚕豆、一个垃圾桶都可以出新闻，只要有心留意观察和思考，可谓处处是新闻，事事均可成文章。

1982年春，改革开放实施刚过第三个年头，范敬宜因公夜宿辽宁省康平县两家子公社秘书办公室，平平无奇睡了一晚，却让范敬宜发现了一个绝妙的新闻选题。原来改革开放前，形式主义和瞎指挥现象不断，村民矛盾又多，公社秘书办整晚电话不断；而今整晚却一个电话没有，根本原因在于包干到户的责任制彻底改善了农村的面貌——这让范敬宜发现了"问题"和"灵感"，

---

[1] 一说爱泼斯坦指出了16处错误，见《"艾培"还在期待》（范敬宜，2007c）[147]。

写成了《两家子公社干部开始睡上安稳觉——夜无电话声，早无堵门人》，而后被《人民日报》转载，更名为《月光如水照新村》，引起广泛反响（范敬宜，2009）[73-75]。范敬宜之所以能找到这个选题，无外乎他二十余年的农村生活经验，以及他善于观察和思考的习惯。

同年夏天，范敬宜又去到了锦县了解夏锄形势，发现上午十点钟的时候，田野里静悄悄的一个人也没有——这与"文革"时期人们九点多才出来"磨洋工"的状况迥乎不同。经过调查和访谈范敬宜了解到，自从实施责任制后，农民们的干劲被极大地调动起来，早上四点就出工了，八九点早就把一天的活都干完了，"连晌午听个袁阔成的《隋唐》都不耽误"（范敬宜，2009）[66-67]。范敬宜就此写了一篇四五百字的短新闻《田野静悄悄，地静苗情好》，感慨"如果不了解大局，不了解以前的状况，就抓不住这个有时代特点的好新闻。"[1]

范敬宜从上述新闻实践中总结了自己"终身受用的经验"，就是用心观察，注重生活积累，随时随地记录群众的语言。（范敬宜，2009）[68]可以说，新闻记者的问题意识和创新意识，一则来自记者平时的生活经验和体会，二则来自记者的观察和思考，注重记录，二者缺一不可。

三、范敬宜新闻实务思想的形成、调整和稳定

在对范敬宜的新闻范式进行横向的特征分析之后，接下来需要从纵向，即时间的维度，分析范敬宜的新闻范式是如何一步步形成的。此前，在诸多关于范敬宜新闻思想的研究中，对于范敬宜新闻思想的变化过程缺乏关注，本研究关于这方面的讨论正可以弥补些许缺漏。而且，对于范敬宜新闻思想变化的研究，正好可以关注范敬宜的新闻观是如何一步步走向成熟的，更能对青年新闻工作者的成长产生帮助。

已有的分析指出，新闻范式的构建，一般都难以逃脱"规范化—再规范化"这个过程（Vos & Moore，2020）。这就意味着个体在接受某种范式后，往往需经历一个调整的过程，才能最终形成更加稳定、更为规范的范式。这也非常接近于马克思主义辩证法中常说的"否定之否定"。

同样的，在范敬宜长达五十多年的新闻实践生涯中，他也经历了自己的新

---

[1] 范敬宜正是为了将这篇报道尽快见报，风风火火地赶乘5月28日从济宁发往沈阳的193次列车，结果在下午4时5分，不幸发生了列车颠覆事故，导致范敬宜的左大腿粉碎性骨折，被送往沈阳抢救。这篇报道是范敬宜在被推进手术室之前交到前来看望他的辽宁日报社总编辑赵阜手中的。

闻范式初步形成，逐渐规范化，而后随着实践经验不断调整和迭代，发生"再规范化"，最终形成稳定的新闻范式和新闻实务思想的过程。正是范敬宜对于新闻范式的自我改造，形成了上文所说的独特的范敬宜新闻实务思想[1]。

（一）东北日报社时期：新闻范式的规范化

在新闻领域，一名初为新闻工作者的新手往往会通过新闻院校的专业性学习以及新闻媒体的社会化实践，对新闻范式的规范和价值进行内在化（internalization）（Ruggiero，2004）。所谓新闻范式内在化，就是指新闻工作者通过从外界学习到新的规范和价值理念，并以新的规范和价值替代或改变自己原来所遵守的规范和价值，最终内化成为自己的新闻范式的过程。经由对外在规范和价值的内在化，新闻工作者进一步完成对自身新闻范式的规范化，即令自身的新闻范式变得更为规范和系统。

显然，早期范敬宜对于新闻工作的理解都来自他少年时期的耳濡目染和初到东北后的亲身实践，他对于当时新闻范式的内在化和规范化过程就是在刚开始新闻工作的三到五年内完成的。

1951年范敬宜受魏巍《谁是最可爱的人》感召，放弃在上海优渥的就业条件，跋山涉水来到东北辽宁追寻自己的新闻梦。在此之前，范敬宜的新闻素养主要来自自幼阅读《大公报》《申报》《文汇报》的熏陶和积累，加上此后在圣约翰大学旁听新闻系的课程所学习到的理论知识和在校园学生报刊开展的新闻实践。

作为一名新手，初入新闻行业的范敬宜虽有着满腔的热忱，然而他对于新闻工作的理解和追求仅仅停留在要像魏巍那样写出有文采、有影响力的大文章，并未能好好沉下心来，去思考新闻的定位、价值、社会意义等问题。1951—1957年东北日报社时期范敬宜的新闻作品，呈现出主观情绪明显、调查结果呈现较少、修辞数量较高、批判性较强、负面报道较多的特点。新中国成立之初，党和政府十分重视批评与自我批评，因此在新闻指导思想上鼓励和倡导批判性报道和评论（邓绍根，丁丽琼，2021；房现玉，2015）。范敬宜频繁抨击官僚主义、形式主义、反革命等丑恶现象，一定程度上受到了当时大环境

---

[1] 这里研究者默认了一个哲学假设，即个人所拥有的新闻范式属于一种客观存在，它不会以个人的意识为转移，即个人无法凭借意识主动改变自己所拥有的范式，但可以通过实践改造自我的新闻范式。在本研究中，我们更多的是去发现范敬宜如何通过新闻实践逐步构建和改造自己的新闻范式，而非直接探讨范敬宜的新闻思想经历了怎样的变化，进而导致其新闻范式发生了变化——后者属于唯心主义逻辑。

的影响。

当时的范敬宜刚二十多岁，正是一腔热忱，想要大有作为的年华，也十分热衷于"魏巍式"的报告文学体裁。1955年9月1日范敬宜在《辽宁日报》上发表的《一撮想造反的跳梁小丑》一文，就可以很好地反映当时范敬宜的心境。

> 这个光头、眼皮上带疤的小矮个是什么人？他和那封无主的反革命密信有什么关系呢？这话得从头说起。
>
> 他名叫凌霄，是中国人民银行沈阳分行沈河区办事处朝阳街分理处的办事员……翻开他的"家谱"看看：他家是地主，堂叔凌承绪在台湾，是国民党员，候补"国大"代表，蒋匪联合勤务司令部少将高级参谋……出身在这样反动家庭的凌霄，对共产党和人民政权是十分仇恨的……在工作上，他谩骂领导，消极怠工，和顾客吵架，发牢骚。他经常故意在柜台里脱得只剩一条裤衩，双脚搁在桌上，摇着芭蕉扇，顾客来也不搭理，给银行造成了很坏的影响。但是，大家一直以为他是思想"落后"，也没有十分注意他。（商立民，2011）[491]

范敬宜在这篇文章中用到了16处修辞和多达7种不同的修辞手法，大量的神态、语言和动作描写，以时间叙事的方式将以凌霄为首的反革命集团层层剥开，写得十分生动，如小说一般，可读性极强。然而当时的范敬宜并没有标明或解释信源的习惯，致使前期范敬宜的诸多报道中的一些事实无法考证，存在一定的问题，甚至为此还挨过领导和群众的批评；此外，范敬宜习惯在报道中大量地"夹杂私货"，即表达记者的个人观点，但有时没有足够的事实基础，容易使读者产生怀疑。当然这些问题后来范敬宜都意识到了，遂逐一加以改正。

总之，经过六年的新闻实践，范敬宜逐渐加深了对于新闻工作的理解，一方面在新闻的真实性、准确性、及时性等方面树立起了一定的规范意识，另一方面由于怕被别人当作"资产阶级知识分子"对待，范敬宜也努力融入报社集体和人民群众，真心诚意地改造自己"喜欢卖弄文采的小资情结"[1]。

在这一时期，范敬宜主要完成了对新闻的政治性、实践性、文学性、真实性、及时性等规范和价值内涵的内在化，将其纳入自己的新闻工作范式，初步建立起了一套完整的、体系化和规范化的新闻范式。然而这套新闻范式仍存在着不少问题和短板，例如对于马克思主义新闻观尚未形成成熟的理解，对新闻工作的群众观点也不甚明了，需要范敬宜在更多的实践活动中不断加以改造和

---

[1] 范敬宜的原话，引自与范迅的访谈，访谈时间为2021年4月7日，访谈地点为中国矿业大学。

解决。

（二）辽宁日报社时期及以后：新闻范式的调整与迭代

新闻总在开拓新的载体和形式，以应对不断出现的新的问题，而这些新问题有的往往是旧的新闻范式无法解决的，因此为了适应新的发展趋势，新闻范式必须不断进行自我突破与自我迭代，完成"再规范化"的进程。

1957年和1966年，范敬宜先后两次被"打倒"，下放至农村接受改造长达二十余年之久，直至1978年9月才得以重返新闻岗位，1985年才彻底平反。这段坎坷的经历促使范敬宜发生了世界观、价值观等层面的变化，促使他重新思考新闻工作的诸般意义。为了适应新的时代趋势，范敬宜的新闻范式也发生了较大程度上的变化。范敬宜曾经的同事卜志忠如此描述下放建昌的经历对于范敬宜的影响：

> 建昌那一段经历对他的新闻观的转变是很重要的，他在建昌写了很多的东西，对他的新闻观、写作手法都有影响。当时他是全国"右派入党"第一人，主要原因就是他得到了建昌县委的支持。建昌如果不支持他，他这个右派的帽子是摘不掉的。后来建昌成了他的一个"基地"，他能在建昌听到农民的实话，农民跟他太熟了。[1]

范敬宜新闻范式的转变主要可以被总结为以下几个方面，从中亦可反映出范敬宜新闻思想的变化路径。

1. 党性的强化：深受马克思主义理论的影响

范敬宜对党的信念由来已久，他从1960年开始坚持不断地向党提交入党申请书，直至1978年3月终于被破格加入了中国共产党。在下放期间，范敬宜坚持学习马克思列宁主义理论知识，在重返新闻岗位后"厚积薄发"，将马克思列宁主义理论应用在了新闻工作中，从他1978年之后的新闻作品中可以大量地找到马克思列宁主义理论的应用痕迹。

例如在1980年10月6日发表的评论文章《"回头路"辩》当中，针对当时某些"左派"保守者对于生产责任制"走回头路""复辟倒退"的质疑，范敬宜运用马克思主义的相关理论进行了回击：

> （质疑者们）问题提得够尖锐，可惜忘了一条马克思主义的基本原则：检验一种生产关系是前进还是倒退，只能看它是否和生产力的

---

[1] 内容来自与卜志忠等人的焦点小组访谈，访谈时间为2021年4月19日，访谈地点为辽宁日报社。

发展水平相适应，是促进了生产力的发展，还是阻碍甚至破坏了生产力的发展，而不是什么"过去用没用过"。过去用过有效，现在用了仍然好使，岂不恰恰说明这种办法适合目前生产力发展水平和群众觉悟程度吗？怎么能说它是"倒退"呢？把行之有效的东西统统说成是资本主义，未免过于美化资本主义了吧！（范敬宜，2009）[19]

在辽宁日报社时期发表的新闻作品中，尤其是新闻评论类作品中，范敬宜较为频繁地使用到了马克思列宁主义相关的理论，结合自己实际的农村走访和基层调研，来解答当时广大人民群众和党员干部普遍存在的思想困惑，例如"姓社还是姓资"的问题，"前进还是倒退"的问题，"左还是右"的问题，达到了正本清源、拨乱反正的良好效果。《"回头路"辩》一文还被《人民日报》等中央媒体转载，影响力得以扩大至全国。

重视新闻报道中的党性和理论感，一方面是由于范敬宜自我思想境界的提升，另一方面也是改革开放之初思想矛盾突出、人心浮动，要求新闻工作者不得不提升思想和理论境界，以更好地引导群众舆论，为党的改革方针政策营造良好的舆论环境，推动改革的进行。范敬宜在这方面做到了良好的表率作用。

2. 人民性的强化：深入基层，贴近群众

二十余年与基层人民的朝夕相处，使范敬宜深刻认识和理解到新闻工作要走好"群众路线"，不仅要扎根于人民群众，更要依靠人民群众，服务人民群众。辽宁日报社时期相较于东北日报社时期，人民群众作为信源的频率从33.3%提升到了65.2%，提升了将近一倍的幅度。相较于去"请教专家"，范敬宜变得更倾向于去"请教人民群众"了。

仍以《"回头路"辩》《"单干"辩》《"方向"辩》此"三辩"为例。1979年，农村改革遭遇了一场严重的"倒春寒"。"走回头路""复辟倒退""鼓励单干""背离社会主义方向"等几项大帽子扣得广大基层干部踌躇不定、裹足不前。时任辽宁日报社总编辑的赵阜意识到了问题的严重性，决定组织一系列评论员文章，以达到拨乱反正的作用，而范敬宜就成了首要人选。

据范敬宜自己描述，当时的他还尚未冲破"左"的思想禁锢，总陷入"我们不是走回头路，而是在前进"这类被动辩解的怪圈，因而犹豫不决，总觉得缺乏底气（范敬宜，2009）[10]。于是，他决定到群众中去听听基层干部和老百姓的声音，便到农村改革效果突出的营口县组织一个基层干部座谈会，去听取基层的意见。

令范敬宜没想到的是，基层干部和民众对改革十分拥护，而且为他提供了许多丰富而生动的实际经验,让他一下子感到"醍醐灌顶"。回到报社后,他又重读了一遍列宁的《退一步,进两步》和《光明日报》的评论员文章《实践是检验真理的唯一标准》,思路大开,一下子便将文章完成了。

范敬宜事后总结道,"三辩"的写作过程,使他转变了对新闻评论写作的观念,令他意识到了写新闻评论同样需要深入群众、去到现场。只有从人民群众那儿获得了"源头活水",才真正能把文章给写"活"(范敬宜,2009)[11]。

3. 实践观的深化:更重视以白描和调查还原事实

1978年重返辽宁日报后,相较于年轻时,此时的范敬宜更重视"用事实说话"。尤其是在面对改革开放之初复杂的政治局面,各类思想矛盾层出不穷,更是需要以"实践是检验真理的唯一标准"来明辨是非。

从对其新闻作品的数据分析上看,辽宁日报社时期范敬宜的新闻作品相较于上一时期,平均每篇报道使用修辞手法的数量大幅减少(从2.65次/篇降到了1.49次/篇)。从修辞手法的选用上,早期采用的修辞方式以比拟、排比、象征等文学性较强的手法为主,来增强文章可读性和感染力,服务于文章的可读性;后期则多以对比、设问、反问、用典这类的手法为主,主要用以增强文章的逻辑叙述和说服力,兼顾可读性的同时,更多地服务文章的主旨。

例如,同样是描述接受国家领导人会见,1956年3月18日,范敬宜在全国青年文学创作者会议上见到了周恩来总理,他是这样描写当时的场景的:

> 周总理来了!当时大家正在跳舞。人群立刻像潮水一样向周总理涌去,把周总理团团围住,欢呼,鼓掌,鼓掌,欢呼。跳舞的音乐仍旧不停地奏着(虽然乐队的同志的眼睛都兴奋地瞅着台下),但是早已失去了吸引力……任何冷静的人在这种场合也不能控制自己的……告诉你们,我们看得真清楚,周总理是那么健康,精神饱满。我们当时的兴奋,激动,真是怎么说才好呢?(商立民,2011)[486-487]

这篇《在北京的日子》虽然是通讯,却是以书信体的报告文学形式呈现的,而今品来仍可以感受到浓厚的时代气息,甚至某些地方还能看到范敬宜对"魏巍式"报告文学的模仿痕迹。范敬宜在这篇文章中十多处采用了修辞手法,神态、动作描写不计其数,极尽文学性描写之能事,甚至多处直抒胸臆,有"我们当时的兴奋,激动,真是怎么说才好呢?"之类的表述,无不用以表达内心无比激动的情绪。

1992年10月19日,范敬宜参加党的十四大时见到了邓小平同志,这一次他是这样描写的:

小平同志身着浅灰色中山装，满面红光，精神矍铄，步履稳健，不时地举起右手向代表们致意……我背后的两位女同志也许是太激动了，当小平同志在我们面前走过以后，才猛醒过来："哎呀，怎么忘了喊小平您好！真是……"我也恍然大悟，拿出青年时代当记者的勇气和冲动，挤进人堆，举起相机……不停地按动快门。等到被挤出人群时，西服里的衬衫都湿透了。

　　走出大厅，周围一片欢快的议论声："西方对小平同志一段时间没在公开场合露面，又作各种各样的猜测，现在，看他们还说什么！"

　　"小平同志在这关键时刻出场，意义太重大了！"

　　"明天香港的股市肯定看涨……"（范敬宜，2009）[135-136]

可以看到，范敬宜主要采用了白描的手法对邓小平、周围人及自己的状态、动作进行了描写，例如"西服里的衬衫都湿透了"，一句话就侧面描写清楚了当时记者们争相拍照拥挤的景象，比"人潮像潮水一样涌去"之类的描述更为生活、更为生动；加之对旁人话语的引用，借由他人之口说出了与会人员的心情，更是对邓小平之于党的十四大的重要意义进行进一步点明。全文下来，范敬宜并没有用到什么复杂的文学技巧和修辞手法，却能让读者真切地体会到人们发自内心对邓小平的拥戴，感受到邓小平在人们心中的崇高地位，乃至他在改革开放事业中的重要地位。

除了白描手法的熟练运用，辽宁日报社时期的范敬宜在新闻报道中呈现调查结果的次数显著上升（从1.95次/篇上升至4.8次/篇），引用、举证的次数明显增多，尤其是呈现数据的次数有较大幅度的提升。

在1979年10月16日《辽宁日报》刊发的《让处处都成聚宝盆，队队都有摇钱树》一文中，范敬宜前后用到了8次调查所得的结果，大量地引用了实地调查和走访所得的数据，反映了喀喇沁左翼蒙古族自治县在实施责任制以来生产生活水平获得的巨大进步。

　　如水泉公社马营子大队十个生产队，去年九个队每队栽20左右亩地瓜，秋后磨粉，仅这一项每个队就增加收入5000多元，劳动日值达到八角以上，而没搞这项副业的七队，劳动日值只有四角。（商立民，2011）[149-150]

以这段话为例，既有实打实的数据，又有案例的对比，将水泉公社种植地瓜所带来的增收效益讲得一清二楚。

4. 文化观的深化：文风更为稳健，情感更为内敛

经历了二十年基层的历练，范敬宜的文风变得更为稳健。辽宁日报社时期与东北日报社时期相比，范敬宜新闻作品中所呈现出来的主观情感有一个明显下降的趋势，强烈主观情绪所占比例从44.9%下降到了8.9%，整体文风显得更为沉稳；在表达情感的语句选择方面，原先大量的战斗式、直抒胸臆的修辞更多地被说理性修辞取代，情感在表达时处理得更为内敛和高级。

在对社会不良现象进行批评的时候，早期的范敬宜更像个战士，执笔为矛，疾走高呼。例如在1955年发表的评论文章《把这样的人当场揪住》中，范敬宜言辞激烈地批评了社会上一些低素质、爱耍流氓、扰乱社会治安的"二流子"，愤愤地指出：

> 这种无可容忍的侮辱人格的行为并不是到处都受到抵制的，有些人把它当做无足轻重的小事，而不把它看做是一种流氓活动。这就等于容忍恶疮、毒痈安然附在我们身上，继续腐蚀我们健康的肌体……
>
> 不能让这样的人继续败坏社会风气，扰乱公共秩序。把这样的人当场揪住，让他们在光天化日之下显露原形！（商立民，2011）[607]

而中后期的范敬宜则成长得更像一位名仕大儒，不再言辞激烈，而是言辞温柔却绵里藏针，且总能一语中的、切中肯綮。在1978年发表的评论文章《"铁饭碗"与瞎指挥》中，范敬宜针对部分公务员缺乏科学知识和责任意识，瞎指挥导致农作物大量减产的事实提出了尖锐的批评。范敬宜虽然对此类现象深恶痛绝，但在这篇评论文章中却显得十分"克制"，而且还条分缕析，并提出了具体的建设性意见。他先是分析了"铁饭碗"的实质问题其实是在于干部们的工资与所负责工作不挂钩，"干好干坏，工资照拿"；随后分析了问题出现的原因——"四人帮"瞎指挥的流毒尚未被清除干净，官僚主义、形式主义、主观主义的毛病依然存在；最后提出了措施，指出要"切实按客观规律办事"，加强"法律、经济制裁的措施"，"追究他们的经济法律责任"（商立民，2011）[246-247]。

可以发现，同样是对社会现象进行批判，1978年后的范敬宜文风更为稳健，情绪更为内敛，且说理过程中显得更为有条不紊、条理清晰，整体显得更为成熟和沉稳。

5. 责任观的强化：更具积极性和建设性

辽宁日报社时期的范敬宜新闻作品中，正面报道和中立报道所占比例有一个显著的增加幅度，其中正面报道的比例从34.7%升至65.3%，而负面报道的

比例从当初的近60%下降到了8.9%。而且，即使在批判性报道中，范敬宜也会尝试着提出建设性意见，不再是一味地进行批判了，体现出了作为一名党的新闻工作者的责任和担当。

在《"难"从何来？——同农村干部谈谈转变作风问题》（1978年10月4日刊发于《辽宁日报》）一文中，范敬宜对于农村中根深蒂固的官僚主义作风问题提出了较为尖锐的批评，指明了问题的根源所在，同时也提出了建设性的意见：

> 我们应该在揭批"四人帮"运动中，认真学习、深刻领会党中央的批示，紧密联系实际，狠批林彪、"四人帮"假左真右反革命修正主义路线，真正从路线上分清是非，肃清其流毒和影响，自觉地恢复和发扬党的优良传统和作风，既要坚持做耐心细致的政治思想工作，又要敢于同各种错误倾向作斗争；既要反对强迫命令、"土政策"，又要坚决贯彻执行党的政策，坚持合理的规章制度。（商立民，2011）[148]

可以发现，经过二十多年岁月的磨炼和洗礼，范敬宜的新闻作品变得更有积极意义和建设意义了，对新闻报道所承担的社会责任有了更为深刻的认识。而之所以呈现出这样的变化，一方面是由于时代环境的变化，新中国成立之初倡导新闻批评，而改革开放之后，中央则希望有更多能促进改革深入推进的正面报道出来；另一方面也是由于范敬宜长期实践调查所得到的结果确确实实都是以积极正面的为主，有了大量积极正面的事实作为新闻报道的基础，呈现出来的结果自然而然也会是积极向上的。在此基础之上，范敬宜再发挥其理论学习的成果，结合实际经验，提出若干建设性意见自然也是水到渠成的事了。

（三）经济日报与人民日报时期：新闻实务思想的稳定和形成

从1951—1957年东北日报社时期到1978—1984年辽宁日报社时期，范敬宜完成了新闻范式的调整与迭代。其中最为根本性的改变就是确立了马克思主义新闻观在范敬宜新闻范式中的指导地位，范敬宜本人也成长为一名真正的共产主义战士，进而带来了世界观、人生观、认识论和方法论等层面的大幅度重构。

从范式形式上分析，1951—1957年东北日报社时期中，范敬宜的新闻范式较为符合以文学创作理念指导而成的新闻报道形式。而到了1978—1984年辽宁日报社时期，范敬宜深受马克思主义影响，其新闻范式已经转变为党性与人民性高度统一、拥有科学方法指导的"马克思主义范式"。

到了经济日报社与人民日报社时期，范敬宜的新闻范式基本趋于稳定，随着现实经验的积累逐渐达到范式的"饱和"状态。1986年开始,范敬宜先后担任了经济日报社和人民日报社两大中央级大报的最高领导,对于新闻采写、编辑、评论等业务范畴已经形成了一套稳定的工作模式,更多的是在新闻策划、组织等领导范畴内积累新的经验,进而进一步发展和稳定其新闻范式。当然,范敬宜身处"高位",他所在的位置也不会允许他再发生大幅度的范式更迭。换言之,若不是他已经形成了相对稳定的新闻思想和新闻范式,他也不会被中央拔擢为如此重要的两家党媒大报的负责人。

在经济日报社时期,范敬宜作为报社总编辑兼社长,开始以领导者的定位对报社的新闻工作进行思考,不断探索新的形式,尝试新的实践。在这一阶段,仍有新的经验出现,在新闻组织策划和政治新闻报道等方面不断丰富和完善范敬宜的新闻范式。

范敬宜上任的第二年,也就是1987年的10月24日,党的十三大召开,而《经济日报》由于成立较晚(1984年成立),在当时只有一个记者名额,且只能在场外活动,在与《人民日报》、中央电视台、新华社等传统老牌央媒的竞争中处于绝对的劣势。然而正是在这种竞争劣势之下,范敬宜与报社内部的骨干人员研究对策,采纳了时任国内部主任詹国枢的建议,开辟了一个"十三大手记"专栏,以会议评述的方式跟读者们介绍会议内容和周边新闻,兼顾了思想性和可读性,同时"手记体"的时效性又强。

"十三大手记"一经推出,便受到了会内外的高度关注,范敬宜也得到了吴冷西、朱穆之等新闻界前辈的高度肯定。八篇手记全部发完后,当年的"全国好新闻奖"也被范敬宜收入囊中。这令范敬宜对会议新闻产生了新的看法。范敬宜表示:

> 过去,新闻界往往把写会议新闻当作一种吃力不讨好的负担。枯燥、呆板的会议新闻,记者不爱写,读者不爱看,所以很少有人去认真研究如何改进会议新闻。其实,会议是极丰富的新闻源……它是一个信息最集中、议论最丰富的场合。只要认真、耐心地倾听,就很容易捕捉到许多非常重要的新闻或新闻线索。可惜现在新闻记者能非常耐心、认真听会的不多,有些很有内容的新闻发布会,成了记者"扎堆"的"碰头会",拿了通稿和出场费就走人。我真感到可惜。(范敬宜,2009)[101]

诸如"十三大手记"这类的创新实践,范敬宜在经济日报社时期没少尝试。20世纪80年代末正是改革开放逐渐驶入深水区的当口儿,范敬宜总能抓住经济改革中的热点问题和难点问题，组织起一批党和政府重视、人民群众关切的重要报道，如"关广梅现象"系列报道、"追踪三角债"系列报道等，对改革开放政策深入人心起到了积极的推动作用，也令年轻的《经济日报》一跃成为富有时代影响力的报纸。而这一系列尝试和实践，都是在范敬宜新闻范式的有益指导下进行的。这些报道的成功，反过来也丰富、发展和稳定了范敬宜的新闻范式。

到了人民日报社时期，范敬宜的新闻范式完成了最终的定形，已经很少再有新的经验可以较大幅度更新或改变他的新闻范式。也就是说，这一阶段他的新闻范式已经趋于"饱和"的状态了，即一种带有范敬宜个人特色、更为成熟的马克思主义新闻范式。也是在这一时期，范敬宜在报社中的工作重点发生了转变。范敬宜已臻大成的新闻范式在教育新闻队伍、总结新闻工作经验、提升记者业务水平等方面持续发挥着重要作用。相较于此前以范式统领和指导新闻实践活动，此阶段的范敬宜更倾向于以范式教育和提升新闻队伍水平。

范敬宜在担任人民日报总编辑期间一直强调坚持以马克思主义新闻观统领新闻队伍建设，提出了如"贴近实际、贴近群众、贴近生活""思想深度取胜、独特视角取胜、快速反应取胜、出奇制胜取胜"等目标方针（李元宝，2011）[4-5]；此外，他出版的《总编辑手记》《怎样发现新闻》等著作和论文，更是对他长期以来积累下来的丰富的新闻工作经验的总结和提炼，对于启发年轻记者编辑有着极强的教育意义。在职业生涯后期，范敬宜的新闻范式接近于饱和状态，已经到了适合"传授"经验和指导他人的状态。

四、范敬宜的新闻实务思想及其时代意义

范敬宜的新闻范式随着他本人的经历和实践，经历了不同时代的发展，最终形成了相对稳定的一套范式。这套范式的核心思想，就是范敬宜的新闻实务思想。那么，如果对范敬宜新闻实务思想的内涵和特点做一个总结和概括，应当如何归纳呢？

完成前文的种种分析，已不难总结出其内涵。范敬宜的新闻实务思想，可以概括为：以马克思主义新闻观为指导，以做好党和人民的耳目喉舌为己任，有感情、有文化、有新意、接地气。

"以马克思主义新闻观为指导"，是范敬宜新闻实务思想的灵魂，是其核心价值观和指导思想所系，也是其新闻作品得以获得党和人民认可的根本原因。"以做好党和人民的耳目喉舌为己任"，是范敬宜新闻实务思想的定位，彰显了

新闻应有的立场、原则和大局意识，为党和人民的根本利益服务。"有感情"，表示范敬宜新闻实务思想并不怯于在作品中表达情感，相反，正视记者在报道中的角色，令报道字里行间流露出饱满而细腻的情绪，反而更能打动人。"有文化"，表示要做出有文化底蕴的新闻来，既要加强对文化的重视，更要提升记者本人的文化素质。"有新意"，指要有问题意识去发现新问题，有创新意识去发现新角度、新方法，不断推陈出新。"接地气"，则是指要坚持群众路线，关心人民群众的生产生活，用老百姓听得懂的话，做老百姓看得懂的新闻。

相较于分析范敬宜新闻实务思想究竟为何，更重要的是去理解这一范式对于当下我国的新闻事业和新闻工作者有着怎样的时代意义。

首先，要坚持以马克思主义新闻观为核心指导思想，坚持党性与人民性相统一，树立牢固的政治意识和大局意识。我们的新闻工作者，尤其是青年新闻工作者，要更加注重理论学习，提升政治觉悟和政治素养，培养大局意识，以正确的新闻舆论工作引导人民。在新闻实践中，要容许青年记者犯错，更要重视像范敬宜这样的资深记者在提携后辈这一传帮带过程中的教育价值，让他们做青年记者价值观上的定海神针。

其次，要破除对新闻专业主义的迷思和"迷信"。虽然眼下有不少对于新闻专业主义的批判，但不可将其全盘推翻。它所提倡的真实性、全面性、及时性等价值理念，与我们所提倡的马克思主义新闻观有诸多方面的契合。然而需要注意的是，不可对新闻专业主义产生迷思或"迷信"。例如，新闻专业主义者经常强调，新闻记者不能在报道中表达立场、观点和情绪，但事实真的如此吗？有立场、有情感的报道就不算好报道了吗？当然不是！从魏巍的《谁是最可爱的人》，穆青的《县委书记的好榜样——焦裕禄》，到范敬宜的《分清主流与支流 莫把"开头"当"过头"》，无不是有立场、有情感，且有划时代影响力的好报道。因此，在评判新闻报道的时候，切不可"因循守旧"，抱着专业主义的"金科玉律"不放，而要主动思考新闻工作者"为了谁、依靠谁、我是谁"的问题，以党和人民的根本利益为报道导向。

再次，要坚持新闻工作的群众观点，坚定地走好群众路线，关心基层的人民群众，让新闻报道有"泥土香"。范敬宜晚年常说，"离基层越近，离真理越近"，"不要盯着脚下的几平方公里，而要放眼九百六十万平方公里"，都意在让青年记者和学生们多走出固有的生活环境，去关心基层的老百姓在关心什么，去了解他们在为什么发愁、为什么喜悦。

最后，要重视文学艺术修养，让新闻报道有点"书香"。记者固然要勤奋刻苦，然而读点书也是很重要的。范敬宜1999年曾说："记者在具备勤奋、深入、刻苦这几个基本条件之外，还需要强调一条：学养——丰厚的文化素质、文化积累。缺少学养，即使有很好的采访题目、采访对象，也未必能引爆出灵感的火花来。"（范敬宜，2009）[250]范敬宜本人有着极为深厚的国学文化底蕴，同时也对西方文化学习颇深，故而对于各类题材的话题都可以游刃有余，时常可以找到新颖的角度对事实进行分析。与此同时，让新闻报道更有文化气息，对于增强可读性也大有裨益。

记者的命运与时代的命运息息相关，正所谓"时势造英雄"。范敬宜的新闻历程还提醒我们，身处时代风云变幻之际，一个有准备的记者，更能抓住时代的浪头，成为时代的"弄潮儿"。

第六章　立场、观点与方法：范敬宜的新闻教育思想

新中国成立以来，一大批优秀的新闻人成为建设中国新闻事业的骨干力量，这其中，范敬宜以其丰富、卓越的新闻实践与扎实、开拓的新闻教育，成为当代中国新闻人才的典范，在新闻业界与学界享有很高的认可度。在新的历史阶段，研究范敬宜作为新闻人才的特质与新闻教育者的思想，形成具有中国特色的新闻人才观，对于培养新时代需要的卓越新闻人才，在激烈的国际舆论斗争中掌握意识形态工作的领导权、主动权、话语权，建构中国特色新闻学，都具有深刻的意义。

范敬宜作为资深媒体人，从新闻岗位退休之后，以教育者的身份开始从事新闻教育工作，将新闻进行到底。从亲自做新闻，到教学生们做新闻，范敬宜开始思考和总结自己的新闻人生。范敬宜的新闻思想在他人生这最后八年时间里得到了淬炼、升华和传播。范敬宜在担任清华大学新闻与传播学院院长前从未有过新闻教育经历，故而"新闻教育者"的身份，对于他自己而言也是一个挑战。

学院成立之初，清华新闻教育传统面临着几个重要的问题和挑战，用范敬宜自己的话来说，主要集中于立场、观点和方法三方面：立场上，应该以何种立场和观念统领新闻教育教学工作？观点上，应当秉持怎样的育人理念和办学方针，方能利用好清华自身的优势和条件，明确清华大学新闻与传播学院的定位？方法上，应当如何引导学生从心底了解和接受马克思主义新闻观，将他们培养成为能为中国新闻事业做出贡献的优秀新闻人才？他结合自身长达半个世纪的新闻工作经验，在如何办学和育人方面进行了许多思考，并对如何办好清华新闻教育形成了自己独到的见解。

一、立场：以马克思主义新闻观为统领

马克思主义新闻观是我国新闻工作的灵魂，是指引新闻舆论工作者的"准

星"（杨振武，2016），也是清华新闻教育传统的核心灵魂所在。2002年，范敬宜担任了清华大学新闻与传播学院首任院长，从此开启了八年新闻教育的生涯，其间，最具开拓性的举措是大力倡导马克思主义新闻观教育。

范敬宜不仅是中国高校马克思主义新闻观教育教学的首创者和践行者，更在思想层面对马克思主义新闻观有着自己深刻的见解。范敬宜对马克思主义新闻观教育教学的推崇，是他对于清华新闻教育应有何"立场"这一问题的回答。

（一）高举旗帜的突击队：首创马克思主义新闻观教育教学

2004年，共青团中央常委会议在学习了党的十六届四中全会精神后，明确提出要"坚持马克思主义在意识形态领域的指导地位，坚持马克思主义新闻观"，以加强对青年的教育和引导（中国青年报，2004）。2005年初，清华大学新闻与传播学院大二学生李强的乡村实践报告《乡村八记》得到了温家宝总理的回复，更加坚定了范敬宜"以马克思主义新闻观培养新闻传播人才"的教育教学构想。2005年秋，为了落实党和国家"马克思主义理论研究和建设工程"，在范敬宜的首推和倡导下，清华大学新闻与传播学院在全国高校新闻院系首开马克思主义新闻观课程作为本科生和研究生的专业必修课，成为全国马克思主义新闻观教育的先行者（李彬，2011b）。

范敬宜自上任来，一直强调以正确的价值观引领新闻教育，尤其是强调马克思主义新闻观教育。范敬宜曾在与时任中央电视台记者董岩的对话中提到："新闻教育中出现的问题，令人担心和困惑。这种异化，对马克思主义新闻观的信仰缺失，长此下去，令人堪忧。清华大学新闻与传播学院有重视新闻社会实践的好传统，但倘若没有正确的理论指导，单纯的实践会产生相反的作用。"（董岩，2007）

范敬宜对马克思主义新闻观在当代大学生意识形态领域中所遭遇到的阻力有着清醒的认识，提出的新闻教育中的"三化一脱节"问题，至今看来，依然深中肯綮：

> 从新闻教育的现实情况看，确实存在不少值得注意的倾向。一是新闻教材的老化；二是新闻理念的西化；三是研究方法的玄化。集中到一点，是理论与实践的脱节。这些问题只有在加强马克思主义新闻观教育的前提下才能获得解决。（范敬宜，2011）[214]

时任教育部部长的周济曾对范敬宜说："对于清华大学来说，我们不是仅仅希望你们建立几个中心、几个基地，而是希望你们能够在新闻传播教育领域里,成为一支高举旗帜的突击队。"(范敬宜,2011)[141]显然,这些话的分量很重,体现了中央对清华大学新闻与传播学院这个新兴的学院较高的期望。这不禁令范敬宜思考,怎么理解"高举旗帜的突击队"?

这个问题范敬宜后来在2006年7月的一次全院教师会议上给出了回答:

> (高举旗帜的突击队)是要求我们能够在新的历史条件下,坚持用马克思主义新闻观统领新闻传播教育,并且在实践中勇于探索,积累经验,起到一定的带队作用。这是时代赋予我们的使命和责任……只有站在这样一个高度,才能理解为什么要理直气壮地把"马克思主义新闻观"作为必修课,而且要求把马克思主义的立场、观点、方法融会到其他有关的学科中去。(范敬宜,2011)[141]

虽然确认了坚持开展马克思主义新闻观教育的必要性,然而关于如何开展马克思主义新闻观教育教学,却从未有前人的经验可以借鉴。听说要开马克思主义新闻观课程,有人劝范敬宜将课程改一个学术性强些的名称,有学生说"好恐怖啊"等,但是,范敬宜坚定而扎实地推动这门新课的开设,从课程形式、教材选用、课堂互动,甚至作业布置等方方面面对该课程进行全面设计。

2005年秋季学期,马克思主义新闻观正式开课,范敬宜亲自担任主持。然而范敬宜的马克思主义新闻观课程开设初始,却面临着教材、经验和师资匮乏的局面,且学生中思想阻力较大。范敬宜分析,生硬的教条式说教已经达不到应有的教学效果了。在与学院其他老师讨论交流后,这门课程逐渐确立了"讲座为主、授课为辅"的课程模式,邀请学界和业界富有实践经验和理论修养的"高手"和"大家"进行有计划的讲座,包括时任新华社总编辑的何平,中央人民广播电台原台长、国务院新闻办公室副主任杨正泉,新华社高级记者、范长江新闻奖获得者张严平等业内知名人士,以及童兵、郑保卫、俞可平、赵月枝等学界知名教授,内容涉及政治意识形态、舆论导向、党报模式、调查研究、新闻自由、新闻真实、"三贴近"等诸多议题,并在课后和网络学堂展开线上线下的讨论,收获了不错的教学效果,一时间成为学生们选课的一大热门课程(范敬宜,2011)[39]。

在每学期马克思主义新闻观课程的第一讲中,范敬宜都会开宗明义地讲解"为什么要学习马克思主义新闻观",解决同学们对于这门课程最大的困惑。范敬宜认为,当代大学生学习马克思主义新闻观,是国家性质、时代发展和学院的教育方针三者共同决定的,其要点在于:一是,实践第一,联系广大人民群众,走好群众路线;二是,培养大局意识,审时度势,权衡利弊;三是,与时俱进，锻炼对时局变化的感知能力。（范敬宜，2011）[19-30]在讲述过程中，范敬宜习惯于将理论结合自己所经历的故事娓娓道来，强调在教学过程中"举实例、说实话、动真情"（范敬宜，2011）[101]，使得学生们倍感亲切，在听故事的过程中逐渐接受了马克思主义新闻观的相关理念。

在范敬宜的首推和倡导下，清华首开的马克思主义新闻观课程日臻成熟，课程内容精华编辑而成的《马克思主义新闻观十五讲》《马克思主义新闻观拓展读本》和《马克思主义新闻观学生读本》均已出版，教材、师资短缺的问题均得到了解决，且教学相长成果丰硕，清华大学新闻与传播学院一举成为全国马克思主义新闻观教育的先行者。在那之后，全国各大新闻院校也纷纷开设了马克思主义新闻观课程。

2005年春，清华大学新闻与传播学院大二学生李强根据对老家山西省沁源县农村的社会调查写就的《乡村八记》获得了温家宝总理的肯定和赞扬。温总理给范敬宜回信谈新闻事业的责任心，谈培养学生对祖国和人民深切的了解和深深的热爱。时任中宣部部长刘云山和教育部部长周济都联系范敬宜，肯定了李强将马克思主义新闻观融入新闻实践的典型性，强调了开展马克思主义新闻观教育与研究，引导学生正确地了解国情的必要性（范敬宜，2011）[215]。

（二）创立马克思主义新闻学与新闻教育改革研究中心

范敬宜对于马克思主义新闻观统领教育教学的认识经历了一个变化的过程，在开头的两三年里，如何将马克思主义新闻观落实到教学和科研中去，让同学们接受，成了一个实实在在的难题。

2005年3月5日，温家宝总理为大二学生李强的《乡村八记》给范敬宜写了一封重要的回信，引起了不小的社会反响。时任教育部部长周济立即在电话中向范敬宜提出，学院应当以此为契机组建一个马克思主义新闻观教育教学的基地。周济在2006年1月13日进一步向范敬宜提出了具体的构想：

> 希望清华大学新闻与传播学院能够承担一个重要任务，带头建立具有中国特色、中国风格、中国气派的马克思主义新闻理论和教学体系……吸收一批高水平的学者和专家参加，用三到五年的时间来完成这个重大工程。（范敬宜，2011）[33]

五天后，时任中央宣传部部长刘云山也在电话中进一步肯定了清华的马克思主义新闻观教育，并对范敬宜说：

> 进行马克思主义新闻观教育，一定要从实际出发，关键是要使学

生了解国情,了解党的新闻理论,李强就是一个很好的典型。他主要是主动去了解实际,了解国情,用正确的立场、观点去认识当前的社会问题。温家宝总理所以这样重视李强的《乡村八记》,主要是因为他自觉运用正确的观点去了解国情,这样他就把学到的知识用到了正道上。由此可以理解为什么要用马克思主义新闻观来统领新闻宣传工作。(范敬宜,2011)[33]

几次谈话令范敬宜和院领导班子坚定了办好马克思主义新闻观教育的责任感和使命感。2007年1月18日上午,历经前后近三年的规划和筹备,清华大学马克思主义新闻学与新闻教育改革研究中心(以下简称"中心")正式成立,范敬宜担任中心首任主任。

教育部领导在中心成立仪式上评价道,清华率先在全国高校中开展马克思主义新闻观教学实践、学术研究和新闻教育改革,走在了全国高校的前列(范敬宜,2011)[216],高度肯定了范敬宜带领清华大学新闻与传播学院所做出的成绩。范敬宜在中心成立当天的讲话中指出,中心未来主要依靠整合校内外、学业界的力量和智慧,走开放型的发展道路,旨在建成一个庞大的马克思主义新闻学教学科研的智慧库(范敬宜,2011)[36]。

教育部高等教育司在2007年6月14日发布的《清华大学新闻与传播学院马克思主义新闻观教育经验报告》中,评价中心的成立"不仅标志清华大学新闻与传播学院的马克思主义新闻观教育与实践又迈出了新的一步,而且为清华大学新闻与传播学院以马克思主义新闻观指导科学研究搭建了一个很好的平台"(教育部高等教育司,2007)。

虽然有了一个好的开端,但范敬宜清楚地认识到了压力所在:"开展马克思主义理论研究的教学实践并不是开设一个课程就可以了,一是应当将马克思主义新闻观贯彻、融合到各个学科当中去;二要巩固已有的成效;三要和新闻实践结合起来;四是一定要依靠社会力量,走开放型的路子。"(范敬宜,2011)[216-217]正是在对马克思主义新闻观教育教学前景的充分分析下,范敬宜积极调动政府、媒体、学界、社会等各方面资源,将学院的马克思主义新闻观教育教学与学术研究逐渐引入轨道,至今持续推进。

(三)办学影响:高举旗帜,创新引领

随着马克思主义新闻观教育教学的深入推进,清华新闻教育的办学成效和影响初步显现,得到了中宣部、教育部的充分肯定。2006年,中宣部、教育部

以1号文件转发《教育部关于印发"清华大学新闻与传播学院教学与实践相结合调研报告"的通知》，2007年6月，教育部高等教育司下达《关于转发〈清华大学新闻与传播学院马克思主义新闻观教育经验报告〉的通知》，总结了清华大学新闻与传播学院以马克思主义新闻观"统领教学，指导科研，带动学生实践和就业"三方面的成就，对此给予了高度的评价，并建议将经验推广到全国各高校（教育部高等教育司，2007）。2008年，时任教育部部长周济同志专程到学院调研，充分肯定学院推动马克思主义新闻观教育教学的努力，为全国高校树立了榜样。他希望清华新闻学院能"以更加广阔的视野、更加开放的姿态、更加执着的努力，加快推进有中国特色、中国风格、中国气派的马克思主义新闻学科体系和教材体系的建设"（李彬，2011b）。

马克思主义新闻观教育教学的成效直接体现在学生们思想观念的变化上。胡显章回忆道：

> 一开始，外部对主流媒体不信任，对主流价值观的批评乃至攻击不少，甚至一提马克思主义就嘲笑，说什么"现在还提马克思主义啊？"清华提要强调政治观念，要面向主流，难免不被受用；同时，在当时社会背景下，同学们对面向主流也有许多不理解，如当同学们刚听说要上马克思主义新闻观课程时，多数是不解、存疑，有的甚至抵触，后来，范院长以坚定的信念、高超的艺术，带领大家上好课程，使同学们在实践中，感到"出乎意料"，甚至感到"惊喜"，认为这门课程"把我带进了一个新天地"，并引导自己"开始走向'主流'"。[1]

正如胡显章所说的那样，经过范敬宜不懈的努力，随着相关课程的学习和实践的不断深入，越来越多的学生认识到了马克思主义新闻观并不是僵化和枯燥的，相反，马克思主义新闻观有着鲜活的时代内涵，在不断与时俱进，这令范敬宜倍感欣喜。例如有学生一开始想不明白为何不能大量报道揭露社会阴暗面的新闻，在深入理解马克思主义新闻观后有了全新的认识：

> 中国，这个拥有十几亿人口的泱泱大国，在解决了衣食温饱之后，最怕的是什么？乱。乱为中国难承之重，转型期的中国社会，一旦放开舆论控制，这样的风险我们是否能坦然面对……稍有不慎，七上八下，所有天平上的老百姓都跟着狠狠地摔到地上，这样的后果实在吓人。（范敬宜，2011）[23]

马克思主义新闻观教育教学的成效还体现在学生们就业选择的变化上。清

---

[1] 内容来自与胡显章的线上访谈，访谈时间：2021年4月1日。

华大学新闻与传播学院建院之初，毕业生愿意去主流媒体和相关国家机关工作的比例不到20%。经过扎实推进马克思主义新闻观教育教学，到了2007年，这一比例达到了近80%，取得了显著成效。在2008年对人民日报社的回访过程中，人民日报社的主要领导对清华新闻学院培养的毕业生在政治素质和业务水平两方面给予了高度的肯定。时任人民日报社社长张研农热情地说："我们欢迎清华学生到人民日报来实习，来一百个也不嫌多！"（范敬宜，2011）[42, 115]

可以说，正是范敬宜出色的政治素养和开拓意识，使得清华大学新闻与传播学院自成立之初就有着坚定的办学方向和坚强的组织领导，得以在全国新闻院校林立的环境下，发挥创新引领的作用。事实上，面向主流需求，服务发展大局，持续改革创新，已经成为清华新闻教育重要的特质，一直延续至今。在2016年中央提出要"加快构建中国特色哲学社会科学"伊始，清华大学新闻与传播学院在柳斌杰院长的领导下，主动跟进和推动中国特色新闻学的学科建设。同年5月，清华大学新闻与传播学院与复旦大学新闻学院联合组建"中国特色社会主义新闻学教学研究基地"。2017年5月，清华大学新闻与传播学院、复旦大学新闻学院、中国人民大学新闻学院等联合发起成立"中国新闻史学会中国特色新闻学研究委员会"，由清华大学新闻与传播学院担任首任会长单位。同年7月，清华大学新闻与传播学院举办"首届中国特色新闻学高级研讨班"，至今已举办数届，吸引了学界一大批优秀青年骨干参加，广受好评。2018年，清华大学新闻与传播学院首次在博士生招生目录中开设了"中国特色新闻学"的研究方向。2019年，"清华大学新闻与传播学院中国特色新闻学实践教育基地"在人民日报社揭牌成立……

有大目标才能走远路，正是在范敬宜确定的办学理念指引下，清华大学新闻与传播学院积极抓住建设主流的重点、难点和要点，以较小的规模将自身建设成为中国新闻教育的重镇之一。

二、观点：素质为本，实践为用，面向主流，培养高手

范敬宜自担任清华大学新闻与传播学院院长之后，一直大力倡导"素质为本，实践为用，面向主流，培养高手"的教育理念，并多次在多个公开场合阐发和论述这一理念。这一理念基本解决了清华新闻教育"基本观点和定位"的问题，也成为清华有别于其他高校新闻教育的重要特点。

（一）理念的核心："面向主流，培养高手"

范敬宜受聘为清华大学新闻与传播学院院长经历了一个考察的过程。范敬宜有着丰富的新闻履历和过硬的政治素质，正是清华大学新闻与传播学苦苦寻找良久的绝佳人选，而范敬宜正好也有在退休后从事新闻教育的夙愿，故而二者一拍即合。

时任清华大学人文学院传播系主任的胡显章回忆了从内部考察范敬宜，到接触范敬宜，直至完成聘任的过程：

> 2000年我兼任传播系主任一个重要任务就是筹建学院，一是做好学科布局，引进人才；二是找一位学养丰厚、德高望重的院长。2001年秋天启动院长人选调查研究，在听取了传播系班子和几位骨干的意见后，集中在《经济日报》《人民日报》原总编辑、全国人大教科文卫委员会副主任委员范敬宜身上……
>
> 2001年10月30日，我向贺美英书记做了汇报，获得初步认可，11月6日传播系党总支书记王健华交给我她起草的院长人选意见报告，我立即送学校五人核心小组，除了不在场的王大中校长，其余均表示同意，认为范敬宜思想政治强，业界实践与管理经验丰富，文化底蕴深厚，作风亲民随和，能够胜任学院工作。虽然年岁较大，可以考虑先做一届。同时，表示支持与《人民日报》、新华社、CCTV、广电总局以及国务院新闻办形成紧密合作关系。11月12日，我向王大中校长汇报了对院长人选的考虑，他表示："范敬宜虽然年岁大了些，但总体情况还可以，看了他写文章，讲得有道理，只要五人小组其他同志没意见，我也同意。"他对开展与《人民日报》的合作也表示赞同。
>
> 这样我就可以与党委常务副书记陈希一起启动与范敬宜的接触工作了。我先通过因在新华社工作过，对范敬宜比较熟悉的李希光与范作了个人接触，了解范是否愿意出任院长。11月13日晚，李反馈回信息：范表示了愿意出任院长的意向。当晚我即向陈希同志做了汇报，陈还表示："范敬宜出任院长后，你应该兼任常务，配合他开展工作。"15日，陈希对我说："文科领导小组组长贺美英书记表示，可以与范敬宜同志接触，请他出任院长。贺美英还认为学院成立时胡显章不能离开。"
>
> 12月14日，陈希外出返校后，即带着我、王健华赴人大会堂见

范敬宜同志，大家一见如故，气氛十分融洽。在听取了我们关于建院的设想后，他说："自己从人民日报社的岗位上退下后，有一个夙愿，就是办新闻教育。"他说，过去大学出来的新闻专业毕业生不好用，常常要"回炉"。从清华的地位和影响看，不能培养一般的新闻人，而是要培养主流媒体用得上的"高手"，并表示如能参与这个过程，是自己的荣幸。

这样，聘请院长的工作就算落定了。在回校的路上，我们都对能够请到这样一位德艺双馨的，与业界有广泛联系并享有很高威望的长者出任新闻与传播学院院长（感到十分欢欣鼓舞），而且，他本身就有办教育的夙愿，真是十分难得。

12月17日学校五人小组正式通过范敬宜的院长人选，表明可以加速推进新闻与传播学院建院工作了。2002年元月4日，贺美英书记代表学校与范敬宜见面，告知学校聘其出任即将成立的新闻与传播学院首任院长的决定，陈希常务副书记、胡显章副书记，还有传播系党总支书记王健华在座。随后，我陪同范敬宜与传播系全体老师见面。这样，建院一事正式上轨道了。[1]

在正式受聘担任清华大学新闻与传播学院院长后，范敬宜进一步确立和完善了"素质为本，实践为用，面向主流，培养高手"的办学方针，并多次在多个公开场合加以阐发和论述。具体而言，就是要"培养为主流媒体服务的高素质、复合型、国际化的优秀新闻与传播人才"（范敬宜，2011）[111]。

所谓"主流"，既包括主流媒体、主流领域，更包括主流的价值观；所谓"高手"，不仅要自觉坚持正确的舆论导向，还要有丰富的学识和好的文笔。这一理念不仅要求学生掌握专业知识，更要掌握马克思主义新闻观，让新闻教育办得"有导向"（王健华，徐梦菡，2017）。

然而这一理念一经推出，就遭受到了一定的议论和质疑，质疑的焦点自然是落在了"面向主流"上。有学生曾就这一点提问："是不是只有党报和国字号媒体才算主流？""在媒体越来越趋于多元化的形势下，这一理念是否显得过时？""新闻一般要求用事实说话，为什么还要强调导向？""强调导向是否会导致脱离事实、强加于人？"

对此，范敬宜在多个场合进行了阐释和解析。在2005年2月18日的清华大学新闻与传播学前沿讲座上，范敬宜指出，"面向主流"是由清华大学的地位

---

[1] 内容来自与胡显章的线上访谈，访谈时间：2021年4月1日。

所决定的，如果不是为主流媒体服务，那么就没有必要在这样一个理工科建设更强的学校中设立新闻学院（范敬宜，2011）[83-84]。2006年7月7日，在清华大学新闻与传播学院全院教师会议上，他对"面向主流"进行了最为清晰的界定。范敬宜指出，要贯彻好"面向主流"，核心要做好三个方面：一是培养学生主流的意识，也就是政治意识、责任意识、大局意识、导向意识，将马克思主义新闻观贯穿在新闻传播教育教学中；二是引导面向主流的就业，重点为主流媒体培养和输送合格的、优秀的新闻与传播人才；三是营造团结、和谐、奋进的培养环境，打造好教师队伍，为学院的人才培养保驾护航（范敬宜，2011）[142]。

范敬宜还就"主流媒体"的范围进行了界定：

> 1.中央和省、区权威性的报纸、刊物、电台、电视台、网络，或在国际国内有较大影响的、导向正确的媒体和出版机构；2.中央和省、区的领导机关或主管新闻、出版工作的部门；3.国内著名的新闻与传播院校和研究机构。（范敬宜，2011）[142]

对"主流"的肯定和反复强调，凸显了范敬宜对于清华新闻教育教学方向的明确判断和坚定决心。对"主流"的坚持和融入，也构成了清华新闻教育在整个中国新闻事业结构中的核心定位和核心竞争力。

另外，在"培养高手"方面，范敬宜提出过一个重要的理念——"博古通今、学贯中西"，并针对几个"贯通"进行了补充："古今贯通，中西贯通，文理贯通。"（范敬宜，2011）[194]这一重要理念分别强调了新闻工作者的历史修养、国际视野和跨学科积累，是范敬宜对于培养学生"综合素质"的全面理解。

> 培养高手到底是什么标准？我们提出来三条，一是具有高度的社会责任感和使命感；二是有丰富的学养；三是要有好的文笔，特别强调练笔，要练出一手好的文笔。（范敬宜，2011）[196]

在清华大学新闻与传播学院建院之初，作为院长的范敬宜提出"面向主流，培养高手"的理念，强调开展马克思主义新闻观教育，无疑为清华大学新闻教育竖起了旗帜，同时阐明了这一理念重要的战略意义与建设方向。而今，"面向主流，培养高手"的育人理念已在清华大学新闻与传播学院深深扎根，成为清华新闻教育传统的一大特色。其中政治素质和文化素质是新闻学子作为未来新闻工作者最需具备的两项素质，也是范敬宜最为强调的两项能力。

"主流"和"高手"，不仅是范敬宜自身作为卓越新闻人的两个重要的标签，更蕴含了他对当代中国新闻人才观的深刻理解。这一理念至今仍具有极大的稳定性与包容性，成为清华大学新闻与传播学院办学的灵魂。

（二）重视政治素质："政治家办报"思想

党报的性质和承担的任务决定了政治素质是新闻工作者的首要素质（路敦英，李长江，高永强，1999）。范敬宜一再强调重视培养学生的"政治意识、大局意识和责任意识"，而这三个意识，基本也概括了范敬宜对新闻学子政治素质方面的培养目标。

范敬宜在上课时注意到，有些同学喜欢提李大钊的名言"铁肩担道义，妙手著文章"，但容易陷入个人英雄主义的误区中，分不清担的是国家和人民的"道义"，还是他自己的"利益"（何大生，2010）。对此，他深切地体会到加强马克思主义新闻观教育的迫切性，需要让同学们尽早对新闻与政治的关系有一个正确的认识。

涉及新闻与政治，范敬宜对党报理论中经典的"政治家办报"思想颇为认可和推崇。他对"政治家办报"以及新闻工作者如何处理新闻与政治关系有过明确表述：

> 新闻工作总的来说是一项政治工作。不仅在中国如此，在外国也是一样：真正优秀的新闻工作者往往都是政治家……
>
> 记者的修养第一步就是要把自己塑造成为纵览五洲风云、胸怀万家忧乐的人物。这才叫作政治家，不是空头政治家。（范敬宜，2011）[84-86]

范敬宜未曾系统地总结过新闻工作者如何贯彻"政治家办报"思想，但可以从他过往的表述中总结出三个要点。

一是大局意识，审时度势。范敬宜指出，审时度势、把握大局有两个角度，分别是空间和时间。空间上要求新闻工作者的站位得高，时间上要求新闻工作者学会把历史和现状融会贯通（范敬宜，2011）[91-92]。范敬宜谈道："我们倡导'政治家办报'，那么政治家的特点是什么？是审时度势，权衡利弊，从而作出正确判断。"（刘鉴强，2002）

二是了解国情，深入群众。凡是新闻的"大家"，都是对中国国情、世界时情了如指掌的新闻人，如王韬、梁启超、邓拓等。范敬宜同样强调，真理永远掌握在广大人民手里，只有到了基层才知道大局是怎么回事。因此，范敬宜在1978年重新从事新闻工作的时候，就坚持"缩短宣传报道和群众的距离"，坚持了解国情、民情（范敬宜，2011）[182-183]。

三是正确引导，担当责任。范敬宜认为，新闻工作者应当在思想上将把握正确舆论导向作为第一责任，正所谓"导之有责"；另一方面，要遵循正确的方法，以正确的舆论引导人，不能刻板地说教，正所谓"导之有方、导之有术"（范敬宜，2004a）。

2001年6月26日，范敬宜还未担任院长之职时，曾来清华做过一次名为《如果有来世，还是做记者》的演讲，其中提到："如果有人问我，做新闻工作最基本的政治素质是什么？我的回答是：就是对党的新闻事业的深沉的热爱。"（刘鉴强，2002）这种对党新闻事业的热爱，正是范敬宜经过半个多世纪的新闻实践，对政治素质最直接的体会，也是最深刻的阐释。

（三）强调文化素质：文化与政治相统一

"素质为本"的"素质"，主要就是指新闻传播工作者的综合素质，特别是文化素质。范敬宜从切身经历出发，指出新闻工作者拼到底最后还是拼文化，培养和提高新闻人才的文化素质，这是培养"知识渊博，学贯中西"人才的题中之义，应当渗透到各个学科（课程）中去（范敬宜，2011）[141-142]。

范敬宜晚年力倡"新闻中的文化"，并强调文化素质与政治素质相统一。他在2007年《解放日报》主办的"文化讲坛"上曾经说道：

> 从近百年的中国新闻史来看，凡是杰出的新闻大家，几乎都是杰出的文化人。王韬、章太炎、梁启超、张季鸾，一直到毛泽东、瞿秋白、邹韬奋、恽逸群、胡乔木、乔冠华等，这些人既是杰出的政治家，又是学养丰厚、才华横溢的文化人，政治品质和文化修养在他们的身上和笔下都得到了完美的统一……
>
> 20世纪50年代中期以后，"左"的思潮泛滥，其中对我们新闻界影响最大的就是把政治和文化对立起来。只强调新闻的意识形态属性，而不强调新闻的文化属性；片面地强调政治家办报，而一概否定文化人办报，甚至于把既有政治头脑，又有丰厚文化修养的邓拓同志也当成"书生办报"、"死人办报"的代表批了很久。（范敬宜，2011[51-52]；李彬，2011b）

范敬宜认为，新闻人不能没有"政治"的意识，也不能没有"文化"的加持。在新闻领域中，如何处理好政治与文化的关系，是一项非常重要的命题。只知道讲政治，却不懂讲文化的后果就是"只知道旗帜鲜明，不知道委婉曲折；只知道理直气壮，不懂得刚柔相济"（范敬宜，2011）[53]。

改革开放之后，许多新闻院校引进了西方的新闻传播理论，然而范敬宜发现，很少有院校会专门设立一门诸如"新闻与文化"这类主题的课程。这令他非常失望，也使他萌生了开设这类课程的想法。

2005年春季，范敬宜在学院正式开设"新闻中的文化"[1]一课，在当时是作为面向全校的新生研讨课（曾维康，朱爽，2010）。在课上，范敬宜强调"新闻与哲学的关系、新闻与历史的关系、新闻与文学的关系、新闻与艺术的关系"，拓宽学生在新闻专业以外的知识（范敬宜，2011）[196]。范敬宜将新闻写作理解为"把逻辑与文采很好地结合起来"（纪忠慧，2011），强调在新闻写作中不仅要重视行文逻辑，更要重视对文化要素的应用。据曾维康回忆，范敬宜的其他课程由于身体原因陆续停开，但只有这门课程是他一直坚持下来的。

在范敬宜2010年4月12日的手稿《我们为什么要开设"新闻与文化"课》中，范敬宜提到：

> "新闻与文化"这门课，是清华大学新闻与传播学院的一道"特色菜"。据我了解，在全国的新闻与传播学院中，开设这门课的，可能我们是独此一家。这门课程，从2005年开始设立，到现在已经坚持了五年。无论是学界还是业界，对这门课的意义和作用，由开始的不太理解、不太重视，到逐步理解和重视……我很担心这门课程会"无疾而终"[2]。值得欣慰的是，无论是胡显章老师、王健华老师、李希光老师、尹鸿老师、李彬老师，以及周庆安老师等，都始终重视和支持把这门课程放在一个重要位置，既没有削弱，更没有取消。[3]

可见，对新闻文化的重视，从一开始范敬宜的首倡，到后来已经成为全院老师的共识。这门课作为范敬宜极为重视的"特色菜"，至今仍在学院开设，由李彬教授担任授课教师。

三、方法：重视实践教育，塑造学院文化

让新闻教育教学融入业界，重视对学生的实践教育，是实现"面向主流，培养高手"的重要方法，是实践马克思主义新闻观，解决新闻院校毕业生参加工作后仍需"回炉"这一问题的重要路径。

---

[1] 据李彬教授回忆，这门课程从设立之初就叫"新闻中的文化"，课程名是范敬宜的主张，强调文化的主体位置。但范敬宜私下还会叫成"新闻与文化"。相较于正式的课名对文化的突显，"新闻与文化"这一课名中新闻与文化处于相对平行和辩证的位置。

[2] 当时范敬宜的病情已较为严重。

[3] 内容来自范敬宜2010年4月12日手稿《我们为什么要开设"新闻与文化"课》。

（一）重视专业实践教育：拉近学生与主流媒体的距离

在开展专业教育之初，范敬宜发现学生和主流媒体之间彼此都存在偏见和成见——主流媒体觉得学生脱离实际、好高骛远，甚至崇洋媚外，而学生觉得主流媒体思想僵化、作风刻板——这种根深蒂固的成见已经影响到了学生们对马克思主义新闻观的认知（范敬宜，2011）[113]。

这种刻板成见让范敬宜意识到，如果不尽快消除学生们对主流媒体的认识误区，那么"面向主流"的宗旨和马克思主义新闻观教育将无从谈起。当今社会上仍然存在不少对党领导下的新闻媒体的误解，这种误解一方面是来自各种复杂社会思潮的影响，另一方面是同学们对主流媒体缺乏感性的了解（范敬宜，2011）[112]。要解决这种误解，不能靠生硬的说教，而要紧紧依靠马克思主义理论与实践的结合，一方面让学生们走向田野、走近国情，另一方面让他们走进主流媒体、走向新闻报道的一线。这是马克思主义新闻观教育的重要性、合理性和科学性所在。范敬宜表示：

> 只有了解什么是主流媒体才能了解什么是马克思主义新闻观，才能了解中国共产党的新闻传统、新闻理念、新闻政策。这不能靠一般的讲课，更不能靠生硬的手段，而要靠事实、靠实践、靠潜移默化，让学生在事实的教育当中心悦诚服地接受。（范敬宜，2011）[128]

因此范敬宜在担任院长期间，大力推动学生进入主流媒体，同时拉动主流媒体进入校园，拉近二者距离，使二者可以沟通融合，进而消除误解。

为了做好这项工作，范敬宜主要通过六项具体措施来达到预期目标。

第一点，不断邀请主流媒体的领导和著名的、有成就的记者编辑来学院讲课。第二点，不断组织学生到主流媒体去实习。第三点，鼓励学生往主流媒体投稿。第四点，请主流媒体的著名记者编辑为学生的作业进行点评。第五点，鼓励大家关心国家大事。第六点，朝主流媒体的方向进行引导、支持和积极推荐。（范敬宜，2011）[128-129]

范敬宜在2005年接受人民网访谈时特地谈到，要让高校新闻教育与新闻职业要求相对接。这不仅因为主流媒体是学生学习马克思主义新闻观最直接的渠道，更是为了加强新闻教育的实务性，使之与实际情况联系得更加紧密些（人民网，2005）。

范敬宜的这一教育教学理念获得了显著的成效。经过三年的教学实践，清华大学新闻与传播学院应届毕业生报考主流媒体和相关国家机关工作的人数不断上升，占比为2002年40%，2003年60%，2004年72%，到2005年则接近90%。多数学生上岗后表现了较强的适应性，受到用人单位的欢迎（胡显章，2005）。

在看到学生的变化后，范敬宜不禁感慨，一些原来对马克思主义新闻观可能抱有偏见的学生，在主流媒体实习和工作了一段时间之后，简直"判若两人"（范敬宜，2011）[138]。范敬宜主动拉近学生与主流媒体的方法收获了实实在在的育人效果。

（二）重视社会实践教育：离基层越近，离真理越近

除了专业实践教育，社会实践教育也是范敬宜所提倡的实践教育重要的另一个方面。范敬宜认为，做新闻的"高手"，不仅要读万卷书，更要行万里路。加强社会实践，了解国情民情，都是新闻实践教育工作中非常重要的环节。

"不要老是把眼睛放在几平方公里的脚下，而看不到九百六十万平方公里的土地。"这句话，从前他对报社的记者们说，在课堂上他则对新闻学子们说。

范敬宜在2009年清华大学新闻与传播学院新生入学教育上，就谈到社会实践的重要性，再次强调了"离基层越近，离真理越近"：

> 我一直讲："离基层越近，离真理越近。"有人说这话片面：离基层越近，不就离中央越远了？我说不能用这种逻辑来套。凡是受欢迎的中央政策，也肯定是来自群众，受群众欢迎的。而群众最知道哪个是对的、哪个是错的，因为他们长期生活在基层，对政策的得失感受最真切，也最敏感。（范敬宜，2011）[163]

可以说，没有实践育人的理念，没有鼓励实践的教学氛围，就没有李强的《乡村八记》。2005年寒假，清华大学新闻与传播学院二年级本科生李强在山西省沁源县老家开展了一项为期八天的农村现状调查，以札记的形式写成了近四万字的农村调查报告《乡村八记》，经范敬宜呈送温家宝总理后，于4月28日收到温总理亲笔回信，顿时引起了强烈的社会关注和反响，后《人民日报》于6月16日专门对此进行了报道。

在被问及这篇报告如何被发掘时，范敬宜指出，学院的学生在入学的时候，都会收到一份书单，包括指导如何阅读和如何开展调查研究的书籍，如费孝通的《乡土中国》和曹锦清的《黄河边的中国》——这两本也正是影响李强开展农村调查的主要书籍。李强在中宣部召开的一次座谈会上谈到了他开展调查的动因：

"我很庆幸自己学习、生活在清华新闻与传播学院这样的环境中，

这里有很多老师指导我们静下心来读一些真正意义上的大作……可以说，如果没有这两本书，我的寒假实践就无从谈起，因为即使我去了，我也无从进行科学有效的调查，从而真正受到教育。"（范敬宜，2011）[138]

（三）言传身教：一切为了学生

除了承担院长的职务，范敬宜在古稀之年，还亲自为本科生和研究生开课。他开过的课包含了新闻评论与专栏写作、新闻中的文化、记者素养和采编艺术和马克思主义新闻观。据李彬（2010）回忆，范敬宜每次授课都会认真地撰写教案，且每学期的课纲都会不断修订和补充，往往在手稿周边布满密密麻麻的增订内容。对于学生的作业也同样一丝不苟地逐篇批阅，俊丽的小楷让学生不禁感慨自己的作业简直成了"文物"。

对于课堂，范敬宜始终保持着敬畏之情，对自己的课程保有高度的责任感。根据他的一位助教回忆，范敬宜从未在自己的课程中迟到：

那是隆冬的一天，下着雪，交通拥堵不堪。但范爷爷在上课前半小时就到了。他穿着黑色的长大衣，自己提着个大包。穿得像圣诞老人一样，一步步摇摆着走进教室。见到惊讶的助教，老人笑呵呵地说，天下雪，怕上课迟到，所以提前了一个多小时出门。（周劼人，2010）

清华大学新闻与传播学院1999级本科生陆娅楠回忆道：

范爷爷的办公室只要每天早上一开门，就总是会有络绎不绝的学生过去找他，赖在他那儿吃点心、侃大山。范爷爷也会乐呵呵地看着他们，替他们解答他们的思想困惑，与他们分享他的陈年往事。我们很喜欢去他那里，他也很喜欢我们去。他是做过正部级职务的领导，但他的办公室大门永远为学生开着。[1]

清华大学新闻与传播学院2005级本科生周劼人，曾经担任学生媒体《清新时报》总编辑，在范敬宜去世后含泪撰文，写道："像范敬宜这样的高校领导之所以得到学生敬爱，恰恰因为他们表现得'很不领导'。"（周劼人，2010）

学院原党委书记王健华教授坦言，范敬宜与学生融洽的关系十分令人"嫉妒"，而且一旦发现学生的优秀习作，在欣喜之余，他还会不遗余力地为其寻找发表平台：

他那么大一干部，咱们同学写个什么东西他都给往上送，送到人

---

[1] 内容来自与陆娅楠的访谈，访谈时间为2018年4月9日，访谈地点为北京市人民日报社。

民日报社,送到政府各个部门,还送到温家宝总理那儿。《人民日报》有好几次都登了我们学生的作品,学生很受鼓舞。他就是这脾气,一看见学生写的一个好作品,他就欣喜若狂,特别兴奋,然后就想着往外面送。我经常说,你这么一个大记者、大领导,亲自送一个学生的作品,觉得有点犯不着似的。但是他就是很坚持这么做的。[1]

范敬宜将学生视为有独立观点的个体,不仅尊重他们的意见,更会用平等的姿态与他们对话。也就是在一次次的对话和交换意见中,范敬宜完成了对学生们潜移默化的影响和教育。这种影响可以深至价值观和道德层面,真正达到了"全方位育人"的实际效果。

范敬宜在他的笔记《清华园的"孩子们"》中饱含深情地写道:

> 其实,清华大学师生间这种学生视教师为父母,教师视学生为子弟的亲情,不是始自今日,而是有悠久传统的,甚至可以追溯到梁启超、王国维、朱自清那一代……这种既传统又新型的师生关系正在发扬光大,"爱"与"严"的统一,构成了清华优秀人才不断涌现的源泉之一。(范敬宜,2002)[148-150]

(四)学院文化:正气、和气与朝气

范敬宜对清华大学新闻与传播学院的影响和塑造不止于教育教学领域,更多的还体现在影响了学院的文化和气质上。范敬宜给这所新兴的学院带来了"正气、和气和朝气"。

范敬宜给学院文化带来的影响,体现在他树立了以马克思主义新闻观为指导的政治文化,要求教师把思想教育与专业教育结合起来,把教书和育人视为一个整体,用贴近学生的形式将马克思主义新闻观融入专业课的讲授中。教育部2007年的《清华大学新闻与传播学院马克思主义新闻观教育经验报告》评价:"清华大学新闻与传播学院凝聚了一支以马克思主义为指导、理论功底扎实、能打硬仗的老、中、青结合的学科带头人和教学骨干队伍。"(教育部高等教育司,2007)

对此,胡显章评价道:

> 范院长对学院的影响首先是确立了学院的政治文化。所谓政治文化,是指政治理想、信念、理论、评价标准等政治意识形态的表现。

---

[1] 内容来自与王健华的访谈,访谈时间为2019年11月4日,访谈地点为清华大学新闻与传播学院。

范院长在建院之初为学院确立的"素质为本，实践为用，面向主流，培养高手"的办院理念以及他身体力行的实践，为学院营建了宝贵的文化生态，影响了学院的目标定位、教育思想、队伍建设和人才成长，影响了整个学院的院风。[1]

范敬宜对教育理念和教师队伍大方向的准确把握，是他带给学院文化传统的"正气"。

范敬宜给学院文化带来的影响，还体现在他对学院师生全心全意的爱护和照顾上。同为范仲淹后人的暨南大学新闻与传播学院院长范以锦教授，在评价范敬宜时说道：

> 我最佩服他什么呢？他真正地将自己的学问教给学生，还亲自给学生去上课……他有实践的经验，也有理论的功底，所以他讲的课就比较接地气，学生就很明白……他随时会跟学生交流，学生有什么事找他，他都会很用心地跟他们聊……还有就是充分利用自己的社会资源，作为一个省部级领导，学生的一些问题，他都会想办法去解决……这是他非常难得的地方。[2]

他对教师队伍的建设十分上心，对教师们总是尽心相待。作为曾经并肩战斗的"战友"，王健华说："有的时候觉得什么事不顺心、想不通了，我就跟范院长打电话，约他到'清香林茶馆'喝茶，听我诉苦。他看什么都很透彻、平淡，几句话就给你把心结解开了。"胡显章也表示：

> 他所凸显的为人气质、工作作风和办事风格，深深地影响了师生员工。在范院长离去时，我曾经在纪念他的文章《抖起精神继承范敬宜院长未了的事业》中写道："范院长是一位具有很强的亲和力、感染力和凝聚力的领导。能够与他共事是荣幸而愉快的事情，范院长也多次谈到在清华工作是他最愉快的经历……"

> 他十分珍惜从事新闻教育的实践，也十分爱护清华大学的新闻与传播学院，而且特别注意院风建设……学院能做到这一点，最重要的是当家人"范爷爷"的博大胸襟、高风亮节和为人的谦恭、平和、务实。我们打心底尊重他，受到他的熏陶和影响，他是我平生在身边遇到的最有人格魅力的领导者。

---

[1] 内容来自与胡显章的线上访谈，访谈时间为2021年4月1日。
[2] 内容来自与范以锦的访谈，访谈时间为2019年12月2日，访谈地点为暨南大学新闻与传播学院。

当然，这并不是说学院内部不存在矛盾，特别是建院前后几位领军骨干有过彼此不认可、不协调，个别还出现过"你留我走"的局面，但是，在范敬宜这位大家长主持下，也包括"铁三角"（范敬宜、胡显章、王健华）的合力工作，学院总体上还是呈现和谐向上的氛围。

当时，早期参与传播学系开拓性工作的新闻学教授刘建明就说，我们新闻与传播学院，比起一些兄弟院校有一个优势，就是齐心合力。这与清华大学整体和谐的氛围分不开。在建院之初，我曾经邀请过原党委书记贺美英前来参加院中心组组织生活，谈清华班子团结合作的传统。现在范敬宜院长已经离我们而去十余年了，但是，他的影响依然存在。在学院党政领导的引导下，无论是学院的政治文化或是生态文化，显得更加协调，更加成熟了。[1]

对学生和教师的爱护，是范敬宜带给学院文化传统的"和气"。

范敬宜给学院文化带来的影响，还体现在他带领学院教师积极探索办学方向，不断积累有益经验上。例如在探索马克思主义新闻观教育教学方法上，学院的青年教师在资深教授的带动下，积极主动地在自己的专业课程中，引导学生深入北京市农民工群体开展调研，加强学生对国情、民情的认识，取得了很好的实践教学效果（教育部高等教育司，2007）。范敬宜在制定学院的"五年规划"时曾说："我们这支教师队伍，是一支富有朝气、富有创新精神、进取精神和团结精神的队伍。我们一定要加倍珍惜这样一个难得的环境和机遇，同心同德，群策群力，把这件关系到学院发展前景的大事办好。"（范敬宜，2011）[142]

可以说，对待新闻教育事业锐意进取、不断创新，是范敬宜带给学院文化传统的"朝气"。

四、范敬宜与当代中国新闻人才观

在日益复杂的国际政治环境、舆论环境中，中国的新闻舆论工作承担的责任越来越艰巨，面临的挑战也越来越突出。新闻舆论工作的核心支撑是高素质的新闻人才，而要培养高素质的新闻人才，首先要树立符合国家需要和时代要求的新闻人才观。中国近现代新闻事业诞生一个多世纪以来，新闻人才观发生了多次转变，这些观念直接决定了不同时代新闻人才的培养与成长。

---

[1] 内容来自与胡显章的线上访谈，访谈时间：2021年4月1日。

（一）通才、史家、政治家与批评者：百年来中国的新闻人才观

新闻人才观，即何为新闻人才以及如何培养新闻人才的观念。徐新平（2003）曾经将中国新闻人才观的发展整理为三个阶段，分别为通才办报、史家办报和政治家办报。

"通才办报"由"中国记者之父"王韬于1878年提出（徐新平，2003）。在传统封建时代的人才观中，人才就是熟读儒学经典，并能熟练掌握其中的理论原则和道德准则的人。人才的选拔者往往认为，通读四书五经的"通才"可以自然而然地应付从政生涯中的种种问题，并将这种"通才"视为一种典范（柯文，2016）[147]。王韬对传统的人才观进行了批判和发展，强调了专才的重要性，并在此基础上提出了自己对于办报通才的理解：博采群言，兼收并蓄，同时开阔视野，既有传统文化的根基，又有学习西方先进知识的意识（柯文，2016）[151]。可以说，王韬的"通才办报"理念与近代中国新闻业诞生时期的人才储备情况、现实需求是符合的，且深刻地影响了中国新闻业的人才观，时至今日，中国新闻业界广泛认可的"记者是杂家"理念也与"通才办报"理念一脉相承。

"史家办报"由梁启超最初倡导，与"通才办报"一道，成为中国20世纪上半叶资产阶级报人对新闻人才的两大要求（徐新平，2003）。在"史家办报"的新闻人才观看来，新闻人才应当承担起记录时代的重任，具备忠实记录时代的"史家"素质。这一点也影响到了章太炎、蔡元培、徐宝璜等人对新闻人才的观念，正如在1919年出版的中国最早的新闻学著作徐宝璜《新闻学》中蔡元培作序所言："余惟新闻者，史之流裔耳"，"虽谓新闻之内容，无异于史可也"（徐宝璜，1994）[5]，即将新闻视作了记录历史的一种载体，正所谓"今日的新闻即明日的历史"。因此，新闻记者要具备忠实、准确地记录时代的"史家素养"，成为中国新闻界对于新闻人才素质的一种共识。这一理念与新闻真实性的要求契合，也逐渐成为新闻人的自我要求。

在新中国成立之后，毛泽东在50年代末明确提出"政治家办报"的要求，强调新闻工作者应当像政治家一样具备政治意识、政治素养和政治责任感，能在复杂的政治局势中，尤其是在大是大非的问题上把握准方向。1957年4月10日，毛泽东对《人民日报》这一时期的工作提出批评："最高国务会议和宣传工作会议，已经开过一个多月了，共产党的报纸没有声音……过去我说你们是书生办报，不是政治家办报。不对，应当说是死人办报。"（中共中央文献研究室，2013）[131]同年6月7日，毛泽东在召见时任中宣部副部长胡乔木和人民日报总编辑兼新华社社长吴冷西时，提出："写文章尤其是社论，一定要从政治上

总揽全局，紧密结合政治形势。这叫做政治家办报。"这是"政治家办报"的内涵第一次得以明确（朱清河，张荣华，2009）。"政治上总揽全局，紧密结合政治形势"，这句话构成了"政治家办报"理念的核心观点。

毛泽东一直将新闻媒介视作一种革命和斗争的武器，将新闻事业作为党的事业的重要一部分来对待（程曼丽，2001）。这一思想经过党的几代领导人不断丰富和发展，已经成为一套成熟的新闻理论，为新中国培养新闻人才提供了重要的思想指引。这一思想也成为中国共产党党报理论中重要的组成部分，是党在新闻事业进入到历史新阶段后所做出的重要论断，也是毛泽东对马克思主义新闻观中国化做出的开创性贡献。（熊忠辉，李暄，2016；郑保卫，2018）

"政治家办报"理念成为新中国成立以来中国新闻人才观中的核心要求，在建设与改革时期成为新闻舆论工作的重要指导思想。进入新时代，新闻舆论工作成为"治国理政、定国安邦"的大事，对"政治家办报"的要求更加突出，其具体检验标尺就体现在是否坚持马克思主义指导和中国特色社会主义道路。是不是确立了马克思主义新闻观，是不是自觉在思想上、政治上、行动上与党中央保持高度一致，是不是忠实宣传党的理论和路线方针政策，是不是严格遵守党的政治纪律、宣传纪律和长期形成的规矩，是不是在大是大非面前具有政治定力，这些都是评判是否做到了"政治家办报"的重要依据（杨振武，2016）。

然而，不可否认的是，在20世纪80年代西方传播学进入中国新闻学界后，中国的新闻人才观一定程度上受到西方新自由主义思潮的影响。这种新闻人才观认为新闻人应当秉持客观主义、去政治化的报道立场，坚守新闻专业主义，在相当长时间里获得了相当大的影响力，至今仍有不少拥趸。这种新闻人才观理论以"结构功能主义-行为主义"为主导范式，基于"政府-社会"的二元对立，突出新闻记者和新闻媒体的社会监督职能，同时也注重新闻媒体的商业利益实现，由此强调新闻人的"批评者"角色，突出新闻报道对象选择的冲突性与负面性。作为"批评者"，新闻人对社会总体上保持一种"旁观者"的姿态，对政府与各类公权力保持距离，新闻人自身以保持独立感为追求。这在当代中国的新闻界中，无疑也成为一股得到许多认同的新闻人才观念与实践。

值得重视的是，在马克思主义新闻观的教育与研究中，对作为"批评者"的新闻人才观的批评也逐渐深入。这种新闻人才观引进于美国，服务于美国资产阶级统治阶层的利益，在国际传播中体现美国的霸权主义和冷战思维，在国内传播中忽视普通民众特别是少数族裔的声音，面对弱小国家和弱势群体时选择性失声，对社会主义制度抱有敌视，对美国对外战争中虚假信息予以传播与放大，都体现了这种人才观的鲜明政治立场。

自2020年全球爆发新冠疫情以来，美国新闻界的种种实践表明，貌似去政治化的西方新闻理论及其人才观正在政治斗争面前显露出其维护美国国家利益的政治实质，专业主义人才观的缺陷愈发明显：在时间维度上，彻底抛弃了新闻专业主义一贯鼓吹的客观、公正等传统，新闻机构以政治立场画线，从传承性上出现了明显断裂；在空间维度上，孤立主义、保守主义以及极化思想的抬头使得专业主义新闻观不再具备全球范围内的普世意义。事实上，美国新闻媒体的立场分化与极化已经愈发难以将分裂的美国社会各阶层行之有效地团结在一起。2016年美国总统大选期间，主流新闻媒体集体预测失误，时任美国总统的特朗普斥责CNN等主流媒体为虚假媒体，美国新闻从业者和新闻媒体在国内遭受了前所未有的信任危机。而作为"批评者"的新闻人才观也日益在实践中暴露出其消极性的社会效果。

尽管西方新闻观念在实践中遇到许多自我矛盾与明显缺陷，当前中国新闻人才培养的模式仍旧相当程度上依赖和模仿西方新闻人才的培养模式，新自由主义、新闻专业主义等大量舶来的意识形态和理论观点依然或多或少地出现在中国的新闻教育中。缺少马克思主义新闻观的批判性分析，缺少中国本土理论和范式的支撑，使得培养出来的新闻人才缺乏中国特色的理论基础、现实经验和人文关怀，在面临重大的国际传播挑战和重大社会事件挑战时，中国新闻人才的战斗力和引导力面临着更大的考验。因此，突破"西方理论-中国经验"模式，将中国作为方法和视角，深耕本土的新闻理论，发掘本土的新闻经验，培养本土的新闻人才，已经成为建构中国特色新闻学和中国新闻人才观愈发紧迫的历史使命。

（二）范敬宜：当代中国卓越新闻人才的代表者

正如前文所分析的，当代中国新闻人才中，若要称得上"卓越"二字，至少要满足通才、史家和政治家这三种要求，也就是说要具备融贯中西的视野，要以记录历史的心态去报道新闻，要像政治家一般具备坚定的政治立场和判断时局的能力。纵观百年，能做到上述三者的新闻人少之又少，而当代新闻人范敬宜正好满足这三点要求，堪称当代中国卓越新闻人才的代表者。

从范敬宜1951年进入东北日报社工作，开启新闻职业生涯，到他最后担任人民日报社总编辑，再算上他2002年至2010年开展的新闻教育工作，范敬宜近六十年的职业生涯主要是在新闻领域度过的。正是这种极其深厚而丰富多彩的新闻实践与新闻教育积累，使得范敬宜成为当代中国新闻人中不可多得的领军人才。

范敬宜是中国报业史上一位难得的"通才",文贯中西,博古通今,精通书法、诗词和国画。季羡林就曾赋予范敬宜"四绝"的美誉,即"诗书画"三绝之上,再加一个"学贯中西"之绝,"古人难以望其项背"(羊慧明,2010)。这与王韬所提倡的"扎根传统、兼学西方"的"通才"人才观十分吻合。范敬宜在中国传统文化中的深度浸润,令他有了济世爱民、求真求新的新闻理想,也有了大道至简、大巧不工的亲民文风。他的新闻作品不仅是贴近人民的扎实报道,更是娓娓道来的文学佳作,独成一派大家风格。

范敬宜对新闻人缺乏文化素养的问题非常看重,在2007年做客解放日报报业集团举办的"文化讲坛"时,作了题为《媒体的浮躁在于缺少文化》的主题演讲,其中提出新闻界的一个问题:"现在我们处理新闻不大讲究艺术,通病是:只知道旗帜鲜明,不知道委婉曲折;只知道理直气壮,不知道刚柔相济。"而他自己到清华工作后,专门开设了一门"新闻中的文化"课程。

其次,范敬宜更是一名"史家",在半个世纪的新闻实践中,他始终在忠实地记录着他所经历的时代。在辽宁日报社期间,范敬宜写出了《"回头路"辩》《"单干"辩》《说变》《月光如水照新村》《夜半钟声送"穷神"》等250多篇富有深刻见解的评论和大量一手采访的报道,组织了许多战役性报道,产生了较大的社会反响。这些报道以思想解放、文风尖锐而闻名全国,更重要的是,范敬宜强调独立、丰富的采访,不以形势的需要或主观的想象来进行报道,因而他的报道都有扎实的事实作为支撑。

在新闻实践中,范敬宜不仅是"通才"与"史家",更是一名素质过硬的"政治家",一名坚定的共产党员。范敬宜的政治才能,恰恰是他能在诸多重要的历史关口中取得重大成就的核心素质之一。换言之,忽视了范敬宜的政治才能,对他的理解将是不全面的。

作为新闻领域的高级领导人,范敬宜对"政治家办报"的理念理解得深刻透彻,坚持得既坚定而又富有创造性,这种坚持不仅体现于其在新闻单位领导岗位的业务实践中,也体现于其在领导清华大学新闻与传播学院期间在全国高校率先推出马克思主义新闻观教育中。贺启光(1999)将范敬宜称为中国"政治家办报"的典范,这是对他职业生涯的凝练概括,也是对他作为卓越新闻人的高度肯定。事实上,范敬宜对"政治家办报"理念的坚持和贯彻,远远超出了狭义的政治立场。他纯熟地将新闻工作的政治要求与新闻专业能力以及个人文化积淀紧密地结合在一起,形成了极具个性与魅力的当代中国卓越新闻人才的综合特质。

范敬宜在2002年学院成立之初,曾表达过他对清华培养新闻人才的构想:

> 他们既具有强烈的社会责任感和使命感,又具有广博的文化基础和娴熟的专业技能;既具有开放的世界眼光和通达的人类情怀,又具有坚定的政治立场和清醒的批判意识;既具有高尚的精神情操和健康的心理素质,又具有百折不挠的拼搏意志和承担重任的精力体力。(范敬宜,2011)[125-126]

这段话高度浓缩了范敬宜对于清华大学新闻与传播学院人才培养的期望和目标。概括起来,范敬宜对于学院未来培养人才的期望可以归为以下三点:

首先,要做有大局意识的"政治家",树立牢固的马克思主义新闻观,将"主流"与"一流"相结合。

其次,要做"通才",做到"中国立场,国际视野,知识渊博,学贯中西"(申宏磊,雷向晴,2005)。

最后,要做有历史视野的"历史学家",做到"既有政治家的高瞻远瞩,又有历史学家的纵观古今"(范敬宜,2011)[92]。

范敬宜自身便是集通才、史家、政治家于一身的绝佳典范,他的新闻人才培养思想秉承了百年来中国新闻人才观的精髓,并赋予其新的时代意义。范敬宜对培养新闻人才的期望是殷切而质朴的,他希望从清华大学新闻与传播学院毕业的学生能为中国的主流媒体和新闻事业做出应有的贡献。他曾表示:

> 我又担心,我们辛辛苦苦培养出来的学生,要么去外资企业打工,要么去做跟新闻不沾边的工作,要么出国了为国外的新闻机构去打工,而不能够为中国的主流媒体贡献力量,为中国的新闻事业作出贡献。如果出现这种局面就是我们工作的失败。(范敬宜,2011)[128]

范敬宜不惜用"工作的失败"来形容辛辛苦苦培养的学生为外国服务,从中更可见他对于我国新闻事业的拳拳热爱之心。

(三)新型有机知识分子:重审当代中国新闻人才观

新闻报刊的发展在东西方都经历了"观点纸"这一阶段,常被政治人物们用来传播自己的思想和观点。然而,作为中国特色新闻学理论组成的"政治家办报"理论,始终保持着鲜明的意识形态和阶级属性,这与中国清末的"议政办报"和西方的"政客办报"有着本质的区别。范敬宜作为一名出色的"政治家报人",生涯横跨了民国、抗战、新中国成立、"文革"、改革开放等重要历史时期,既保留了中国传统文化的文人风骨,又保有着共产党员的鲜明底色,用行动实践着如何像一名政治家一样去开展中国的新闻舆论工作，并让新闻舆论工作服务于党和国家的大局。

葛兰西提出，无产阶级如果要动摇资产阶级在文化上的领导权，就应该拥有宣传和维护自身利益的"有机知识分子"。汪晖（2007b）阐释过葛兰西有机知识分子理论的两重含义："葛兰西批评资产阶级知识分子是有机的，他们是镶嵌在资本主义社会政治体制内部的专家、技术官员或者政客，他们跟整个资本主义世界有机地联系在一起……另一含义，即无产阶级应该创造出自己的有机知识分子，他们能够摆脱资本主义的劳动分工，而有机地与先进的阶级及其政治运动联系在一起。"简而言之，属于无产阶级自己的"新型有机知识分子"有别于传统意义上资产阶级的知识分子和封建时代的儒家知识分子，是以宣传和维护无产阶级自身利益为目标的知识分子，积极投身到改造世界和服务人民群众的活动中来，以夺取和稳固无产阶级的文化领导权。

在葛兰西眼中，彼时意大利的新闻记者和哲学家、传教士一样，都属于代表精英阶层的传统知识分子，与人民"严重脱节"（穆美琼，2020）。如果要让新闻工作者成为"新型有机知识分子"，必然要使得他们成为先进生产方式和文化的代表方向，摆脱资本逻辑的束缚，牢牢站在人民的一边。范敬宜正是中国新闻界"新型有机知识分子"的杰出代表，他将党的新闻舆论工作与最广大人民群众相联系，积极投身新闻实践之中，用独立的思考和强烈的责任意识来把握大局，用最贴近人民群众的方式做新闻。这样的卓越新闻人才是稀缺的，未来的中国新闻界无疑需要更多这样的"新型有机知识分子"。

在2007年接受记者采访时，范敬宜谈到了自己开展马克思主义新闻观教育的认识：

> 我想，我们是马克思主义政党领导下的社会主义国家，自己是共产党员，马克思主义是我们立党立国的根本指导思想，为什么一提到马克思主义新闻观总是躲躲闪闪、含含糊糊而不理直气壮呢？……我今年76岁了，名利离我越来越淡远了。做这些，是责任感使然。至于非议、怀疑、揣测都很正常。关键我们的努力有实效，学生能理解，在成长。（董岩，2007）

透过范敬宜的新闻实践、新闻教育与新闻思想，重新审视当代中国的新闻人才观，可以发现当代中国新闻人才的新特质。

首先，新闻人才要努力做"政治家"，但不能是纯粹的"官员"或行政干部，而是还要具有文人气质、专业能力与平民情怀，做融入知识界、文化界与社会各界的"新型有机知识分子"。事实上,范敬宜在中央层面获得很高的评价,在新闻业界和新闻学界都获得很高的认可度,在普通人中也获得很高的尊敬,的确是非常难能可贵的,而以他的名字命名的"范敬宜新闻教育奖"也已经成为当代中国新闻学界公认的具有权威性、共识度的民间奖项。

其次,新闻人才要努力成为"通才",而不仅仅是掌握采写编评摄录播的专业"窄才"。范敬宜曾用形象的说法谈到如何理解新闻"通才","通才"要有比较全面的营养,就好比一个人需要方方面面的滋养,不能只靠吃点维生素丸。吃维生素丸虽然能够维持生命,但不能长成健壮的人。要健壮成长,必须粗粮、杂粮、素食、肉食什么都吃,从中汲取各种营养。他还特别谈道:"现在许多高校培养的新闻工作者,营养过于单一,学到的知识往往只局限在新闻专业方面,很难做到'博古通今,学贯中西'。我们新闻史上的大家,梁启超、章太炎、王韬、瞿秋白、邹韬奋、乔冠华、邓拓、恽逸群,都是学识渊博、具有'通才'特点的人。"(申宏磊,雷向晴,2005)这种批评和忧虑应该成为当代中国新闻人才教育中的重要反思点和改革着力点。事实上,范敬宜在新闻实践中所具备的高度的新闻敏感,正是来自其宽厚的知识储备与文化底蕴。

再次,新闻人才要有深入实际的扎实作风,而不是满足于二手资料的"信息二传手"。范敬宜在新闻实践中经常下田间访农户,因此得到的信息是一手的、鲜活的,写出的报道也是独立的、独特的,而他在清华大学新闻与传播学院任教时,经常担心的就是现在的学生对国情、民情不了解,他之所以特别看重当年的本科生写的《乡村八记》并送给总理,正因为从这篇作品中看到了学生的扎实作风。在当代的新闻人才培养中,作风培养更是一个难点与重点。在信息海量与智能传播的时代里,由于媒介技术的发展与信息获取手段的便捷,如何坚守新闻采写中的扎实作风,以事实来报道事实,以责任来引导舆论,面临更大的挑战,因而也应是重新思考新闻人才观的重要视角。

最重要的,新闻人才必须发自内心认可、热爱与投入他所从事的新闻事业。2001年6月,范敬宜曾在清华大学第一届新闻专业本科生班"新闻9字班"的开班仪式上做了名为《如果有来世,还是做记者》的演讲,他说:

> 我认为有五种人不可以做记者:不热爱新闻工作的不可以,怕吃苦的不可以,畏风险的不可以,慕浮华的不可以,无悟性的不可以。只有热爱新闻工作,你才能心甘情愿地去吃苦。新闻事业充满风险,但值得去为之奋斗终生。(范敬宜,2011)[123]

五、范敬宜新闻教育思想的影响

作为清华大学新闻与传播学院的首任院长,范敬宜不仅履行了院长的职责,更从三方面深刻地影响和形塑了清华新闻教育传统:一是确立了马克思主义新闻观在新闻教育教学中的统领地位,并提出要强化马克思主义新闻观研究;二是提出了"素质为本,实践为用,面向主流,培养高手"的核心育人理念和办学方针,强调对学生政治素质和文化素质的培养;三是强调了专业实践和社会实践教育,建立了学院与主流媒体的联系,同时深深地影响和塑造了学院的文化。

确定以马克思主义新闻观统领新闻教育教学,解决了清华新闻教育的"立场"问题;提出"面向主流,培养高手"的育人理念,则是解决了清华新闻教育"基本观点和定位"的问题;强调专业实践和社会实践育人,并重视学生主体,则是解决了如何贯彻实践马克思主义新闻观的问题。如果说对于学生的培养以"面向主流,培养高手"为主要理念,那么范敬宜对于学院发展的设想或许可以用"面向主流,建设一流"来概括。

更重要的是,这些重要措施对清华大学新闻与传播学院未来的发展产生了深远的影响。对马克思主义新闻观的坚持,对"素质为本,实践为用,面向主流,培养高手"育人理念的强调,对学生主体的重视,对教学工作的一丝不苟,对社会实践传统的秉承,都成为学院发展的重要传统,延续至今而不断焕发活力。

范敬宜在清华大学新闻与传播学院建院三周年时说道:

> 新闻与传播学院是一个温暖的家,一个充满着正气和亲情、充满着和谐和温馨的集体。在这里,领导和老师之间、老师之间、老师和同学之间、同学之间都非常平等、随和、亲切,这也正是学院三年来赖以迅速发展最重要的基础,也是在别的地方很难感受到的。(范敬宜,2011)[223]

范敬宜对于清华新闻教育传统的塑造远不止于"立场、观点和方法",更在于他作为一名富有人格魅力的领导者,给这个初生的学院以文化精神上的深刻影响。范老虽逝,但他从未离去。他的思想和精神,已经深深烙印在清华大学新闻与传播学院的文化脉络中,时刻引导和激励着后来人不断前行。

第七章　范敬宜新闻思想的理论贡献与时代意义

经过对范敬宜新闻政治思想、新闻文化思想、新闻实务思想和新闻教育思想四大思想领域的分析，研究者可以对研究之初提出的四个主要研究问题进行回应和解答。这四个主要研究问题为：

问题一：如何理解范敬宜新闻思想的内涵？

问题二：如何理解范敬宜新闻思想的主要贡献？

问题三：范敬宜新闻思想对于当代中国新闻事业有着怎样的理论和现实意义？

问题四：应当基于怎样的历史语境和框架来理解范敬宜新闻思想？

针对上述问题，研究者认为，可以分别进行回答和讨论。首先，需要对范敬宜新闻思想的主要观点一定程度地进行归纳，再以宏观理论视野、中观实践视野和微观个人视野三大视野来解读范敬宜新闻思想的具体内涵，回答第一个问题；以"五观四讲三贴近"来概括范敬宜新闻思想的主要贡献，回答第二个问题；从理论和现实两个角度总结范敬宜新闻思想对于学界和业界的意义，回答第三个问题；强调要结合不同历史阶段的时代主题和特征来理解和评述其新闻思想，将范敬宜的新闻思想置于新闻史的历史群像中分析其历史定位，回答第四个问题。

在结论书写的顺序上，应当先回答第四个问题，也就是确定解读的历史语境框架，再依次回答第一个问题和第二个问题，最后再来解决第三个问题。

一、新闻史视角下的范敬宜新闻思想

对于范敬宜新闻思想的研究宜放在历史的纵深视角下进行，具体而言，就是放在中国新闻思想史的视角下进行。对范敬宜及其思想进行历史层面的定位，可以便于我们更全面而深刻地认识范敬宜新闻思想的历史价值和对中国新闻思想史的历史贡献。

因此，对近现代中国新闻思想史进行简要的回顾是必要的，尤其是回顾提出过重要新闻思想的人物，其中不少人对范敬宜的新闻思想产生过直接或间接的影响。

（一）民国时期的资产阶级新闻学说

近代新闻业作为舶来品，自19世纪中后期在中国开枝散叶后，就一直引发新闻业者思考一个基本问题，即新闻的定义问题："新闻到底是什么？"一直到20世纪80年代之前，新闻的定义问题一直是中国新闻传播学界首要关注的学术问题（黄旦，2003）。民国早期，一批优秀的民族资产阶级报人就率先针对这一问题开展了研究，并做出了有益的理论贡献。

徐宝璜的《新闻学》是中国新闻学研究的开山之作，在书中他提出"新闻者，乃多数阅者所注意之最近事实也"（徐宝璜，1994）[10]，阐发了以读者为中心的新闻观，讲授了如何写新闻、办报纸等实务知识，以及何为新闻的价值、公共性等理论知识。徐宝璜首次从理论的高度系统性地分析新闻的定义、价值和媒体的职能等，提出了新闻学的学科概念，并分析其对于当时社会发展的重要性。

除了徐宝璜，任白涛、戈公振、邵飘萍等人也都是民国时期资产阶级新闻学说的重要代表人物。

任白涛类似于徐宝璜，对新闻进行了系统性的梳理，但他最有建树的还是首先独立探讨了新闻伦理问题，推动了新闻立法和新闻学术规范建设。相较于前人，任白涛的突出贡献在于在他的《综合新闻学》中开创性地独立讨论了新闻伦理的问题，强调了新闻道德的重要性，并最早倡导了新闻立法（李岩，2017）。

戈公振也著有《新闻学》一书，以系统性地介绍新闻工作，但更为人熟知的还是他对中国新闻史的梳理，他的《中国报学史》是我国第一部完整介绍中国新闻发展史的著作（蔡斐，2010）。戈公振重视新闻"救国与启民"的使命，十分强调新闻作为"社会公器"所发挥的作用，对当时的报纸甘为政客利用，只注重经济效益，不顾社会责任的表现十分厌恶（蒋忠波，2010；朱至刚，2015）。他主张："夫报纸为公共之需要而刊行，则记载谓根据国民心理，而后发达可期。"（戈公振，2016）[294]从中可见他鲜明的资产阶级新闻观立场。

邵飘萍本身有着丰富的记者从业经验，故而更加重视记者的品性、责任感和斗争性，强调记者本身所能和所应承担的职能，同时还强调新闻媒体对国族和社会所能发挥的作用（冯波，2001；徐新平，刘炎飞，2017）。更重要的是，邵飘萍在新闻理论层面明确提出"以新闻为本位"的原则思想，呼吁新闻工作回归新闻本身，新闻媒体不应被社会效益和经济效益捆绑，而应做到二者的结合（哈艳秋，王启祥，2009）。

总而言之，民国时期主要的新闻思想都与新闻实务有着非常密切的勾连，且带有民族资产阶级较为显著进步的民主主义色彩，强调新闻事业的公共性而非党派性（方汉奇，2000）[625-628]，论述的重点主要集中于新闻的定义、功能、价值、伦理道德，以及新闻媒体和记者的实务技巧、社会责任等。可以说，其中绝大部分新闻思想都是基于当时的新闻实践而总结出来的，当然也不乏西方新闻理论的影响，但整体而言还是非常体现中国本土特色的。

（二）马克思主义新闻思想的中国化

从20世纪20年代开始，以李大钊、陈独秀、毛泽东为代表的早期共产党人就对报刊在革命事业中所发挥的作用产生了思考，在汲取马克思、恩格斯、列宁对党办报刊的思想后，确定了党报的阶级性、党性、斗争性、群众性等原则，逐步建构起党报理论及思想体系（刘建明，2006）。李大钊、陈独秀、毛泽东、周恩来、刘少奇、张友渔、张闻天、恽逸群、陆定一、甘惜分等党的思想家和理论家，以及邓小平之后的多代党的领导人都对党报理论的发展作出过突出的贡献（周俊，2019）。其中以李大钊、陈独秀、毛泽东、陆定一和甘惜分的新闻思想最具代表性，蕴含丰富的学术价值，对于党报理论的构建和发展起到了重要的作用。

李大钊十分强调新闻的时效性，重视事实的变动和客观报道的原则，是马克思主义新闻观中国化的开创者和推动者，为马克思主义新闻观的中国化做出了里程碑式的贡献（杨欣，2020）。陈独秀的新闻思想主要涉及党报的宗旨与方针，提出党报要有明确的政治主张（童兵，林涵，2001）。李、陈二人的观点，对于早期中国共产党的新闻宣传思想和理论奠定了重要的基础。

毛泽东对于党报理论的贡献主要集中在确定了党报的性质、功能和原则，并在现实中付诸了实施，进行了检验。毛泽东在1948年接见《晋绥日报》团队时就曾指出，无产阶级党报的作用就在于能让党的政策纲领"最广泛最迅速"地传达到人民群众（袁映雪，2019）。毛泽东认为，党报应当坚持党性原则，起到宣传教育、联系群众和政治动员的作用（吴汉全，2011），做党和人民的"耳目喉舌"，并进一步论证了党报党性与人民性相统一的原则（丁柏铨，2019）。他还提出了"政治家办报"和"群众办报"的新闻主张，确保新闻队伍拥有过硬的党性和政治性（魏丽宏，2010）。

陆定一被认为是我国无产阶级新闻学的奠基者和创始人之一（翁杨，2012）。他对于党报理论的贡献主要在于重新定义了新闻，追问了新闻的本源问题，强调了对事实的尊重，贯彻了毛泽东的党报思想。陆定一提出的关于新闻的定义"新闻是新近发生的事实的报道"，至今还是被引用最多的一种定义。这一定义以马克思主义唯物论反映论为主要论证方式，论证了无产阶级新闻学的革命性特征，扭转了延安时期博古所倡导的"以新闻为本位"的新闻思想（陈力丹，2004）。陆定一认为，无产阶级一无所有，不会为利益所累，不惧怕面对事实，因此能够做到尊重客观事实。因此，无产阶级党报从不讳言自己的宣传倾向，党报的战斗性就体现在其立场、观点和态度的鲜明（黄旦，2003）。有学者概括他的新闻思想为"以事实为核心建构的党报新闻理论"（齐爱军，郑保卫，2014）。

甘惜分是党报理论的集大成者和主要建构者。他于1980年出版的《新闻理论基础》整合了之前的党报观点，提出了一个完整的党报理论框架，严格论证了党报的若干重要原则（刘建明，2006），同时也是新中国成立以来第一部完整论述新闻规律和新闻事业的专著，迅速成为各大高校新闻学课程的重要读本。甘惜分开创了中国舆论学之先，同时论证了舆论学的阶级性和民族性，揭示了资产阶级舆论学研究的虚伪性（唐远清，程子豪，2018）。

王中与甘惜分曾在20世纪50年代就新闻的政治性有过一场著名的新闻思想的分歧和争论。二人均在"文革"期间遭受磨难，虽然改革开放后甘惜分的新闻思想经历了巨大的转变，但二人的争论却未曾化解。晚年的甘惜分，仍旧坚持马克思主义新闻观，坚持党性与人民性的统一，而在思维方式上更加注重新闻规律和科学方法，主张要办好真正为人民的报纸（刘鹏，2019）。他所信奉的"立足中国土，回到马克思"，在中国特色新闻学和马克思主义新闻观研究日渐兴盛的当下，仍旧焕发着生命力（李彬，2017）。

（三）人民新闻的践行者

新中国成立后，马克思主义新闻思想在中国的落地和传播，是我国几十年人民新闻长期实践的结晶，是人民新闻观念发展的重要成果（童兵，林涵，2001）。邹韬奋、范长江、穆青等早一辈的新闻工作者，包括本书重点论述的范敬宜，都是人民新闻观念的重要实践者。

邹韬奋十分强调新闻媒体和记者为人民大众服务的立场观，从自身办报经历和革命经历出发，认为新闻媒体应当成为"民族解放"和"人民解放"的重要载具（朱小阳，2007）。邹韬奋对言论和出版自由研究较深，他对于言论自由的认识经历了一个从乌托邦式"言论自由"到有限制的、相对的"言论自由"的转变，并主张报人要为大众谋福利。早年的邹韬奋受到胡适、杜威等人资产阶级学说的影响较深，但后来在对现实的反思中逐渐树立了对共产主义的坚定信仰（张文明，2015）[240-252,307]。邹韬奋在去世后被追认为中国共产党员，中共中央在解放前夕高度评价了他的新闻工作，将他的三联书店与新华书店并称为"党领导之下的书店"（徐焰，2019）。然而邹韬奋的马克思主义新闻思想始终只停留在文化和理论层面，未能将其付诸社会政治经济的实践层面，这也是他的思想局限性所在（李晓灵，张高杰，2018）。

相较于其他新闻思想家，范长江对于新闻的定义更加倾向于以人民群众为主体。他提出"新闻是广大群众欲知、应知而未知的重要的事实"，提倡新闻工作的"群众路线"——"大家办报、大家用报"，主张党的新闻媒体是党和人民的喉舌，反映出马克思主义的理论色彩（李华，2012）。从《中国的西北角》《塞上行》到《动荡中之西北大局》，范长江逐渐树立起对共产主义的信仰，新闻报道的政治倾向逐渐有利于共产党和红军（方汉奇，2000）[633]。从普通的记者到《人民日报》社长，范长江用实际行动践行着马克思主义新闻观和人民新闻的观念（蓝鸿文，1999）。

穆青是党的资深新闻工作者，他的新闻思想中最为核心的部分就是"勿忘人民"，即要求记者始终扎根基层，心系群众，在学做新闻前先学"做人"（付松聚，2008）。无论是"铁人"王进喜，党的好干部焦裕禄，还是农民科学家吴吉昌，人民群众始终是穆青新闻作品中书写最多的报道对象（付松聚，2012）。穆青作为范敬宜同时代的新闻前辈，对于范敬宜的新闻思想，尤其是对范敬宜新闻思想的群众观点的形成产生了重要的影响。

同样的，作为资深报人的范敬宜，其新闻报道中最大的主题就是党和人民群众。无论是在新中国成立之初，还是在改革开放之后，人民群众的生产生活、党的方针政策，永远是范敬宜书写新闻报道的首要选题。作为人民新闻观念的践行者，范敬宜同范长江、穆青一样，都是在马克思主义新闻思想的指导下，作为党的新闻工作者，坚定不移地走好了新闻工作的群众路线。

范敬宜同邹韬奋、范长江、穆青等人一样，在长期的新闻实践中形成了独到的新闻思想和群众观点，能够在实践层面为理论作出坚实的回应。尤其是作为通讯记者长期浸入在新闻一线，这种经历和所得的体悟是新闻传播学界的理论研究者所不具备的。他们作为人民新闻的践行者，对中国新闻思想发展的贡献主要集中于在实践层面对理论问题进行了调查，并对相应的经验进行抽象，构建了具备"中国特色"的重要理论资源。

（四）历史地评述范敬宜新闻思想

当从历史的角度来对范敬宜的新闻思想进行评述时，人们首先关注的点一定是他之于其他新闻界同人的新闻思想而言，有何独到的见解和重要的贡献。如果是人云亦云的通有之谈，例如老生常谈地强调新闻的真实性、及时性、客观性云云，则顶多算是其新闻思想"意料之中"的内容，算不上是新闻思想的闪光之处，也不值得过多书写。因此，本书之所以要强调从历史的结构出发去评述范敬宜的新闻思想，也正是希望可以多突出范敬宜新闻思想的独到之处，重点论述清楚范敬宜新闻思想可以如何为中国新闻思想史添砖加瓦，如何为中国未来的新闻事业提供宝贵的经验和指导。

回顾中国新闻思想史的演进不难发现，20世纪主导中国主流新闻传播活动的理论体系经历了三次大的转变。第一次转变是从民族资产阶级新闻观到无产阶级新闻观的转变，伴随着无产阶级革命的胜利和新中国的成立，马克思主义新闻观和党报理论成功占据了主流的意识形态领域，其代表人物有毛泽东、陆定一、甘惜分等。第二次转变是从无产阶级新闻观到"左"倾新闻思想的转变，伴随着"文化大革命"等政治事件，是马克思主义新闻观和党报理论的发展停滞不前甚至受到摧残的时期。第三次转变则是从"左"倾的错误思想到人民新闻观念的转变，伴随着改革开放和政治上的拨乱反正，党的新闻观重新回到正轨上来。

范敬宜的新闻思想萌生于新中国成立初期的建设热潮中，磨砺于反右派斗争扩大化和"文化大革命"的政治风波中，成熟于改革开放之后，可以说完整地经历了20世纪中国历史上最为重要的几个时期。范敬宜新闻思想有着较为鲜明的时代印记，其变化过程可以折射出时代发展的特点，同样时代的变迁也对他的新闻思想产生了直接而深刻的影响。可以说，范敬宜的新闻思想起先受资产阶级新闻理论的影响较深，后来在政治改造的过程中他真正接受了马克思主义和马克思主义新闻观的最新思想，以马克思主义新闻观指导自己的新闻工作，最终蜕变为人民新闻的践行者和教育者。

因此，坚持历史地评述范敬宜的新闻思想，不仅是为了更全面而深入地理解其新闻思想的内涵，更是为了准确地还原其新闻思想形成的背景和原因，更敏感地发现其诸多新闻观点彼此之间可能存在的联系。

二、范敬宜新闻思想的主要观点

范敬宜并不是做新闻理论研究出身，而是在漫长的新闻实践生涯中积累了足够多的新闻经验，得以支撑其新闻思想的建构。相较于邹韬奋、陆定一、范长江、甘惜分等新闻界前辈，范敬宜新闻思想的主要观点集中于五点：一是立场明确，以马克思主义新闻观为统领，带有强烈的政治感；二是强调实事求是的实践观，实践感大于理论感；三是强调新闻中的文化，倡导新闻工作者做到古今融合、中西贯通，带有强烈的文化感，这种强调新闻文化的观点也十分具有开创性；四是强调新闻工作者要有融汇中西的国际观，具备跨文化沟通和交流的能力，以应对新闻舆论工作日益国际化和全球化的局面；五是强调新闻教育者应当持有新型有机的人才观，培养集"政治家""史家""通才"于一身的高素质新闻舆论工作者。

（一）马克思主义新闻观

范敬宜作为一名共产党员，作为党报的编辑、记者和领导者，其新闻思想带有强烈的政治感，体现在他对马克思主义新闻观的坚持，对政治立场和政治信念的坚守，以及对马克思主义理论在中国的实际环境中的理解和运用。

范敬宜对于马克思主义的信仰建立经历了一个过程。范敬宜1951年刚入职《东北日报》时，对于马克思主义及其理论几乎没有什么了解。在反右派斗争和"文革"下放的二十余年间，长期与底层民众相处和交流，使得他洗去了一身"书生气"，逐渐建立起了对马克思主义和共产主义的信仰。1978年，范敬宜以"右派"的身份加入了中国共产党，成为"右派入党"的第一人。改革开放之后，范敬宜继续秉持马克思主义，学习其理论知识以指导自己的新闻实践，取得了瞩目的成绩，自己也先后担任《经济日报》和《人民日报》两大中央级报纸的总编辑。在晚年开展新闻教育工作时，他大力倡导马克思主义新闻观教育教学，为清华大学新闻与传播学院奠定了"面向主流"的基调。

可以说，范敬宜的新闻实践有了马克思主义新闻观的指导之后，发生了"质"的变化。这种变化使得他进入了主流媒体的视野，获得了党和人民的认可，也成就了他的新闻人生。

（二）实事求是的实践观

范敬宜的新闻思想还带有强烈的实践感。范敬宜在新闻工作中，十分强调实事求是的实践观,一切以实际出发,用事实说话。

从1951年进入新闻行业到1998年从人民日报社总编辑岗位退下来,如果再算上他退下来后仍持续为各大媒体供稿的几年,范敬宜从事新闻工作的时间已经超过了五十年,长达半个多世纪。因此,范敬宜的新闻思想是基于大量的实践经验而产生的,散发着"泥土的气息",其思想的实践感要远远大于理论感。

在给报社的年轻记者分享经验,包括给清华大学新闻与传播学院的学生授业解惑时,范敬宜很少进行理论层面的总结,也很少讲高屋建瓴的话,经常是在陈述观点之后大量地补充自己亲身的实践经历和经验教训,引经据典地现身说法。范敬宜发现,这种讲述方式能避免传统的刻板说教给学生带来的反感,从而更能吸引学生认真听讲;同时能让学生更容易在生动活泼的课堂氛围中,接受范敬宜所要传达的理念和观点。

在开展新闻实践的过程中,范敬宜的新闻思想在不断发生着变化。按照马克思主义新闻观的基本观点,范敬宜的新闻思想与新闻实践相互影响,相互塑造,思想指导了实践,实践反过来也形塑了思想。因此,实践观是范敬宜新闻思想的重要关切之一。对于范敬宜新闻思想的内涵,需要结合实践的观点来进行解读。

(三)辩证唯物的文化观

范敬宜对新闻中的文化十分推崇,在经济日报社和人民日报社工作时期经常对青年记者和编辑强调要多了解一些文化知识,无论是传统文化知识和西方文化知识。尤其在其晚年从事新闻教育工作之后,更加意识到新闻学子同样需要文化素质方面的培养,对新闻文化的重视程度越发强烈。

范敬宜的新闻文化观是辩证统一和唯物主义的。范敬宜的身上有着复杂的文化传统,包括中国古典文化的、西方现代文明的、马克思主义学说的等。他按照辩证统一的方法,对自己接受的诸多文化传统进行了整合与融汇,服务于党和人民的新闻事业。例如在新闻实践中,范敬宜常常倡导新闻工作者要做"古今融合,中西贯通"的通才,以文化基础培养新闻敏感,发现新鲜的选题,提升新闻的价值。

另一方面,范敬宜对于新闻文化的理解是基于他长期的新闻实践的,是具有唯物主义特征的。范敬宜的理解中,新闻文化来源于为人民服务的新闻实践,也要回归到为人民服务的新闻实践中去。他对于新闻文化的理解,不是高高在上的"士人文化"或"精英文化",而是贴近群众、贴近生活、贴近群众的"人民文化"。从这个层面上说,范敬宜的新闻文化观就是范敬宜辩证唯物相统一的文化观点的总和。

需要明确和强调的是，范敬宜对于新闻文化的倡导是具有开创性的，强烈的文化感已经成为范敬宜新闻思想中不可抹去的重要色彩。不仅是因为前人少有如此倡导者，更是因为范敬宜对于新闻文化的理解颇为深入，对于文化可以在新闻报道中发挥的作用十分了解，同时对于文化知识和技巧的运用更是炉火纯青。能同时在新闻工作中掌握"知文、善文、用文"这三项文化素质，范敬宜可谓是独具一格的。因而对于范敬宜新闻文化思想的探讨，也应当成为本研究中的一项重点。

（四）融汇中西的国际观

值得注意的是，范敬宜还有着广阔的国际视野和格局，对西方文化了解颇深，同时还有着很好的英文水平。这在当时的新闻界是非常难得的。

在改革开放初期，范敬宜由于出色的英文水平，一度被《人民日报》相中。《人民日报》希望可以邀请他和他夫人吴秀琴来做驻外记者，因为当时能流利地使用英文的新闻人才实在太少了。范氏夫妇虽欣然愿往，然而无奈《辽宁日报》迫切地希望他们留下，二人只能作罢。1984年范敬宜从地方被提拔到中央担任文化部外文局局长，主要原因之一也是其出众的外文水平。[1] 由此可见，范敬宜出色的外文水平，促使他在改革开放初期人才最为紧缺的时候，成为一块"香饽饽"。

范敬宜有着出色的语言能力，加上他从小接受来自两位姑母的西方文化熏陶，使得他有着较强的国际视野和跨文化交流意识。在担任经济日报社社长兼总编辑期间，范敬宜专门开设了"说东道西录"专栏，目的就是加强我国与外部世界的交流，加强本国民众对于西方文化的了解。尤其是在改革开放之后，不少人在与西方人士接触和交流时出现了许多的文化误解，乃至闹了不少笑话。因此，范敬宜从1992年6月3日到9月23日，专门为此专栏写了七篇文章，就是希望富有针对性地解决一下中外文化交流不足问题（范敬宜，2009）[214-228]。

在担任人民日报社总编辑期间，范敬宜更是将增强国际意识提高到办报指导思想的高度。在多篇编者按中，范敬宜强调：

今后我们上上下下都要增强国际意识，重大的国际新闻一定要力争上一版，否则就和人民日报的地位不相称……人民日报既是中共中

---

[1] 内容来自与范迅的访谈，访谈时间为2021年4月7日，访谈地点为中国矿业大学。

央机关报,中国第一大报,也是世界上有重大影响的大报。在当前的国际形势下,要更好地发挥人民日报在国际上的作用,就必须增强报纸的国际意识,使人民日报在重大国际问题上有更多的发言权……这也是把人民日报办得高出一等的题中应有之义。(范敬宜,2010)[372-374]

范敬宜对人民日报社增强国际意识的倡导,也符合我国新闻舆论工作国际化程度日益提升的状况,在当时具有极强的时代意义和现实意义。

在他担任清华大学新闻与传播学院院长之后,他的国际格局更是体现在他对国际化办学的大力提倡上。2006年4月23日,范敬宜在清华大学新闻与传播学院第二届顾问委员会第一次会议上发表讲话,指出学院应该在国际化的方面形成特色。他提出以"接触西方,了解国情"为指导思想,让学生经过在外国的学习交流,回国后加深对我国新闻理念的认识。已有的经验证明,学生出国之后,往往可以达到"出国之后更爱国"的效果(范敬宜,2011)[139]。

2007年,范敬宜在清华大学新闻与传播学院国际顾问委员会的成立仪式上指出:

> 新闻与传播学院国际顾问委员会参照世界一流新闻院系的做法……为适应新闻传媒事业日益国际化、全球化的发展需要,更好地借鉴世界一流新闻与传播院系的经验,不断缩小学院与国际顶尖级同类学院办学水平的差距,使学院早日步入世界一流新闻与传播学院行列。(范敬宜,2011)[148]

范敬宜对国际化办报和国际化办学的倡导,构成了他新闻思想中重要的一个特点,即以一种更广阔的、跨文化的视野,看待新闻工作和新闻教育。

(五)新型有机的人才观

新型有机的人才观是范敬宜新闻思想中涉及新闻教育和人才培养部分的重要观点。关于何谓"新型有机",可以从以下几个方面来进行理解。

首先,是要以"政治家办报"的格局培养新闻舆论工作者的政治素养,包括政治立场、政治判断力和政治执行力等要素。正如前文所提的,范敬宜晚年在担任清华大学新闻与传播学院院长时,曾在多个场合反复强调新闻人才拥有政治思维和大局意识的重要性。习近平总书记在2016年11月7日会见中国记协第九届理事会全体代表和中国新闻奖、长江韬奋奖获奖者代表时就曾强调,党的新闻舆论工作者要坚持"四向",也就是正确的"政治方向、舆论导向、新闻志向和工作取向",要做党和人民信赖的新闻工作者(新华网,2018)。范敬宜对于新闻学子政治素养的强调，与新时代对于新闻舆论工作者的要求是高度一致的。

其次，新闻舆论工作者要有跨专业知识储备，做博学的"通才"。在媒介融合的大趋势下，原有的新闻专业壁垒被不断打破，培养所谓具有"人文情怀与跨学科理论与知识，掌握全媒体理念与技能"的复合型新闻传播人才，成为未来新闻人才教育的重要目标之一（黄瑚，2014）。虽然范敬宜生活的年代以传统媒体形式为主，但他对于培养跨专业、复合型新闻人才的认知是具有前瞻性的。只不过当时范敬宜对于新闻"通才"的认识，更多地停留在跨学科知识和文化素养上，而今更多的还要求对于多种媒介技术的学习和运用，以及对国际格局和国家大事的了解。

此外，新闻舆论工作者还要有深入了解历史的"史家"思维，不能满足于对信息的简单记录。短平快的、毋庸思考的、缺乏深度的"记录式新闻"或"播报式新闻"固然可以满足人们第一时间了解新近发生事件的需求，但一旦过了时效节点，马上就变成了"文字垃圾"，被人遗忘——这类新闻并不难写。而能够得到当世人们的重视，且被后世记忆的新闻，一定是能够反映时代趋势和特点的"历史式新闻"，这一类新闻是最重要的，也是最难写的。写出"历史式新闻"，就要求新闻舆论工作者有"史家"思维，站在人类历史的高度去记录最新发生的事实。如此这般写出来的新闻报道，一定比一般的新闻报道更为厚重和深刻。

当然，新闻舆论工作者还需要对国情和世界深入了解，既要有深入基层、了解国情的实践意识，真正"裤腿上沾满泥巴"，把新闻报道写在祖国大地上；同时也需要有融汇中西、了解世界的跨文化意识，把新闻报道写在国际格局里。深入本土，可以让人更加理解基层的需求，倾听人民群众的心声，正如范敬宜扎根建昌多年，才得以跟农民交心，听到农民说真话；走向世界，可以让人眼界和格局更为开阔，同时反躬自省，也能更加理解中国以及中国与其他国家的关系，使新闻报道能在更广阔的范围内发挥影响力。

最后，新闻人才必须发自内心认可、热爱与投入他所从事的新闻事业。正如学习马克思主义需要"真讲、真懂、真信"，从事新闻工作或新闻教育，也都需要发自内心地认可和热爱这一行业，不然只会扭曲工作原本的意义和价值，如英国牛津大学人类学教授项飙所说的那样，将自己"悬浮"于工作之上，无法透彻地理解和发挥新闻工作真正的意义和价值[1]。如果不认可、热爱新闻

---

[1] 取自项飙2018年12月13日在清华大学所做的题为"悬浮：流动、期望和社会成长"的演讲。

工作而开展新闻教育，则更会误人子弟。

三、三大视野：解读范敬宜新闻思想的内涵

基于对如何开展新闻思想研究的讨论，第一个研究问题，即"如何理解范敬宜新闻思想的内涵"，可以从宏观理论、中观实践、微观个人三大视野着眼进行分析，进而对范敬宜的新闻思想进行由大至小的剖析。

在政治和文化的宏观理论视野下，新闻的定位和功能得到确认，范敬宜得以对新闻有一个整体上的把握。在采编实务和人才教育的中观实践视野下，新闻思想的操作化和再生产方式得到确认，范敬宜得以将新闻思想应用于具体的新闻实践中，并通过新闻教育让新闻思想得以传播和延续。在发展和变革的微观个人视野下，范敬宜个人的新闻思想和新闻实践的特殊性得到阐释，他作为那一代新闻工作者的代表人物之一，其新闻思想的价值和意义在这种个人特殊性和历史普遍性的统一中得以体现。

（一）宏观理论视野：政治把关，文化动员

宏观理论视野为整个新闻思想提供了理论基础，关注了范敬宜新闻思想中最为重要的两个问题：如何看待新闻，以及如何运用新闻影响和动员群众。

梁衡（2010）曾用"政治把关，文化兜底"来形容范敬宜新闻思想中政治与文化的角色，这一叙事比较偏向于发展新闻学的叙事风格。如果用较为革命的叙事风格来概括范敬宜的新闻思想，则可以概括为"政治挂帅，文化动员"，侧重于运用新闻改造世界。对二者进行一个折中，即"政治把关，文化动员"，以政治为准绳，以文化为方法，可以较好地处理政治和文化二者的关系，且能够较为准确地概括范敬宜新闻思想之特征，反映范敬宜所处时代之特点。

政治上，由于范敬宜所经历的历史阶段大多面临各类思想的汇集，且顶层政治经济体制的变革一直在持续，因此要求范敬宜时刻保持清醒的头脑对政治时局进行判断。在这种历史情境下，"把关"成了范敬宜新闻实践中需要运用政治思维的工作常态，具体体现在把握大局的大局意识和正面引导的引导意识。尤其是作为党媒领导人时期，范敬宜需要对改革开放政策有清晰明确的判断，并在舆论引导方面谨小慎微，如履薄冰，"把关"成了守住政治红线的重要原则。然而需要注意的是，如果范敬宜的新闻政治思想只是起到消极意义上的"把关"，即不犯错误的话，那么对于范敬宜新闻政治思想的理解就会出现偏颇。范敬宜的"把关"，把的更是质量关，需要运用其政治觉悟和政治素质，

在政治的高度上提升新闻作品的立意；以"政治家办报"的觉悟，让新闻反映时代、引领时代，做好党和人民的"耳目喉舌"。因此，对于"政治把关"的阐释，需要兼顾"消极的把关"和"积极的把关"，全面、辩证地理解范敬宜的新闻政治思想。

文化上，范敬宜由于其个人独特的成长阅历，能够熟练运用文化要素服务于新闻工作，因而体会到了文化可以在新闻报道中发挥的重要作用——引导和动员。当社会发生巨变，例如改革开放后的拨乱反正，广大人民群众是亟须思想上的引导的。而新闻媒体就承担着引导舆论的重要使命。在新闻中运用文化，本质上是为了缩短新闻报道与人民群众之间的距离，为了让新闻传达的信息更好地被人民群众所接受和认可，进而让人民群众有所行动。在这个层面上，文化在新闻报道中能起到的作用已经不再是促进引导而已了，而是能发挥更大的作用——动员。新闻文化可以大大增强新闻报道自身的感染力和说服力，使得动员效果更快、更有效地得到实现。这一点在中国共产党百年来的新闻实践史上也已经多次得到了印证。

（二）中观实践视野：以实践改造世界，以教育延续思想

中观实践视野反映了范敬宜新闻思想改造世界的实际路径，通过采编实务环节将政治和文化思想付诸实施，通过教育环节完成新闻思想的再生产。

新闻实务上，范敬宜通过具体的新闻实践，将政治、文化思想贯彻在其新闻范式中，形成了独特的新闻实务思想：以马克思主义新闻观为指导，以做好党和人民的耳目喉舌为己任，有感情、有文化、有新意、接地气。本研究还通过不同历史时期范敬宜新闻作品所呈现出来的不同范式特点，考察了范敬宜的新闻实务思想随着不同的人生阶段发生的变化。可以明显地观察到，范敬宜早期初入新闻行业时存在追求眼球效应、政治意识淡薄、喜好卖弄文采的缺点，经历了底层的历练后，形成了政治上立场坚定、认识深刻，同时文风扎实、大开大合的新闻实务思想，整体发生了一个"质"的蜕变。这种转变也说明范敬宜已经成为一名坚定的马克思主义新闻工作者。在应对复杂的政治环境时，他的新闻实践是灵活变通的，他的新闻思想也在新闻实践中不断得以完善。

新闻教育上，范敬宜根据自己长期以来的新闻实践经验，在新闻教育的探索中逐渐形成了一套自成体系的新闻教育思想。范敬宜的新闻教育思想以马克思主义新闻观为统领，以"素质为本，实践为用，面向主流，培养高手"为主要的育人理念，并积极与业界融合沟通，重视实践教育发挥的作用，深刻塑造了学院的精神文化传统，取得了显著而可喜的教育教学成果。通过新闻教育，

范敬宜将自己的新闻思想传播给了更多的学生，实现了新闻思想的再生产，将这些经过实践检验的新闻思想延续了下去。可想而知，如果没有后续从事新闻教育的阶段，范敬宜的新闻思想未必可以得到一个总结、凝练和提升的机会，其延续的过程也不会顺利。因此，从事新闻教育的阶段是范敬宜新闻思想得以系统化、理论化的重要历史阶段，对于其新闻思想的再生产而言至关重要。

（三）微观个人视野：特殊的个体，普遍的示范

微观个人视野为范敬宜新闻思想研究提供了一个历史向的纵坐标，将范敬宜新闻思想的形成过程以思想史的形式呈现出来，便于研究者分析影响其形成的诸多因素。个体视野与重大历史议题相勾连，可以更好地论述范敬宜新闻思想在当今时代的价值。

范敬宜的成长过程是特殊的，以此为基础形成的新闻思想和实践经验也是特殊的。他曾经历过国民党的腐败统治，也见证过新中国成立后人民精神面貌和生活面貌的焕然一新，逐渐建立起对共产党的信念[1]。他经历过反右派斗争扩大化、"大跃进"和"文化大革命"，深刻体会过党的新闻事业所遭遇的挫折，以及他个人命运随着时代命运的起起落落。他经历过改革开放后农村改革给农民生产生活带来的翻天覆地的变化，也体验过改革开放初期在整个社会层面上的思想困惑。范敬宜的政治经历十分丰富，曾被打为右派，后来又以右派的身份入了党，直至做了外文局局长、党报的领导人、全国人大代表等。但与此同时，更难能可贵的是他既能接触到中央层面的新闻思想，吃透中央精神，又能下到基层，从与"的哥"的聊天中发现新闻选题。再加之范敬宜有着深厚的传统文化功底，同时对西方文化又十分了解，可以说当世鲜有人可以出其右，因此他的新闻思想又极具文化层面的特殊性……这些独特的新闻实践经历和政治生活体验，使他获得了特殊的新闻经验，进而得以建构其新闻思想的特殊性。

与此同时，范敬宜的新闻思想又有着广泛的普遍性，可以起到良好的示范作用。首先，范敬宜作为新中国成立后第一批新闻工作者的典型代表，他的新闻思想极具历史层面的代表性和普遍性，可以集中体现新中国成立后第一代新闻工作者的人民新闻观念。其次，范敬宜担任过一线记者、编辑，也做过总编辑、副总编辑这类领导岗位，他的新闻思想极具实践层面的普遍性，可以为各个层次的新闻从业者提供思想和经验借鉴。同时，他又是一名坚定的马克思主义新闻工作者，一名卓越的党媒从业者和领导者，他对于政治的思考和体悟十

---

[1] 内容来自与范迅的访谈，访谈时间为2021年4月7日，访谈地点为中国矿业大学。

分深刻，足以使得他的新闻思想在政治层面成为广大党媒新闻工作者的优秀示范。最后，他在新闻教育领域所提倡的诸多理念，如以马克思主义新闻观统领教育教学，重视新闻实践教育和文化教育，等等，都成为广大新闻院校的共识。

可以说，范敬宜的新闻思想虽然是较为特殊的，但当其与普遍的历史、政治、经济、文化和社会环境交融后，又变得极具普遍性和示范意义，在更高层次的时空框架下实现了特殊性与普遍性的统一。

四、范敬宜新闻思想的主要贡献："五观四讲三贴近"

范敬宜新闻思想的主要贡献可以概括为"五观四讲三贴近"：以"马新观，实践观，文化观，国际观，人才观"为主导理念，以"讲政治，讲实践，讲文化，讲创新"为主要方法，以"贴近实际，贴近生活，贴近群众"为重要原则。此三点关切都源自他在不同历史时期的经历与思索，是范敬宜对于中国新闻思想史的重要贡献所在。

（一）"五观"：马新观，实践观，文化观，国际观，人才观

范敬宜新闻思想的主要贡献首先体现在他所倡导的理念观念，可以总结为"五观"，即马克思主义新闻观，实事求是的实践观，辩证唯物的文化观，融汇中西的国际观，以及新型有机的人才观。

马克思主义新闻观是范敬宜新闻思想的统领和"活的灵魂"。范敬宜对于马克思主义的信念主要是在建国之后逐渐树立起来的。在结束国民党的黑暗统治，迎来共产党建立的新中国后，范敬宜深切地体会到老百姓的物质生活和精神状态焕然一新。按照范敬宜之子范迅的说法，范敬宜对于共产主义和马克思主义的信念是经过他"理性的比较和感性的认知"建立起来的，他对马克思主义新闻观是"真讲、真信"，这种信念是十分牢固的。[1] 在之后的新闻实践中，范敬宜始终秉持着马克思主义的基本立场，坚持辩证唯物主义、历史唯物主义的基本观点，讲求实事求是，一切从实际出发。另外，他执教于清华大学新闻与传播学院时期对马克思主义新闻观教育教学的倡导，更是基于他大半生新闻工作所得出的认识和判断，不仅对培育新闻人才有着重要意义，更蕴含着对未来发展新闻事业的高瞻远瞩。

实事求是的实践观是范敬宜新闻思想认识论的重要组成部分，是马克思主义新闻观指导范敬宜开展新闻工作，获取和掌握新闻事实的基本观念。范敬宜

---

[1] 内容来自与范迅的访谈，访谈时间为2021年4月7日，访谈地点为中国矿业大学。

对于新闻的真实性和准确性要求十分严格，十分强调实事求是。在范敬宜的新闻思想中，实事求是的工作方法是获取新闻真实的基本方法，也是新闻真实性的重要保障。在获取新闻真实之后，坚持党性与人民性相统一，才能正确地认识和掌握新闻真实。在新闻工作中抓好"中央"和"群众"这两头，是确保正确呈现新闻事实的重要工作方法。正如范敬宜主笔或主抓的《分清主流与支流 莫把"开头"当"过头"》、"关广梅现象"系列报道、"五个变迁"系列报道等，都是在新闻实践中把握好了党性与人民性的典型范例，既把握了大方向，又回应了人民群众最为关切的问题。辩证地说，在范敬宜的新闻思想指导新闻实践的同时，新闻实践反过来也对新闻思想产生了影响和塑造。因此，对于范敬宜新闻思想的理解不能脱离实践的观点。

辩证唯物的文化观是范敬宜新闻思想中最具活力和创造力的一部分，也是范敬宜自己的特色所在。范敬宜的新闻文化思想，融合了"传统文化与当代文化"、"中国文化与西方文化"、"新闻文化知识与其他专业文化知识"和"文化特殊性与文化普遍性"四对主要关系的辩证统一。基于唯物主义的观点，范敬宜强调新闻中的文化，同样也是基于他在不同历史时期的新闻实践而得出的重要认知。如果不是放在历史的语境下对他的文化观进行理解，可能很难理解范敬宜是如何通过文化影响和动员群众的。范敬宜的新闻文化观，其基础就是群众观点，是贯彻群众路线的"政治观"和"人民观"。可以说在他看来，新闻文化的本质就是为了让新闻工作更好地服务于人民。

融汇中西的国际观是范敬宜新闻思想中具有时代特色的一部分内容，体现了他的国际格局和国际视野，也体现了他对于跨文化交流的熟悉和对于时代发展趋势的准确判断。他将这种融汇中西的国际观体现在了新闻工作中，主张通过组织国际新闻报道促进国人对国际议题的了解，同时促进世界其他国家更加了解中国。他的国际观还体现在他的新闻教育工作中，倡导国际化办学和引进国际人才，主动与世界一流化办学的新闻院校接轨，同时培养学生的国际格局和国际视野。总而言之，贯穿新闻思想国际观的核心问题，主要就是学会"中国问题的国际表达"和学会"国际问题的中国表达"。

新型有机的人才观是范敬宜新闻思想最晚形成的一部分内容，是他教育年轻的新闻后辈、从事新闻教育工作的指导思想。范敬宜的新闻人才观，旨在培养"通才、史家、政治家相结合的新型有机知识分子"。这类新型有机知识分子，要将党的新闻舆论工作与最广大人民群众相联系，积极投身新闻实践，具有一定的文化积累和较高的文化素质，能以独立的思考和强烈的责任意识把握大局，用最贴近人民群众的方式来做新闻。范敬宜的新闻人才观，不仅凝结了他对于新闻人才要求的所有思考，更是他培养新闻人才的方法论，既具有很强的历史感，同时又有着很强的现实指向性。

（二）"四讲"：讲政治，讲事实，讲文化，讲创新

范敬宜新闻思想的主要贡献还体现在他所主张的重要方法，可以总结"四讲"，即讲政治，讲事实，讲文化，讲创新。

党的十九大报告中，习近平总书记提出了要"提高新闻舆论传播力、引导力、影响力、公信力"，简称建设党媒"四力"。建设"四力"是对党领导的新闻舆论工作总体传播效果的要求，是党在应对媒体格局、舆论生态、传播技术深刻变革，意识形态舆论斗争日趋复杂的新形势的重要举措（季为民，叶俊，2018）。而范敬宜新闻思想中的"四讲"，正好可以对应"四力"建设的有关要求。

讲政治是把握立场问题的根本方法，是确保新闻工作引导力的基本前提。讲政治在新闻工作中的直接体现，就是"政治家办报"。范敬宜倡导新闻工作者要像政治家一样观察、思考和谋篇布局，做到把握大局，正确引导舆论，对党和人民负责。汪晖（2007a）曾经系统地批判过"去政治化的政治"所带来的危害和风险，即对政治价值的颠覆和消解。在改革开放之后，这种"去政治化"的政治倾向在新闻事业中也产生了深刻的影响。因此，范敬宜晚年担任党媒领导和从事新闻教育时对于"讲政治"的强调，也正是对于这种思潮的明确回应。具备政治觉悟和政治意识，旗帜鲜明地表明立场和观点，是党的媒体发挥引导力的重要前提，是党的新闻舆论工作者所需要达到的必然要求，也是广大新闻学子都应该具备的基本素质。

讲事实是获取新闻真实的唯一路径，是新闻报道建立公信力的重要基础，同时也是维护新闻工作者政治安全的重要保障。杨保军（2006）[367]认为，媒体公信力是媒体影响力的源泉，而公信力的根源就在于真实。党的新闻事业在"大跃进"期间受到了挫折，连《人民日报》发布的一些新闻都出现了严重的失实。范敬宜经历过那个历史阶段，有感于新闻失实对党媒公信力所带来的巨大危害，对于新闻真实的必要性更加重视。改革开放之后，受市场经济和自由主义的冲击，不少新闻媒体出现了虚假报道、有偿报道、过度娱乐化等状况，也令范敬宜"倍感痛心"。可以说，在范敬宜半个多世纪以来从事包括新闻教育在内的新闻工作中，"讲事实"是范敬宜一直在强调的，且强调次数是最多的，态度也是最为坚决的。

讲文化是提升新闻作品影响力的重要手段，是拉进党和人民，包括拉进政

策和民众距离的有效方式。范敬宜对媒体过于浮躁的现状展开过批判，并认为缺少文化是媒体浮躁的重要原因。范敬宜将文化视为提升新闻报道影响力和说服力的重要因素。针对部分人认为新闻文化与新闻真实相冲突的观点，范敬宜也提出了针锋相对的反驳，指出新闻文化的要义在于"谋篇布局、刻画细节和语言个性"（纪忠慧，2011），目的在于增强新闻报道的生命力，使得报道所传递的信息更好地被读者所接受，并不是随意拔高或者捏造事实。可以说，"讲文化"的基本方法是范敬宜开展新闻工作最具特色的"独家秘方"，这也构成了范敬宜发扬文人办报传统优点的重要方法论基础。

讲创新是加强新闻媒体和新闻报道传播力的关键点，是新闻工作者得以不断提升自我的重要意识。范敬宜在担任经济日报社和人民日报社领导时，时常鼓励记者和编辑要敢于创新，在寻找选题时创新，在捕捉信息时创新，在采访时创新，在写作中创新，在评论工作中创新，也在排版工作中创新……新闻行业是一个同行竞争相对激烈的行业，因此创造"人无我有、人有我优"的竞争优势就显得格外重要，在诸多中央党媒中尤是如此。尤其是在把握一些重大选题时，寻找有意义的角度，捕捉鲜活的素材，运用有趣味性的案例，调动有文化味的故事，都是创造相对优势的重要手段。而这一切的核心，都在于运用创新意识提升报道的传播力。据研究者对其有关论述的总结，范敬宜之所以如此强调"讲创新"，也正是他长期从事新闻实践，不断和同行进行比较所得出的重要经验。

（三）"三贴近"：贴近实际，贴近生活，贴近群众

最后，范敬宜新闻思想的主要贡献，还在于他提出了"贴近实际，贴近生活，贴近群众"这一富有原创性的新闻原则，体现了马克思主义新闻观的理念内核。这一原则自党的十六大以来，已成为所有新闻工作者都需遵守的重要指导原则。

范敬宜对"三贴近"原则的理解，与他在辽宁农村下放时期的经历密切相关。在与基层人民群众的朝夕相处中，范敬宜认识到了新闻之于人民、人民之于新闻的重要意义，加深了他对新闻思想中群众观点的理解。在担任经济日报社长兼总编辑早期，范敬宜痛感经济宣传"脱离实际、脱离生活、脱离群众"的问题很严重，虽然专业性很强，但是可读性很弱，促使他思考如何对此进行改革和整顿（范敬宜，2011）[77]。

贴近实际，意味着要一切从实际出发，实事求是地去展开报道，体现着求真务实的科学精神。贴近实际，是范敬宜新闻思想在哲学方法论层面的集中表

达,重心在于摆明以新闻工作改造世界这一出发点,一切从实际出发。马克思主义的唯物论和反映论都指明,物质决定了意识。与实际情况相贴近,才能发现具有现实意义和现实指向性的问题,才能得出最真实、最准确的论述。从这层意义上可以说,贴近实际是贴近生活和贴近群众的大前提。

贴近生活,意味着要从实际生活层面了解、体会和思考人民群众的所思、所感、所需,写出来的报道要反映人民现实生活的实际情况。"贴近生活"这一原则,为新闻工作者指明了实现"贴近实际"的具体途径,即走进寻常百姓的生活中,去体会他们的感受和需求。例如范敬宜就认为,挨家挨户地下"笨功夫""苦功夫"了解菜价,比采访工商局局长更能反映实际问题,更比那些"聊"和"侃"的报道扎实、可信得多(范敬宜,2010)[169-170]。贴近生活,正是党的新闻舆论工作者应有的工作姿态。

贴近群众,意味着开展新闻工作的方式方法要贴合群众路线,从群众中来到群众中去,反对一切脱离群众的形式主义和官僚主义,指明了新闻工作的主要服务对象。马克思主义的唯物史观认为,人民群众是历史的主要创造者。共产党是为人民服务的政党,党的性质决定了党的媒体要为老百姓说话,这也正是党媒党性与人民性相统一的本义所在。范敬宜曾经针对人民日报社内部有人质疑"三贴近"是"用办小报的方式办中央大报"提出过旗帜鲜明的批驳:"一张党报如果办得脱离群众,群众不爱看,看不懂,才是真正的有失'身份'。"(范敬宜,2010)[168]从中就可以看出范敬宜鲜明的态度。党媒的党性和人民性是统一的,贴近群众不意味着远离中央。贴近群众本身就是党媒为人民服务的题中应有之义,不应将二者割裂开来理解。

五、范敬宜新闻思想的理论意义与现实关照

讨论范敬宜的新闻思想,最后势必要落脚到其理论和现实意义,这也是一个思想、一个理论从认识世界到改造世界所需要经历的必然过程。因此,讨论范敬宜新闻思想可以在理论层面和现实层面发挥的作用和产生的影响,也显得格外重要了。

(一)理论意义:从马克思主义新闻观到中国特色新闻学

范敬宜新闻思想是马克思主义新闻观在中国生根发展的重要理论产物,是范敬宜在马克思主义新闻观指导下,结合自身实践和生活经验,抽象与提炼而成的重要思想结晶。柳斌杰(2021)指出,马克思主义新闻观是以马克思主义

的整个体系来指导新闻实践和新闻理论的，其中国化的过程，就是马克思主义在中国革命、建设和改革等各个历史阶段里的新闻事业中取得胜利的过程。范敬宜作为新中国成立以来历史的亲历者，同时作为坚定的马克思主义追随者，他的新闻思想有着历史维度的丰富性，同样有着政治立场上的正确性和认识方法上的科学性。对范敬宜新闻思想的研究和探索，有助于人们理解马克思主义新闻观如何具体指导新闻实践，以及有助于马克思主义新闻观在中国积累更多的在地经验，深化马克思主义中国化的进程。

其次，范敬宜新闻思想是中国特色新闻学理论体系中独具特色的重要理论组成部分，为中国特色新闻学理论体系的发展提供了宝贵的思想成果。马克思主义新闻观是中国特色新闻学的核心价值理念，中国特色新闻学为马克思主义新闻观构建了理论基础，二者互相推动，共同发展（胡钰，陆洪磊，2018）。范敬宜的新闻思想作为马克思主义新闻观指导下的重要思想结晶，可以为中国特色新闻学理论体系的发展提供重要而宝贵的理论资源，其本身就是极具研究价值的对象。此外，范敬宜新闻思想基于范敬宜个人的新闻实践和思考而形成，本身就是极具"中国特色"的思想理论体系。在对范敬宜新闻思想进行进一步科学化梳理和阐述后，范敬宜新闻思想本身就可以成为中国特色新闻学理论体系中的一部分。也就是说，范敬宜新闻思想既可以是中国特色新闻学的理论资源和研究对象，又可以直接成为中国特色新闻学理论体系的一部分。研究范敬宜新闻思想，对于发展中国特色新闻学，以及理解"作为方法的中国"，有着重要的理论意义。

（二）现实关照：从职业认同、办报理念到新闻教育

范敬宜新闻思想的现实关照主要可以分为三部分内容，一是可以对新闻舆论工作者理解和提升新闻职业认同提供有益借鉴，二是可以提供"政治家办报"与"文人办报"相结合的新型办报理念和模式，三是可以为开展新闻教育和新闻人才培养提供方向和方法上的具体指导。

范敬宜晚年常说一句话："如果有来生，还是做记者。"这句话如今就刻在清华大学新闻与传播学院范敬宜塑像的底座上。据范迅回忆，1951年范敬宜从圣约翰大学毕业后，赶上新中国第一批大学生"毕业包分配"，原本被分配到华东师范大学担任助教。但因为受到魏巍《谁是最可爱的人》的精神感召，范敬宜决意前往东北，于是申请更改分配志愿，但只能改为分配到东北师范大学担任助教。虽不是他所心爱的新闻行业，但出于青年时期希望"闯世界"的激情，他还是同意了。在经过沈阳时，范敬宜偶遇了当时东北日报社的人事部主

任，主任对范敬宜的才能十分赏识，极力劝说他改到东北日报社就职，这正合范敬宜的心意，范敬宜满口答应。在东北日报社人事部的努力下，范敬宜顺利来到了东北日报社，终于可以从事他心心念念的新闻工作了。1978年夏末，范敬宜结束下放，有机会得以重新返回工作岗位。当时许多机构和组织都对范敬宜的才能和品识十分认可，向范敬宜抛出了橄榄枝，包括沈阳故宫博物院、沈阳市机关工委、沈阳市图书馆等，不少在当时人们眼中都属于令人眼红的"铁饭碗"。然而范敬宜却决意留在辽宁日报社，原因无他，只是因为对新闻工作实在是太"钟情"，无法割舍他所热爱的新闻事业。[1] 范敬宜也曾在多个不同场合表达过自己对新闻工作的坚持和热爱，他对于新闻工作理解之深刻、热爱之深切，对于当代新闻工作者重新认识新闻职业，提升职业认同，有着鲜活而有益的借鉴意义。

其次，范敬宜作为报社领导，在办报理念方面也有独特的经验总结，这种经验就是"政治家办报"与"文人办报"相结合。范敬宜认为，办好党的新闻报刊，必须有"政治家办报"的意识和觉悟，这是做好党的新闻工作的基本要求；但同时也需要继承和发扬"文人办报"的优点，运用好新闻中的文化，使新闻舆论工作更深入人心。郭庆光和来向武（2011）认为，范敬宜将"政治家办报"与"文人办报"结合起来的实践特点，已经成为我国现代新闻实践领域中的一个独特现象。范敬宜是一个独特的文人，更是一个独特的"文人新闻人"。在新闻工作中做到政治与文化的完美统一，成为范敬宜身上不可磨灭的具有强烈标识性的印记。

此外，范敬宜从事新闻教育事业的八年中，也为中国和清华的新闻教育工作做出了突出的贡献。其一，他是全国范围内马克思主义新闻观的首倡者，为清华乃至中国的新闻教育树立起了一面旗帜。其二，范敬宜就任清华大学新闻与传播学院院长后，提出了"素质为本，实践为用，面向主流，培养高手"的育人理念和办学方针。"面向主流"的理念如今已深入人心，已经成为清华大学新闻教育传统中一个标志性的特色。其三，他将主流媒体与学生课堂相连接，将职业需求与教育教学相连接，将新闻工作者与新闻学子相连接，打通了学界与业界的壁垒，并运用自身的社会资源助力学生成长成才，这方面的举措为同人（如暨南大学新闻与传播学院院长范以锦[2]）提供了有益的经验借鉴。

---

[1] 内容来自与范迅的访谈，访谈时间为2021年4月7日，访谈地点为中国矿业大学。

[2] 范以锦在与研究者的访谈中明确指出，范敬宜打通主流媒体的方针给了他办学方面非常大的启发。访谈时间为2019年12月2日，访谈地点为暨南大学新闻与传播学院。

参考文献

1. 白红义,2014.环境抗争报道的新闻范式研究:以三起邻避冲突事件为例[J].现代传播(中国传媒大学学报),36(01):45-50.
2. 蔡斐,2010.世界的眼光中国的问题:重读戈公振先生《新闻学》[J].国际新闻界,32(08):110-116.
3. 陈崇山,1987.在宣传改革中改革宣传:访经济日报总编辑范敬宜[J].新闻战线(09):3-5.
4. 陈力丹,2004.新启蒙与陆定一的《我们对于新闻学的基本观点》[J].现代传播(01):17-21.
5. 程曼丽,2001.中国共产党新闻思想探析[J].新闻与传播研究(03):24-30.
6. 钱念孙,1998."张浩事件"与安徽农村改革的一段波折[J].纵横(12):49-54
7. 戴佳,史安斌,2014."国际新闻"与"全球新闻"概念之辨:兼论国际新闻传播人才培养模式创新[J].清华大学学报(哲学社会科学版),29(01):42-52+159.
8. 邓绍根,丁丽琼,2021.中国共产党百年进程中马克思主义新闻观的创新发展[J].新闻大学(06):48-70+123.
9. 丁柏铨,2019.论中国共产党延安时期的新闻思想[J].新闻与写作(02):57-63.
10. 东方早报,2005. 清华新闻学院院长范敬宜:学生有责任了解国情[N/OL].清华大学新闻网.[2021-03-15]. https://www.tsinghua.edu.cn/info/1841/73793.htm.
11. 董岩,2007.范敬宜:马克思主义新闻观不是一句空话[J].新闻与写作(03):4-5.
12. 窦锋昌,2018.从专业化到社会化:新闻学人才培养目标在新媒体时代的转向[J].高教探索(11):41-45+70.
13. 杜尚泽,2016.习近平在党的新闻舆论工作座谈会上强调:坚持正确方向创新方法手段 提高新闻舆论传播力引导力[N]. 人民日报,2016-02-20(01).
14. 范敬宜,1999.如果不是人民日报转载……[J].新闻战线(10):69-70.
15. 范敬宜, 2001.范敬宜诗书画[M].北京:新华出版社.

16. 范敬宜,2002.敬宜笔记[M].上海：文汇出版社.
17. 范敬宜,2003.且引文脉贯新章[J].采·写·编(04):17.
18. 范敬宜,2004a.谈谈新闻工作者的社会责任(上)[J].新闻实践(02):8-11.
19. 范敬宜,2004b.谈谈新闻工作者的社会责任(下)[J].新闻实践(03):9-11.
20. 范敬宜,2007a.新闻敏感与文化积累[J].新闻战线(10):26-27.
21. 范敬宜,2007b.从文化视角写经济现象[J].新闻战线(11):22-23.
22. 范敬宜, 2007c.敬宜笔记续编[M].上海：文汇出版社.
23. 范敬宜, 2009.范敬宜文集：新闻作品选[M].北京：清华大学出版社.
24. 范敬宜, 2010.总编辑手记[M].北京：人民日报出版社.
25. 范敬宜, 2011.范敬宜文集：新闻教育文选[M].北京：清华大学出版社.
26. 范敬宜,王君超,2008.用时代要求审视党报的新闻宣传工作[J].新闻战线(09):4-6.
27. 方晨,李金泳,蔡博方,2016.忽略的维度:詹姆斯·凯瑞的新闻历史观及其批判[J].国际新闻界,38(02):131-149.
28. 方汉奇, 1996.中国新闻事业通史：第二卷[M]. 北京：中国人民大学出版社.
29. 方晓红,2004.从"党性原则"到"三贴近原则"：论中国党报理论的发展与党报改革[J].南京师大学报(社会科学版)(05):90-93.
30. 方延明,2004.解读新闻文化的价值观意义[J].南开学报（哲学社会科学版）(06):30-35.
31. 方延明,2008.新闻文化的学科观检讨[J].南京师大学报(社会科学版)(06):65-73.
32. 方毅华,杨惠涵,2018.论数据新闻的叙事范式[J].现代传播(中国传媒大学学报),40(12):45-49.
33. 方蒸蒸,程晋宽,2012."焦点小组访谈"的比较教育研究方法意义[J].外国教育研究,39(06):19-25.
34. 房现玉, 2015.新中国成立初期中共对新闻批评理论的发展[J]. 新闻研究导刊, 6(017):216-217.
35. 冯波,2001.由邵飘萍的新闻活动论新闻本位的回归[J].陕西师范大学学报(哲学社会科学版)(S2):135-136.
36. 冯其庸,2010.哭范敬宜学长兄（心香一瓣）[N]. 人民日报. 2010-11-22(24).
37. 付松聚,2008."勿忘人民"：穆青的新闻伦理思想[J].新闻记者(01):62-64.
38. 付松聚,2012.穆青"勿忘人民"新闻思想对当代的启示[J].青年记者(09):42-43.

39. 高金萍,2002."硬化"与"软化":中美新闻文化表现形态的差异性比较[J].国际新闻界(04):36-39.

40. 戈公振,2016.中国报学史[M].北京:中国传媒大学出版社.

41. 龚举善,2009.转型期报告文学的改革基调与增长形态[J].学术论坛,32(09):131-135.

42. 龚永泉,1997.听范敬宜关于抓精品的演讲[J].新闻通讯(03):19-21.

43. 郭继民,2013.何谓思想[J].决策与信息(01):24-25.

44. 郭庆光,来向武,2011.居高自望远,放眼量风物:范敬宜新闻思想述论[M]//范敬宜,2011.范敬宜文集:新闻教育文选[M].北京:清华大学出版社.

45. 哈艳秋,王启祥,2009.五四时期的新闻本位思想探析[J].现代传播(中国传媒大学学报)(06):41-44.

46. 郝帅,2011."如果有来生,我还做记者":听范敬宜谈新闻人生[J].新闻爱好者(01):119-120.

47. 何大生,2010.听范敬宜谈新闻人生[J].采写编(06):16-17.

48. 贺启光,1999.政治家办报的典范:读范敬宜的《总编辑手记》片谈[J].新闻前哨(10):36-37.

49. 洪文军,2013.离基层越近离真理越近:范敬宜新闻实践对于坚持"走转改"的启示[J].军事记者(04):40-41.

50. 胡锦涛,2008.在人民日报社考察工作时的讲话[N/OL].新华网.[2021-03-03].http://www.xinhuanet.com/politics/leaders/hujintao/index.htm.

51. 胡显章,2005.素质为本 实践为用 面向主流 培养高手[J].新闻战线(09):61-64.

52. 胡钰,陆洪磊,2018.马克思主义新闻观教育的创新思路研究[J].新闻与传播研究(11):5-17+126.

53. 胡钰,虞鑫,2016.构建中国特色新闻学:何以可能与何以可为[J].国际新闻界,38(08):92-115.

54. 黄旦,2003.中国新闻传播的历史建构:对三个新闻定义的解读[J].新闻与传播研究(01):24-37+93.

55. 黄瑚,2014.媒介融合趋势下复合型新闻传播人才的培养[J].国际新闻界,36(04):144-149.

56. 姬德强,张毓强,2019.传播与全球话语权力转移[J].对外传播(10):60-63.

57. 吉登斯,萨顿,2019.社会学基本概念[M].王修晓,译.北京:北京大学出版社.

58. 季春芳,2006.1957年全党整风及其转向原因[J].巢湖学院学报(01):100-103.

59. 季为民,叶俊,2018.论习近平新闻思想[J].新闻与传播研究,25(04):5-16+126.
60. 纪忠慧,2011.在清华听范敬宜院长讲新闻[J].新闻与写作(01):46-49.
61. 姜波, 2018.好记者是怎样"炼"成的？新闻背后的精彩故事[M]. 北京：经济日报出版社.
62. 姜飞,2020a.与时俱进,守正创新:中国国际传播能力建设规划急需升级版[J].国际传播(01):10-16.
63. 姜飞,2020b.新时期对未来国际新闻传播人才培养的思考[J].新闻与写作(07):37-42.
64. 姜华,2015.论新闻民粹主义的理论渊源、表现及其社会影响[J].山西大学学报(哲学社会科学版),38(06):58-72.
65. 蒋忠波,2010.论戈公振的新闻编辑思想及其现代意义[J].编辑之友(03):101-104.
66. 教育部高等教育司,2007. 清华大学新闻与传播学院马克思主义新闻观教育经验报告[R]. 2007-06-14. //范敬宜, 2011. 范敬宜文集：新闻教育文选[M]. 北京：清华大学出版社.
67. 教育部,中共中央宣传部,2018. 关于提高高校新闻传播人才培养能力实施卓越新闻传播人才教育培养计划2.0的意见[EB/OL]. [2020-10-20]. http://www.moe.gov.cn/srcsite/A08/s7056/201810/t20181017_351893.html.
68. 金兼斌,2010.清华师生八宝山送别范敬宜[N/OL]．清华新闻网．[2019-10-19].https://www.tsinghua.edu.cn/publish/thunews/10303/2011/20110225232557671257464/20110225232557671257464_.html.
69. 康德,2004.纯粹理性批判[M].邓晓芒,译.北京：人民出版社.
70. 柯文, 2016.在传统与现代性之间：王韬与晚清改革[M]. 雷颐,罗检秋,译.北京：中信出版社.
71. 库恩, 2003.科学革命的结构[M].金吾伦,胡新和,译.北京：北京大学出版社.
72. 蓝鸿文,1999.学习范长江研究范长江：纪念范长江90诞辰[J].新闻界(06):5-6.
73. 雷晓艳,2011.范敬宜新闻思想研究综述[J].新闻爱好者(11):80-81.
74. 李北陵,2010.范敬宜留下了什么？[N/OL]. 中华读书报. [2019-11-12]. https://epaper.gmw.cn/zhdsb/html/2010-12/08/nw.D110000zhdsb_20101208_1-08.htm?div=-1.
75. 李彬,2010a."面向主流培养高手"：追忆范敬宜院长[J].中国出版(23):56-58.

76. 李彬,2010b.骊歌一曲意难分[J].新闻记者(12):14-20.
77. 李彬,2011a.范敬宜与作文章[J].新闻与写作(01):42-45.
78. 李彬,2011b.范敬宜与清华马克思主义新闻观教育述略[J].中国记者(06):56-58.
79. 李彬,刘海龙,2016.20世纪以来中国传播学发展历程回顾[J].现代传播(中国传媒大学学报),38(01):32-43.
80. 李海波,2017.新闻的公共性、专业性与有机性:以"民主之春"、延安时期新闻实践为例[J].新闻大学(04):8-17+145.
81. 李华,2012.范长江新闻思想的贡献及当代启示[J].编辑之友(11):119-121.
82. 李杰,2009.史学方法论问题域探析[J].历史研究(06):152-166+192.
83. 李金宝,2014.微博反腐事件的新闻范式及传播机制[J].当代传播(02):71-73.
84. 李魁领,1999.范敬宜论"用事实说话"[J].新闻知识(06):16.
85. 李明德,王含阳,张敏,等,2020.智媒时代新闻传播人才能力培养的目标、困境与出路[J].西安交通大学学报(社会科学版),40(02):123-130.
86. 李晓灵,张高杰,2018.试论邹韬奋马克思主义思想及其新闻实践的历史呈现[J].陕西师范大学学报(哲学社会科学版),47(03):167-176.
87. 李艳,2018.新技术条件下国际传播的高政治性与博弈复杂度探讨[J].信息安全与通信保密(04):31-32.
88. 李岩,2017.回望任白涛的新闻思想[J].新闻传播(13):66-67.
89. 李元宝,2011.永远的记忆:范敬宜与建昌[M].香港:环球出版社.
90. 梁衡,2010.以后这样的人不多了:送别范敬宜同志[J].文史参考(023):64-65.
91. 刘保全,2016.新闻要有文化含量[J].当代传播(04):1.
92. 刘海龙,2013.中国新闻理论研究的范式危机[J].南京社会科学(10):93-99.
93. 刘建明,2006.党报的理论体系及其建构者[J].国际新闻界(05):74-80.
94. 刘鉴强,2002.如果有来世,还是做记者:范敬宜谈新闻记者的修养[J].新闻记者(06):3-6.
95. 刘鹏,2019.为何是王甘:王中、甘惜分新闻思想及"甘王之争"的产生原因与时代背景[J].国际新闻界,41(04):21-48.
96. 刘琴,2014.新闻职业道德与网络民粹主义的博弈:以"李某某强奸案"的传播为例[J].当代传播(04):53-55.
97. 刘勇,2019.新中国新闻文体70年:"范式"的共生与交融[J].南京师大学报(社会科学版)(06):133-145.
98. 柳斌杰,2021.从马克思主义在中国的百年胜利看马克思主义新闻观的学习[EB/OL].清华传媒评论.[2021-04-08]. https://mp.weixin.qq.com/s/h6GTYnerfdFECbWMfP8g7Q.

99. 路敦英,李长江,高永强,1999.党报记者如何讲政治[J].学术交流(02):3-5.

100. 罗海岩,2009.范敬宜的新闻人生[J].采写编(05):58-59.

101. 罗海岩,2010.范敬宜:亦真亦儒的新闻人生[J].百年潮(02):52-56.

102. 罗坤瑾,2019.狂欢与规训:社交媒体时代虚假新闻传播及治理研究[J].现代传播(中国传媒大学学报),41(02):68-72.

103. 罗志田,张洪彬,2016.学术史、思想史和人物研究:罗志田教授访谈[J].学术月刊,48(12):174-179.

104. 马克思,恩格斯, 2012.马克思恩格斯选集:第一卷[M]. 中共中央马克思恩格斯列宁斯大林著作编译局编译.北京：人民出版社.

105. 毛泽东,2015.人的正确思想是从哪里来的?[J].新湘评论(05):59.

106. 梅珍兰,2013.童年的意义、困境与出路[J].全球教育展望,42(03):99-107.

107. 孟威,2016.习近平的新闻舆论观:深入学习习近平总书记在党的新闻舆论工作座谈会上的讲话[J].当代传播(03):4-11.

108. 穆美琼,2020.葛兰西实践哲学中的有机知识分子思想及其时代意义[J].世界哲学(01):37-44.

109. 庞廷福,2009.参与"关广梅现象"大讨论报道回顾[J].中国记者(01):43-44.

110. 庞廷福,2018.商业租赁第一人引发的"关广梅现象"和"社资"之争[N/OL].文摘报.[2020-11-11]. https://epaper.gmw.cn/wzb/html/2018-05/12/nw.D110000wzb_20180512_2-08.htm.

111. 漆亚林,2020.建设性新闻的中国范式:基于中国媒体实践路向的考察[J].编辑之友(03):12-21.

112. 齐爱军,郑保卫,2014.陆定一新闻思想的知识社会学视角考察[J].现代传播(中国传媒大学学报),36(06):24-28.

113. 乔申颖,2003a.范敬宜办报思想初探[J].报刊之友(02):32-36.

114. 乔申颖,2003b.千秋家国愿,一世新闻情:记清华大学新闻与传播学院院长范敬宜先生[J].新闻爱好者(09):4-7.

115. 人民日报,2000.胡锦涛在全国宣传部长会议上发表重要讲话要求宣传思想战线唱响主旋律打好主动仗[N]. 2000-01-12(1).

116. 人民日报,2016.习近平在党的新闻舆论工作座谈会上强调坚持正确方向创新方法手段提高新闻舆论传播力引导力[N]. 2016-02-20(1).

117. 人民网,2005.报人老范的新闻情怀[N/OL].清华大学新闻网. [2019-10-19].

https://www.tsinghua.edu.cn/info/1841/73792.htm.

118. 人民网,2010."抖起精神继承他未了的事业":清华大学新闻传播学院教师深切缅怀范敬宜院长[EB/OL]. [2021-03-11]. http://news.cntv.cn/china/20101119/108183.shtml

119. 人民网,2016."两学一做"系列辅导之三：增强"四个意识"[N/OL].中国共产党新闻网. [2021-03-15]. http://dangjian.people.com.cn/n1/2016/0412/c117092-28269435.html.

120. 尚文华,2019.差异意识：形而上学与实践哲学的分野之处：论从黑格尔到马克思的转变[J].求是学刊,46(04):29-36.

121. 尚文华,2020.回到康德，回到黑格尔，抑或回到思想本身：兼论马克思哲学或哲学研究的方法论问题[J].马克思主义与现实(02):87-94.

122. 商立民,2011.范敬宜在辽宁日报[M].沈阳：辽宁人民出版社.

123. 申宏磊,雷向晴,2005.谈外宣人才的综合素质：访清华大学新闻与传播学院院长范敬宜[J].对外大传播(05):6-8.

124. 唐远清,程子豪,2018.甘惜分:我国舆论学理论及实践的开创者和引路人[J].青年记者(12):38-40.

125. 童兵,林涵,2001.中国理论新闻传播学研究百年回顾[J].新闻与传播研究(01):10-19+93-94.

126. 王春荣,2003.论新闻工作者的思想政治修养[J].学习与探索(04):136-137.

127. 王慧敏,2014.教诲将伴笔耕老：我与老师范敬宜的点滴往事[J].青年记者(07):42-45.

128. 王慧敏,2020.范式转向：数据新闻的发展方向与挑战[J].新闻世界(09):44-49.

129. 王健华,徐梦菡,2017.范敬宜的新闻和教育思想与实践[J].现代传播(中国传媒大学学报),39(06):148-152.

130. 王君超,2010.范敬宜的新闻思想及对我国新闻事业的贡献[J].中国出版(24):25-28.

131. 王科,1994.潮起潮落总关情：来自京广线的报告[N].人民日报.1994-2-13(1).

132. 王南湜,2017.思想对客观性的三种态度:康德、黑格尔与马克思——关于哲学如何切中现实的一个考察[J].哲学研究(07):11-21+128.

133. 王荣江,2018.库恩对Paradigm一词的使用、理解及其中文翻译[J].自然辩证法通讯,40(09):113-120.

134. 王强,2015."标出性"理论与当代新闻文化[J].新闻界(23):24-29.

135. 王秋和,2011.舆坛擎旗手 先忧后乐人:与范敬宜一起工作的日子[J].中国报业,269(07):61-65.
136. 王维佳,2011.当代中国新闻史书写中的政治无意识[J].山西大学学报(哲学社会科学版),34(01):83-87.
137. 汪晖,许燕,2006."去政治化的政治"与大众传媒的公共性:汪晖教授访谈[J].甘肃社会科学(04):235-248.
138. 汪晖,2007a.去政治化的政治、霸权的多重构成与六十年代的消逝[J].开放时代(02):5-41.
139. 汪晖,2007b.理论、实践与历史诠释:答纽约大学研究生问[EB/OL].[2020-12-01]. http://www.aisixiang.com/data/35000.html.
140. 魏丽宏,2010.毛泽东、邓小平、江泽民、胡锦涛的新闻思想比较[J].新闻与传播研究,20(06):4-14+109.
141. 翁杨,2012.从新闻学视角看陆定一晚年关于新闻真实性的反思[J].当代传播(04):49-52.
142. 吴飞,李佳敏,2019.从希望哲学的视角透视新闻观念的变革:建设性新闻实践的哲学之源[J].新闻与传播研究,26(S1):97-105.
143. 吴风,2013.政党政治与新闻党性原则:新中国六十年新闻史的理论反思[J].山西大学学报(哲学社会科学版),36(02):119-124.
144. 吴汉全,2011.马克思主义新闻思想中国化的早期探索[J].新闻与传播研究,18(06):4-10+108.
145. 吴冷西,1995.忆毛主席:我亲身经历的若干重大历史事件片段[M].北京:新华出版社.
146. 习近平,2015.习近平视察解放军报社[N/OL].央广网.[2020.06.08]. http://china.cnr.cn/news/20151227/t20151227_520936130.shtml.
147. 习近平,2016.在哲学社会科学工作座谈会上的讲话[N/OL].新华社.[2019.10.18]. http://news.xinhuanet.com/politics/2016-05/18/c_1118891128.htm.
148. 向芬,2019.范式裂变:延安新闻观的兴起[J].兰州大学学报(社会科学版),47(06):55-63.
149. 肖跃华,2012.物艺相通:范敬宜[J].书屋(11):59-64.
150. 萧永宏,2003.反右扩大化后党和国家政治生活的异常发展[J].南京师大报(社会科学版)(05):51-57.
151. 新华网,2018.习近平这些要求,新闻工作者要牢记[N/OL].人民网.[2021.04.03]. http://politics.people.com.cn/n1/2018/1108/c1001-30389603.html.

152. 熊忠辉,李暄,2016.从新闻宣传到新闻舆论：中国共产党马克思主义新闻观发展的历史考察[J].南京政治学院学报,32(04):92-99.

153. 徐宝璜,1994.新闻学[M]. 北京：中国人民大学出版社.

154. 徐新平,2003.通才·史家·政治家：中国新闻人才观的变迁[J].新闻大学(01):55-58.

155. 徐新平,刘炎飞,2017.邵飘萍新闻思想述论[J].湖南大学学报(社会科学版),31(06):155-162.

156. 徐焰,2019.邹韬奋：三联书店创始人[N/OL]人民网.[2021-03-19]. https://baike.baidu.com/reference/801641/4ae3YkzotG_TX6MvsLo13Ka7PvQHLS-i7sWmMsbyClisFOhTyldlby6YbFPkOB0TMgAYk-I1i772lASoch_ZufhqnWddcrq4WahgZubkWz8MTsQXL1dW.

157. 学习时报,2018.让党的报刊成为安定团结的思想中心：读邓小平《目前的形势和任务》[N/OL].中国共产党新闻网. [2021-03-03]. http://dangshi.people.com.cn/n1/2018/1031/c85037-30373152.html?ivk_sa=1024320u.

158. 亚里士多德, 1995.形而上学[M]. 吴寿彭,译. 北京：商务印书馆.

159. 晏青,麦金泰尔,2017.建设性新闻：一种正在崛起的新闻形式：对凯伦·麦金泰尔的学术访谈[J].编辑之友(08):5-8.

160. 杨保军,2003.新闻价值论[M].北京：中国人民大学出版社.

161. 杨保军,2006.新闻真实论[M].北京：中国人民大学出版社.

162. 杨保军,2008.新闻本体论[M].北京：中国人民大学出版社.

163. 杨保军,2014.新闻观念论[M].上海：复旦大学出版社.

164. 杨保军,2017."范式转换"是世界观的变革：《科学革命的结构》眉批录[J].新闻记者(07):87-96.

165. 杨保军,2019.新闻规律论[M].北京：中国人民大学出版社.

166. 杨保军,李泓江,2020.新闻学的范式转换：从职业性到社会性[J].新闻与传播研究,27(08):5-25+126.

167. 杨欣,2020.李大钊与马克思主义新闻观的早期实践[J].南昌大学学报(人文社会科学版),51(01):89-97.

168. 杨振武,2016.把握好政治家办报的时代要求：深入学习贯彻习近平同志在党的新闻舆论工作座谈会上的重要讲话精神[J].中国报业(06):10-14.

169. 羊慧明,2010.谋篇始于忧患弄潮更需前瞻：对话范敬宜[J].企业研究

(11):10-13.

170. 叶俊,赵云泽,2018.习近平对新闻人才培养的重要论述[J].编辑之友(11):75-79.

171. 叶俊,2019.新闻学的政治化、去政治化与再政治化：对中国特色新闻学政治逻辑的考察[J].厦门大学学报(哲学社会科学版)(03):121-128.

172. 袁映雪,2019."耳目喉舌"论的历史性变革与中国新闻思想观念的发展[J].新闻爱好者(01):73-75.

173. 曾佳敏,2020.人物研究的意义、原则和方法探析[J].理论观察(01):28-30.

174. 曾维康,朱爽,2010.范敬宜新闻文化思想的发端与发展：兼析范敬宜新闻作品[J].青年记者(34):46-50.

175. 詹国枢,2010.恩师老范[J].青年记者(13):43.

176. 詹小美,张梦媛,2020.马克思主义新闻观的研究范式[J].出版发行研究(02):20-25.

177. 张青松,2020.辨章讳学考镜源流：卞仁海《中国避讳学史》评介[J].兴义民族师范学院学报(06):35-38.

178. 张太原,2011.从研究对象到研究路径：由近年来的傅斯年研究看人物研究的新视野[J].史学月刊(02):122-127.

179. 张莞昀,2006.了解国情是底气！：访新闻与传播学院院长范敬宜.[N/OL].清华大学新闻网.[2021-02-21].https://www.tsinghua.edu.cn/info/1841/73791.htm.

180. 张文明,2015.邹韬奋：新闻出版实践与思想研究[M].北京：社会科学文献出版社.

181. 张杨,2004.精英气质平民思想：传统与现代之间的范敬宜[J].新闻爱好者,(01):30-32.

182. 张志勇,2015.包产到户,万里第一[J].中国中小企业(08):46-49.

183. 赵月枝,2008.为什么今天我们对西方新闻客观性失望?：谨以此文纪念"改革开放"30周年[J].新闻大学(02):9-16.

184. 赵月枝,2017.如何认识中国共产党的新闻理论和实践[J].经济导刊,(10):42-49.

185. 郑保卫,2018.马克思主义新闻观中国化的历史进程及其理论贡献[J].新闻与传播研究,25(02):5-19+126.

186. 郑梦熊,2001.深入开展马克思主义新闻观学习教育活动[J].新闻战线,(03):1.

187. 郑岩,2007.用人文精神引领新闻文化发展的思考[J].新闻界,(04):60-61.

188. 中共中央文献研究室,2013.毛泽东年谱（1949-1976）：第3卷[M].北京：中央文献出版社.
189. 中国青年报,2004.关于深入学习贯彻党的十六届四中全会精神进一步做好新形势下青年群众工作的决议[N/OL].中青在线.[2020-11-14].http://zqb.cyol.com/content/2004-10/27/content_974724.htm.
190. 中国社会科学院新闻研究所,1980.中国共产党新闻工作文件汇编（上）[G].北京：新华出版社.
191. 钟沛璋,1985.积极、主动、创造性地当好党和人民的喉舌：学习胡耀邦同志关于党的新闻工作的讲话[J].新闻业务(06):5-6.
192. 钟茜,2003.新闻发言人制度与政府公共关系管理[J].当代传播(06):79-80.
193. 钟哲明,2012.马克思主义文化观的当代意义[J].思想理论教育导刊(11):28-35.
194. 周典典,2019.供给侧改革背景下高校新闻传播人才培养路径[J].传媒(23):84-86.
195. 周劼人,李柯,2010.网悼"范爷爷":大学生敬爱什么样的高校"官员"[N/OL].新华网.[2021-03-11].http://edu.sina.com.cn/l/2010-11-15/1512195462.shtml.
196. 周俊,2019.马克思主义新闻学研究70年(1949-2019)[J].新闻与传播研究,26(08):5-23+126.
197. 周凯,张慧娟,2012.论新闻文化在城市形象构建中的传播价值[J].新疆社会科学(05):113-116.
198. 朱清河,张荣华,2009."政治家办报"的历史起点与逻辑归点[J].新闻与传播研究,16(04):22-33+108.
199. 朱清河,2019.文化殖民反思与中国特色新闻学的话语构建[J].厦门大学学报(哲学社会科学版)(02):109-119.
200. 朱小阳,2007.邹韬奋新闻思想探析[J].新闻界(04):163-164.
201. 朱旭峰,2006.中国政策精英群体的社会资本:基于结构主义视角的分析[J].社会学研究(04):86-116+243-244.
202. 朱至刚,2015.取向与取舍:"学科"角度下的早期中国新闻学[J].新闻与传播研究,22(09):66-79+127.
203. 祝敏青,2019.构建史论结合辞格审美理论体系的丰碑：《中国辞格审美史》述评[J].泉州师范学院学报,37(05):101-108.
204. BERKOWITZ D, 2000. Doing double duty: Paradigm repair and the Princess

Diana what-a-story[J]. Journalism 1(2): 125-143.
205. CECIL M, 2002. Bad apples: Paradigm overhaul and the CNN/Time 'Tailwind' story[J]. Journal of Communication Inquiry 26(1): 46-58.
206. CODDINGTON M, 2012. Defending a paradigm by patrolling a boundary:Two global newspapers' approach to WikiLeaks[J]. Journalism & Mass Communication Quarterly, 89, 377-396.
207. PAN Z, CHAN J M, 2003. Shifting journalistic paradigms: How China's journalists assess "media exemplars" [J]. Communication Research, 30: 649-682.
208. LEE, FRANCIS L F, 2006. Poll reporting and journalistic paradigm: a study of popularity poll coverage in hong kong newspapers. Asian Journal of Communication, 16(2), 132-151.
209. RUGGIERO T E, 2004. Paradigm repair and changing journalistic perceptions of the Internet as an objective news source[J]. Convergence: The International Journal of Research into New Media Technologies 10(4): 92-106.
210. STEINER L ,GUO J ,MCCAFFREY et al., 2013. The Wire and repair of the journalistic paradigm[J]. Journalism, 14(6), 703-720.
211. VOS T P, MOORE J, 2020. Building the journalistic paradigm: Beyond paradigm repair[J]. Journalism, 21(1), 17-33.
212. WHIPPLE K N, SHERMAK J L, 2020. The Enemy of My Enemy Is My Tweet: How #NotTheEnemy Twitter Discourse Defended the Journalistic Paradigm[J]. Journalism & Mass Communication Quarterly, 97(1), 188-210.

附录A 范敬宜年表

年份	重要历史事件	范敬宜个人经历
1931年	九一八事变爆发	范敬宜出生于江苏苏州
1937年	七七事变爆发；南京、苏州沦陷	
1938年		范敬宜举家迁往上海
1946年		范敬宜考上上海无锡国专
1949年	新中国成立	范敬宜考上圣约翰大学中文系
1951年	《人民日报》刊登魏巍的通讯《谁是最可爱的人》	范敬宜从圣约翰大学毕业，辗转来到东北日报社，从事新闻编辑工作
1954年	《中华人民共和国宪法》颁布	范敬宜正式成为记者
1957年	反右派斗争扩大化	范敬宜被划为右派，调离新闻岗位，每天学习、挨批、劳动
1958年	"大跃进"与人民公社化运动	组织上宣布对范敬宜的正式处理决定：开除团籍、行政降级、下放辽阳种马场劳动改造
1959年	出现全国范围自然灾害，粮食危机爆发	范敬宜回到辽宁日报社办农场继续接受改造
1960年	北方持续爆发特大旱灾	范敬宜摘掉右派帽子，但仍继续接受劳动改造
1962年		范敬宜结束劳改，回到辽宁日报社从事编辑工作，担任拣字员和校对员，主要上夜班
1963年		范敬宜被调到辽宁日报社农民版，从事农村报道

续表

年份	重要历史事件	范敬宜个人经历
1966 年	"文化大革命"爆发	范敬宜在"文革"中再次遭到清算,遭到批斗
1969 年	"文化大革命"全面进入"斗、批、改"阶段	12 月 15 日,范敬宜举家被下放至辽宁西部的建昌县接受贫下中农再教育
1971 年		范敬宜被调往建昌县农业办公室,从事农村调查
1975 年	全国农业学大寨会议召开	范敬宜从大寨学习归来时,第一次路过人民日报社,不过连门都没进去
1978 年	党的十一届三中全会召开	3 月,范敬宜入党 9 月,范敬宜返回辽宁日报社农村部
1979 年	"张浩事件"爆发;家庭联产承包责任制得到中央肯定	5 月 13 日,范敬宜发表《分清主流与支流 莫把"开头"当"过头"》,一石激起千层浪
1982 年	中央首次在一号文件中明确指出包产到户、包干到户是社会主义集体经济的生产责任制	5 月 28 日,范敬宜乘坐的 193 次列车发生倾覆,范敬宜受重伤住院,而后离开新闻工作岗位将近一年
1983 年		6 月,范敬宜升任辽宁日报社副总编辑,分管出版工作
1984 年	党的十二届三中全会召开	9 月,范敬宜调任国家文化部外文局局长兼党组书记
1985 年		范敬宜彻底平反
1986 年	中央农村工作会议召开	3 月,范敬宜接受中央任命,担任经济日报社总编辑兼社长
1987 年		范敬宜担任党的第十三次全国代表大会代表
1993 年	党的十四届三中全会召开	3 月,范敬宜担任政协第八届全国委员会经济委员会副主任 9 月,范敬宜前往人民日报社担任总编辑一职
1998 年	邓小平理论的提出	3 月,范敬宜担任第九届全国人大常委会委员,教科文卫委员会副主任委员,同时卸任人民日报社总编辑
2001 年	中共中央宣传部首次提出马克思主义新闻观概念	6 月,范敬宜首次应邀到清华大学演讲
2002 年		4 月,范敬宜正式出任清华大学新闻与传播学院首任院长

续表

年份	重要历史事件	范敬宜个人经历
2004 年	共青团中央强调用马克思主义新闻观武装学生头脑	5 月,范敬宜到退休年龄,正式退休
2005 年		3 月,范敬宜推荐《乡村八记》给温家宝总理 9 月,首开马克思主义新闻观课程
2007 年		1 月 18 日,清华大学马克思主义新闻学与新闻教育改革研究中心成立,范敬宜担任首任主任
2010 年		11 月 13 日,范敬宜因病于北京逝世,享年 79 岁

附录B 访谈纪要

个人访谈纪要一：范迅

访谈对象：范迅，男，中国矿业大学副校长，范敬宜之子。
访谈地点：中国矿业大学。
访谈时间：2021年4月7日。
访谈内容：

采访者：我当时在梳理范老年轻时，从上海到辽宁的这个过程，然后发现是有两种说法，一种说是他已经谈好了上海的工作，另外一种是工作还没有确定下来，但初步有定下来的这个意愿了，这个具体情况您了解吗？

范迅：那应该是1949年到1951年，1951年呢，是解放以后全国第一次统一分配，就是大学生统一分配，在这之前没有统一分配。

统一分配是什么情况呢？当时我妈妈（吴秀琴）是组织上给她分到东北日报，就在沈阳，当时叫《东北日报》，现在叫《辽宁日报》……当时一分就给她分东北了。然后我爸分哪呢？他是分到这个当时是，好像是复旦的，应该是复旦的新闻（其实应该是华东师范大学），但是具体到哪个系，是新闻系啊还是这个中文系我不太知道，去当这个助教，但是我爸就说不愿意去。你想，那时候我爸妈都是上海人，你也知道一般上海人不愿意到外地去。但他呢，已经分到上海了，却不愿意去。

他反正其实当时是有几种选择，一个呢，是他想出去闯一闯，然后再加上当时正好抗美援朝嘛，魏巍的《谁是最可爱的人》对他影响也很大，他就想去东北。另一个呢，就是他从小到大确实就在那个安逸的环境下，他也觉得有点太约束，就是说家庭对他约束得太厉害。你看他从小是在家里头上小学，这儿也不让去，那儿也不让去，很憋屈，所以他也想出去。

所以在这种考虑下呢，他就要求说想分到外头去。那个时候，一说你要想分到外头去，这太容易了，比留在上海容易多了。后来组织上就说，那你就去东北师大，就长春那个东北师范大学去当助教吧。他呢，就同意了……

确定下来去东北师范大学当助教之后呢，他不敢告诉我奶奶，所以他骗我奶奶说分到北京去。当时我奶奶那个人呢，实际上是特别特别开明的一个人，听到要去北京，说出去闯闯也对，因为她经历的事情也很多。所以实际上我奶奶是非常开明的，但是我两个姑奶奶（也就是范敬宜的两位姑母）对他特别宠爱，对他管得还是比较多的，她们肯定是不能答应的。我奶奶还是比较放手，所以他跟我奶奶说，不跟他的姑母们说。

然后到了走的时候，奶奶去火车站送我爸爸去北京。奶奶想直接把爸爸送到北京，所以她就找了一个被分配到北京的一个我爸爸的同学，他（指那个同学）有一张去北京的车票。当时别说分到东北了，很多上海人就算分到北京都不去，这个同学呢，就是分到北京了但是不去，属于这种情况。我奶奶说，那既然你不去，你把你的车票给我吧，那个同学也同意了。

当时的火车票也不是实名制的，就这么大一个卡片（半个手掌大小），所以谁都可以上。我奶奶拿着这张到北京的车票，同一天跟我爸爸到了车站。我爸爸他有一张到北京的车票，还有一张从天津到东北的车票，到北京的车是先发。所以就我奶奶送他的时候呢，就是看着他上了北京的车，结果他到了天津就下来了……

下来以后呢，我爸爸跟我妈妈就坐直接到沈阳的车。然后到了天津，那时候去东北的车都是要到天津去换车，到了天津以后下车，下来以后就跟他们（指同分配去东北的同学）会合。当时正好是什么呢？东北那年发大水，出关以后的那个铁路桥被大水冲断了。所以他们这批人就先在天津住了几天，一直等到铁路恢复了，然后才到了沈阳。沈阳是他们这批人到东北的第一站。当时他们就住在那个沈阳宾馆。

到了东北之后，他们接受了一个简短的培训，培训完了以后就开始分配了，按照各自的岗位各奔东西。然后就在沈阳宾馆，东北日报的人来接我妈妈和另外两个也是分到东北日报的人。正好呢，因为我爸跟我妈都比较熟了，又都是从上海过去的，当时他们正好在同一个房间里头聊天呢，东北日报的人来接我妈，准备交接了之后，我爸就动身去东北师范大学。

结果就在东北日报的人来了之后，大家一块儿坐着聊天，聊天的时候东北日报那个应该是管人事的人问我爸："你是分到哪？"他（指范敬宜）说我是分到这个吉林长春，东北师范大学。然后那个管人事的人就问："你愿意到东北日报吗？"然后这正合我爸的心意啊，我爸说我当然愿意了，然后他（指东北日报的人事负责人）说："那你要是愿意的话，你就跟我走吧。"

那个时候，人事制度没有那么严，到处都需要人。如果说像现在似的这么严格，你已经被分配到哪儿了，再分到别处就不行，就是那时候不像现在这么严格。

所以他最后没去东北师范大学，夹着包就跟东北日报的人走了，就跟我妈一起到了东北日报了。可以说，他到东北日报的这个过程是挺曲折的，是挺有戏剧性的。

所以说就是这么一个过程。当时一开始确实是先给他分配到了上海，但后来他自己愿意到东北去，最后到了东北实际上分配的是长春的东北师范大学当助教，结果经过这么一个插曲，就到了东北日报了。

以后呢，因为他跟我说，同他们一起过去的还有两个也是他们上海的同学，但是后来人家陆陆续续就都走了。因为当时东北那个条件很艰苦，你可以查资料看看东北当时的那个条件，跟上海怎么比？所以很多人到了那里待了一年两年就都跑了，受不住啊。就我爸爸妈妈他们一直坚持在那里。

采访者：范老在下放期间对党的信念还是很坚定，您觉得他对党的信念是怎么建立起来的？

范迅：我觉得他后来之所以能那样（指对党保持信念），主要还是因为他有一个对比。我经常听我父亲和我母亲说，他还是有一个对国民党和共产党的对比。他是亲眼看到过那个时代的，就是在国民党那个时候，整个中国社会是怎么样的一个社会，中国的人民是一个什么样的人民，整个生活在这样的一个国家是什么样的。然后解放以后，人民的生活啊，国家各个方面的变化特别巨大。所以他通过这样一个对比，确实是很坚信共产党能够带领这个国家一点一点走向富强。他这经过对比，他是真信。

采访者：所以他对中国共产党如此坚定的信念，更多的还是在建国之后慢慢形成的。

范迅：对的，这是因为他确实经过了新旧社会的对比。你比如说就像国民党时期那个金融垄断集团，他就经常跟我说，包括我妈也经常跟我说，当时的那个通货膨胀特别厉害。我外公那个时候发了工资的第一件事，就是让我外婆拿着钱就去买米。因为只要差了一会儿，那个米价就不一样了。这些都是他确实有亲身经历的。

个人访谈纪要二：王健华

访谈对象：王健华，女，清华大学教授，清华大学新闻与传播学院原党委书记。

访谈地点：清华大学新闻与传播学院。

访谈时间：2019年11月4日。

访谈内容：

采访者：您觉得可以如何归纳范敬宜及其新闻思想的特点？

王健华：我觉得他非常重要的特点，第一个是他擅长诗书画，才华横溢；第二个是他贯通中外历史；还有一个就是他真的是很有平民气质的，他知道老百姓想什么。他的所有文章你都可以看出来，他很贴近最基层的思想根源。他在农村20年没有怨言，他身边永远带着在农村的时候，站在破草棚子前，跟他的房东照相的满面春光的照片。这个照片我不知道能不能从范迅那儿拿到，他的提包里，永远有这个照片。我经常跟他开玩笑说，范老师你快把你那照片拿出来给大家看一看，他就从他包里带封皮的笔记本里拿出来，那确实是他最喜欢的照片。照片上他仰头大笑，让人想到他就是在人生最困难的时候，都是笑对一切的。

所以我有时候也会想，他为什么会形成这样的性格？他下放在农村20年，他哪能想过他后来又翻过身来还能做人民日报的老总？他写过一篇文章，说他在年轻的时候路过王府井，经过人民日报，看着里边灯光闪闪，想什么时候他也能够进到里头做新闻。没想到20年后，他自己在那里就做了总编辑。所以我就说他还有很坦然面对生活的一种心态。

但是他为什么能有这样一种心态？我觉得他这种心态是非常的，他在人民中间很快乐，他很多东西反映的都是人民的东西。只不过他最后是利用报纸这样一个手段，利用新闻这样一个手段，为这个国家服务。

比如说他在经济日报，你看姜波写的，每一次策划的那些东西，就是立足于服务国家大局：怎么样来做？老百姓最关注什么？现在老百姓最希望看到什么？他策划的点子我都觉得特别的厉害。在经济日报的领导说，他在经济日报的那几年，是经济日报最好的几年。那时候的《经济日报》很热门，经常出很大块儿的、连续发的文章。那时候正好也是咱们改革开放形势最复杂的一段时间，他会有很多方案出来。他是真的会办报纸的人，会让记者和编辑知道该怎么策划，怎么能抓住关键点。那时候，他们出的几个大策划，在当时几乎压倒所有其他报纸。

还有一点，就是说他对后人的提携。经济日报后来的那么多干部都是他一个个提起来的。然后在清华时，他那么大一干部，咱们同学写个什么东西他都给往上送，送到人民日报，送到政府各个部门，还送到温家宝总理那儿。《人民日报》有好几次都登了我们学生的作品，学生很受鼓舞。他就是这脾气，一看见学生写的一个好作品，他就欣喜若狂，特别兴奋，然后就想着往外面送。我经常说，你这么一个大记者、大领导，亲自送一个学生的作品，觉得有点犯不着似的。但是他就是很坚持这么做的。还有比如说工作就业，他绝对是第一个乐意帮忙的，比如说给人民日报打个电话过去，人基本就收了。当然他愿意送的（学生），他一定是要完全了解的。

他对年轻人真是好。跟他关系好的学生特别多，我都挺嫉妒的，老说学生怎么跟他那么好。他早上一来上班，学生就全来了，屋子里（指范敬宜的办公室）哪儿都有，然后学生们就在他屋里头随便坐。他跟学生很融洽，跟这些年轻人特别聊得来。

采访者：范院长早期是如何提出和普及"面向主流，培养高手"的育人理念的？

王健华：他来清华的前两年，在很多场合都会讲"面向主流，培养高手"这个观点，主要是想解决这个问题：为什么我们培养的人到了主流媒体不能用？

当你有一个理念，你一定要通过各种方式不停地讲，它才能最终形成。范院长就是这样，"面向主流"这个观点一直讲到我们现在。哪怕现在来了很多新的教师，（贯彻）这个理念已经成为共识，所以到现在依然能延续下来。我们"面向主流"的理念之所以还没有变，能够延续下来，跟范院长他最初打的基础是有关的。我们那一代的人也都认可范院长的观点，要不然的话肯定也做不下来。你看我们清华新闻学院总的来说"站住了"，特别是"面向主流"这个理念，咱们真的是站住了。范院长前期在各种场合对这个理念的重复强调，就是跟所有人说，我要面向主流培养人才，而且我培养出来的人，主流媒体马上就能用。那几年，主流媒体对我们的毕业生的反响特别好。有个毕业生说，他分到人民日报，他们上岗前要培训一段时间，但是基本上培训期间老师们讲的，他在学校都学到了，他可以马上就上岗——我觉得我们还是达到了那个目的（解决"回炉"问题）。

范院长说，学生的思想要扭转，一定要有马克思主义新闻观的东西，他开展马克思主义新闻观教育也获得了比较丰硕的成果。我现在做国新（国际新闻专业方向）的就业统计，现在基本上将近50%是在主流媒体的，然后80%在体制内。这两个数据基本说明，我们马新观的教育方向和成果是很明晰的。除了"面向主流，培养高手"的理念，我们还有给国新的学生开展国情调研和开设国情教育课，对症下药地开展培养。除了主流媒体，咱们公务员方向的就业人数也挺多的，公务员再加上国企，差不多加起来就有80%，我觉得还是挺不错的。加强马新观方面的教育，得到了这样一个结果，证明还是有效的。

采访者：范院长平时都是怎么跟您讨论和安排工作的？

王健华：范院长开展工作的方式是很特别的，跟别人绝对不一样。他跟我说，我睡觉睡得很晚，晚上12点以前你有事都可以给我打电话，然后他就马上把电话号码告诉了我。他家的座机，还有他的手机号，很多学生都知道。他晚上都基本在家，所以晚上我基本上都打座机，他不在的时候就可能是他夫人接一下。我觉得没有领导能做到这样。

那些年，我们经常去一个地方谈工作，就是在万寿路那儿的一个茶馆，叫"清香林茶馆"，他自己在那儿入了一些钱（指存了一些钱），那里的人都认得他。因为确实有些事在家里谈也不方便，所以他就全是在那儿谈的。（清香林茶馆）很多人都去过，我们有时候要开个会，或者有什么事请教范院长，都是到那个餐馆去……他每次一到结账的时候，就把其他人打发走，自个儿跑那去签名结账。后来我知道以后，我就给他存了3000块钱，没让他知道。我觉得谈的都是工作，他却全是自己花钱，而且要花很多钱，有点心疼。

有的时候觉得什么事想不通了，我就给范院长打电话，约他去那家茶馆去聊聊。他到了那以后就坐着喝茶，听我诉说。他看什么都很平淡、透彻，往往几句话就给你把问题聊透了。

个人访谈纪要三：姜凤羽

访谈对象：姜凤羽，男，辽宁日报社原社长，范敬宜同事。
访谈地点：辽宁日报社附近。
访谈时间：2021年4月21日。
访谈内容：

采访者：您和范老是如何相识的？共事时对他是何种评价？

姜凤羽：我和老范认识的时候，我还算个比较年轻的同志。像马光、赵桂荣，我们是同一个年龄段的，和老范认识跟认识她俩（指马光、赵桂荣）大约是同一个时间，就是老范从建昌回来的时候。1979年我们就在同一个部门，就是农村部,一直工作到他做了辽宁日报的副总编辑,然后就到他1984年去外文局工作。这段时间,这个老范给我们的印象非常深刻,一直到后来他在北京工作的期间,他逝世之前,我们一直还保持着断断续续的联系。我后来经常去北京开会,包括去中央党校学习,有时间的话,其实主要是他有时间的话,我还会找机会去看一看他。

在农村部工作那段时间,我们都还很年轻,老范是我们非常尊重的一个老师,同时又是一个老大哥的形象。因为他待人非常谦和,做事又很仔细,处理事情也比较低调,所以跟我们之间感情都很深。我那时候跟他又住了同一个院子,有时候我就到他家里坐一坐,包括和他的夫人吴秀琴也有很多见面机会。那时候报社是在老位置,编辑部都在一层楼。那时候老吴(指吴秀琴)是在文艺部,所以每天也都能见面。

我那时候是比较仰视他的。

采访者: 仰视他?

姜凤羽: 对。老范那时候给我印象最深的就是他做的新闻工作,给我的感觉好像是那种非常驾轻就熟的样子。有时候他自己想什么难题,常常会莞尔一笑,很快就有答案了,总觉得他对待业务非常熟练。而且常常能非常精准地表达某一个问题,并且是非常睿智的那种,这个给我印象特别深。

后来的一些资料也讲到他的文化功底很厚,这一点能充分地体现在他的所有作品里,在辽报那时候也是有目共睹的。有时候我们跟老同志们谈起来,老同志也很敬佩。特别是他从圣约翰大学毕业分配到辽报的那一阵子,他表现得相当突出。他写东西属于倚马可待的这种风格。有一回他采访回来就趴在一个乒乓球案板上,趴着就把稿子写上了,很快就成了一篇非常漂亮的通讯。

后来我也跟着老范去采访过,所以对老范新闻业务上的表现印象还是很深的。老范他写字又快又好,即便是采访笔记上的字也很漂亮,而且记录的速度非常快。他的采访笔记,你可以看一下啊,基本就像一篇完整的文章一样。他的才思很敏捷,在采访过程中就形成了文章的整个逻辑体系。所以在采访过程中,他记录下来的东西,只要稍作整理,在我看来就已经是一篇很好的文章了。

老范在处理新闻稿件上很独到,非常睿智,常常有"点石成金"之笔。在别人那里看来很平常很普通的一件事,一篇群众来稿,到了老范手里,经常会出现"意外"。

那时候他做了辽报农村部的主任,他要操刀来做这个投递工作,就是在一般稿件里找有没有能达到头题质量的稿件。我记得那时候有一个年轻同志编了一个专栏,好像叫农村新貌吧,就是反映改革开放之后,农村发生了什么新变化。那个专栏老范每次都要发四五篇文章,每篇稿件很短,可能是二三百字那样。老范有一次就从那位年轻编辑编完后舍弃的一堆稿件里,找出了一篇东西,经过他的再编辑,真就出现了点石成金的效果。

这个文章讲了一个什么事件呢?就是锦县有一个大队,大概是1981年或者1982年,一个大队党支部书记组织村子里看了一场电影,看的电影叫《喜迎门》,看完之后他就把大家叫住了。这个电影讲的是一位年轻的媳妇嘛,他就借着这个电影生发了一个想法,就是借电影教育村民们怎样做个好媳妇,怎样建立一个和睦的家庭,怎样保持一种婆媳邻里的好关系——就讲到这么一件事。老范他立刻就把这个事件拿出来,重新做了一个标题,叫《一场〈喜迎门〉,教育全村人》,发到一版头题,产生了很大的影响。

他做编辑的时候,稿件没有"大杀大砍"的,给你的稿件弄得面目全非,几乎没有。大多数他就是点石成金,很可能给你做个标题,或者很可能在消息的导语部分,通讯的开头部分,或者文章结尾部分,做个小改小革。经过他这么简单处理,整个稿件的精神面貌焕然一新。这个可不得了,这个功夫非常厉害,不是所有人都能做到的,能做到这么一个情况的很少。

这个背后反映什么呢?这个编辑,他的综合素质得相当高。高在哪?第一个文化素养得相当高。第二个对事物分析判断的能力得相当强。第三个文字处理表达的功夫得相当强。第四,他能尊重对方。第五,他不会迁就,他虽然有点石成金的本事,不会怎么处理稿件的具体内容,尊重记者最后写出来的东西,但你如果改完之后还是实在没什么意思,那就不行。

所以这个功夫集中表现在一个人的身上,表现在范敬宜同志身上,只能说他的综合素质太高了,令人敬佩。

采访者:范老的国学功底确实很深厚,这方面有给您印象深刻的例子吗?

姜凤羽:我记得那时候他经常在文章里引用一些古诗词,一般他是不用查的,直接就见报了。能做到这一点的,你想想能有多少人啊!像大家都熟知的那篇报道,叫《月光如水照新村》,当年发这则消息的主标题还不是这个,是挺长的一个标题,叫什么"两家子公社……干部睡上了安稳觉"什么的,我记不太清了,老范给改成了《夜无电话声,早无堵门人》,老范在结尾加了几句诗,其中有一句就是"月光如水照新村",《人民日报》转载的时候就把这句诗拿来做标题了。但我觉得还是这个"夜无电话声"比"月光如水"那个做标题更好一些。因为消息嘛,还要偏写实一点。你看看他这个标题(指《夜无电话声,早无堵门人》),既非常写实,本身就是个新闻,又很有色彩,很有文采。

那时候大家首先是敬佩他,然后大家也都在朝着这个方向努力,但是能做得好的人不是很多。这类东西如果没有深厚的文化功底，是无论如何做不出来的。相反会出现几种情况，一是太虚了，不适合做标题；二是过于实了，缺乏这个色彩。这两点在老范那里结合得就非常好。

还有一个就是在经济日报的时候，他写了一个标题叫《满城争说关广梅》。你一看这个标题，又实又非常有色彩，像诗词一样。《经济日报》那时候这类标题特别多，比方说《醒来吧铜陵》，都是非常有味道的标题。老范他也经常对报社的同志们，特别是年轻的同志们说，要尽可能地在工作之余多看东西，持续不断地提高自己的文化素养。而且要做一个新闻的杂家，丰富自己的阅历，丰富自己的知识。最终这些积累会集中表现在一篇文章上，甚至表现在一句话、一个标题上。

个人访谈纪要四：李万东

访谈对象：李万东，男，《辽宁日报》记者，辽宁建昌人，范敬宜下放期间与其父李元宝结识。李万东年幼时（1993年）患了脑疾，许多医院都束手无策，无奈随父母从老家来京投奔范敬宜，希望能救治孩子的病。时任经济日报社总编辑的范敬宜接待了他们，并为孩子寻遍了北京良医，终于得治。李万东后受范敬宜影响也选择了新闻行业，成为一名记者。

访谈形式：线上访谈。

访谈时间：2021年1月15日。

访谈内容：

采访者：您之后也走上新闻工作的道路，是不是也受到了范敬宜的影响？

李万东：可以这么说，但是这也有机缘巧合的一个成分，也不是说只受他的影响，但他肯定是有影响的。我有自己的人生或者职业规划，咱现在这个社会你也知道，并不是说你想怎么样就能怎么样。但是能走到今天，确实我也是觉得很荣幸。

采访者：您觉得范老对您的影响具体在哪些方面可以体现？

李万东：首先他是我的一个恩人，我和他短暂的几次接触，一个是治病期间，然后后期就是我去复查的时候到他们家里去过，再就是我们辽宁日报，那时应当是1950年还是1960年的国庆，他回来（辽宁日报社）给我们讲课，然后我们聊了聊。然后就是他的葬礼了。我回忆起来的基本就是这一些经历。我小的时候跟他有过书信往来，他的回信总是要问我的身体怎么样，这种关心和关爱让人一直很温暖。

我觉得还有主要就是他的新闻思想，我应当是从后期看他的一些集子，然后加上我成为记者之后，我才能更多地了解他的思想。因为说实在的，当时跟他第一次接触的时候，我才上初中，上学期间你应该知道咱们也没有时间，或者是更多的精力去研读新闻作品。我也是工作之后，基本是把他所有的有关的东西都通读了几遍，然后对我写稿或者是我的新闻成长有一定的帮助，当然我这能力水平是不能跟他比的。

但是，我是尽量做到首先一个就是对老百姓的一种情怀，我们报社也是把我当作一个这样的典型，因为我的稿子挺有泥土味，或者说是真接地气；另一个就是能够真正地跟老百姓沟通——首先是无障碍，然后能够通过深入地沟通，能够了解到别人可能从老百姓嘴里听不到的东西，能捕捉到一些生动的语言或者内容。所以说这是一种个人的能力，咱不能说是别人没有，但是我感觉可能是因为我（和范敬宜）这种特殊的经历，有了对职业的敬畏感，所以慢慢地我形成了自己的风格。其实我是觉得，就是作为记者，你首先要有对人的一种尊重，对任何一个生命个体的一种敬畏，然后再那样去以一个平视的心态进行采访。不管面对的是高官还是普通人，咱们都能像范爷爷那样，和谁都能交朋友。

所以这种感觉我觉得是作为记者首先要做到的一点。

另一个就是文风。我不能说是学他的文风，我不敢提，真的不敢提，但是我尽量做到有一定的文采，同时也是要尽量地在新闻的角度，还有新闻写作方式上面有所创新。同样的事件或者是同样的东西，你写得跟通稿一样，或者是跟别的媒体写的是一样的，我觉得没意思。

所以说我觉得作为一个记者来讲，能够长期地保持一种对工作的敬畏，对职业的敬畏，这是我从他身上学到的最宝贵的，也是最基础的一个东西。

采访者：谈到职业的敬畏感，我觉得提得特别好，您觉得范敬宜的这样一种新闻风格，在当下的这种新闻环境里，它有多大的这种适用性？新闻业也是在不断变化，您觉得哪些东西是我们应该去传承和发展的？

李万东：我觉得是这样，随着这个时代的变化，传播的工具形态都在变化，但是新闻工作者也有不可忘却的这种职业初心，那就是必须承载着社会责任。我觉得用范敬宜的话说就是这个意思，社会责任不能变，永远也不会变。我是这么理解的。

采访者：职业初心和社会责任。

李万东：对，你必须承担的一种社会责任，这是咱们职业的一种……我觉得这个应该不是说理想，而是只要投身于这个岗位了，就要承载的这些责任。

采访者：现在咱们不少的新闻院校里头有专业主义教育思想，就是说记者在写新闻报道的时候不能展现出自己的主观和感受这种观点。您是怎么看待这种思想的？

李万东：首先我觉得如果做记者，想表达自己的主观想法，这个并不是一种很正确的路子，我们的观点是要隐藏在文章里面的。其实，新闻稿和言论稿是两个套路，我认为言论的稿子有些时候是可以说有角度或者有倾向的，这是没问题的。新闻稿来讲，范爷爷也写了不少杂文啊，或者是他的那种小品，但新闻稿才是他成为名家的基础，对吧？

我觉得他当时并不是说一定要表达他的想法，而是在发现新闻的过程之中，你最终表达的内容一定是有思想的。我觉得新闻要求的是记者不要体现得有思想，但是其实你是有思想的，不是在作品中直白地表达自己的思想，而是在整个作品里头蕴藏着你的思想，这才是高手。从新闻这个角度来讲，我是觉得记者是隐藏在新闻背后的，我们主要是告诉到不了现场的人，这里发生了什么。

采访者：您如何理解范敬宜在新闻作品里体现的文化和文采？记者如何做到范敬宜所要求的"有文化"？

李万东：范爷爷的文化底蕴，在这个时代都是相当了得的。我觉得记者首先不一定有多高的学历，但是你也不能是一个没有文化的人，对吧？我是这么想，文化不是说真的什么东西都懂，而是说我们起码在去采访之前要做功课。

比如说我去采访一个文物古迹之前，我一定要对这个领域做一点功课，我要能跟人对话，对不对？我去采访农村农业，比如说采访一个种花生的，我一定要之前在这方面备点课；我去采访一个酿酒的企业，我一定要对酒的制造流程首先有一点点的了解。这种对文化的要求，不是说你一定要成为一个专家，而是说提前做功课这点是最起码的，是我们这个职业所需的。这种文化的底蕴，它可能是蕴含在自己骨子里头的。范敬宜是文化"三绝"，这是属于他骨子里就有的，而且他的文化体现在方方面面，平时并不显山露水。

个人访谈纪要五：战红

访谈对象：战红，女，《海南日报》原记者，范敬宜在辽宁日报时期的"徒弟"。

访谈地点：海南日报社。

访谈时间：2019年11月27日。

访谈内容：

采访者：您早期与范敬宜是如何结识的？他对您产生了怎样的影响？

战红：1982年我大三的时候，因为毕业前的实习，我到了辽宁日报，恰恰就分在了农村部。农村部的副主任就是范敬宜，他当时正好右派的身份被改正，刚回来。当时的背景是全国都在搞包产到户，大片的国有、集体所有的土地分配给个人。

但是我是城里人，对农村和农村生活也没有经验，给我分到农村部，我也一点都不懂。那会儿我也参加部务会，老范在那布置工作什么的我们也都参加。那会儿对老范没什么了解，他是部主任，我们都很尊敬。你知道当时咱们小孩对待实习就这么回事。有一次他说，要让一个老师带俩学生下去采访，我就跟了一个叫马光的年轻女记者，比我也就大个五六岁，知青出身。采访了大概一周，回来以后呈报题目的时候，我就报了一个题目，印象还挺深，就叫《包产到户，新建支部》。什么意思呢？就是说实行包产到户之后，土地都像一团散沙似的分到个人了，但是党的领导还要不要？我就报了这样一个题目，写了一个稿子。结果没想到，老范给我的评价特别高。他亲自帮我改了这篇文章，而且大部分都尊重了我的本意，而且还特别写了一篇《部主任评论》，就贴在当时报社的"每周一评"栏目上，把我的稿件列为那一周最好的稿件，然后也在报纸的第一版发表了。

这对我的职业生涯鼓励特别大。从那以后，老范就经常特别鼓励我，说："你挺有才华，你也挺有新闻的敏感性，你看你们那么多人去都没抓到这种题目，看似很平常的事情中，你还有敏感性能找到选题。"（这些话）对我挺鼓励的。

采访者：您和范敬宜据说是有"生死之交"，能详细讲讲吗？

战红：有一次他去新民县，就辽宁省下边的一个县，他去采访，然后就跟我说要带着我去，票都买了，我也都做好准备了。结果临走的头一天他告诉我说，因为临时有安排，我不用去了，他自己去，当时我还特别失望。但是结果没想到，他那天坐的火车就颠覆了（发生了脱轨侧翻），我在文章里写过，一根很粗的钢管从他的大腿这儿穿过去了，坐在他旁边的是个小伙子，高位截瘫。

后来，我们知道这事以后很惊讶，他治疗的过程也很复杂，治疗了很长时间。等他出院了之后我就去他家里看他，见了我的第一面，老范就跟我讲，说："小战啊，我救了你一命，你知道吗？坐在我旁边，高位截瘫那个小伙子那张票，就是我给你买的那个位置！如果我带着你去，就是你高位截瘫了。"所以，这就是我为什么说我们是生死之交。虽然，他自己受那么重的伤，但老范说他很开心,因为他知道他冥冥之中救了我一命,他说咱俩就是生死之交,你看就是有这种渊源。

后来我实习结束了,就回北京了。回北京以后我毕业分配到公安部办公厅,在天安门那块儿。后来很快老范也从辽宁日报调到经济日报了,他到经济日报开始是总编室主任,然后是叫社长兼总编辑。经济日报就在王府井,离我很近,所以我有时候中午下班没事儿,就溜到他那看看,跟他聊聊天。我和他交往多少年,零零星星的没断过。后来他就到了人民日报,我反正就看着他一步一步地往上走,一步一步地就走到最前沿了。

采访者:范院长的新闻人生中,包括您和他相处的过程中,有哪些时刻是令您印象深刻的?

战红:老范他跟我是私信比较多,一直鼓励我要多写,多培养新闻敏感性。那会儿我在公安部做的是新闻发言人办公室的工作,我是新闻发言人的助理,其实一直也没有离开这个新闻的圈子。老范到人民日报之前,其实他有两个选择,一个是去人民日报当领导,另一个是去故宫博物院。他当时问过我这两个地方去哪儿好。我说,从我的角度来讲,人民日报的总编辑我党可能不缺,但是故宫博物院不一样,他们(指故宫)能够物色到你,那说明你是不可多得的人才啊!于是我就建议他去故宫,结果当时他说他还是有做新闻人的情结,学的也是新闻,这一辈子从事新闻,所以他还是去人民日报。因为我对他比较了解,我觉得他虽然作为新闻人,他有政治敏感和新闻敏感,但是他骨子里不是个当官的,他就是个文人,是个学者,不适合当官。但是,他还是听从了他内心的想法,同时肯定组织上也更推荐他去报社,因为当时人民日报那个位置他去是比较合适的。

他在人民日报的时候,我也去看过他,他特别忙。他的办公室很大,这边是一个写字台,那边是他特长条的办公桌,放各种稿子之类的。我去的时候他还正在忙改稿子,改完那稿子后,他打了一个电话叫稿子的作者过来,跟那人说这稿子里边提到了一条河,具体名字我忘了,根据那个作者的描述是"一江春水向东流",因为一般中国的河都要往东归入大海,但是老范说他的记忆当中,这条河不是向东流的,而是向西流去,让作者再去查一查是不是向西流,然后就把这个稿子交给那个人,那个人就走了。然后他就跟我闲聊着。大概过了一会儿,那个人又拿稿子来了,说:"范总,我错了,您对了,这条河真的是往西流的。"

这个事情我印象很深,老范真的是非常博学,记忆力非常好,思维非常清晰,而且对小的细节,尤其是在新闻的真实性这方面,他是有强烈追求的,稿件很多具体的细节方面他都是不放过的。

采访者：您还记得范院长在新闻工作方面给过您什么具体的指导和建议吗？或者在写作方面对您产生的影响？

战红：还是在辽宁日报的时候，有一次我写一个文章，因为我当时还是学生，没有太高的站位，也没有拔高的思想，我就在平铺直叙这件事儿——我采访的那位老支书是怎么说的，我看到的情况是什么，一切就是平铺直叙的描写。结果，没想到老范他最后只加了一个编者按，就把我的这篇文章发出去了。

后来老范跟我讲，他说我的这个写法他很喜欢。这个写法就是指的白描，就把事实摆在这儿，让读者去评论，他们自己心里会形成一个概念。所以这一点后来也很影响我，也影响了我写作的风格。到现在我也是喜欢这样，不把自己的观点直接写在文章里面，不做结论性的评价，就是平铺直叙、白描，然后每一句白描都要有点情绪在里面，能够影响读者就可以了。所以，就这篇文章而言，他对我整个职业生涯和我这一生真的都是有影响的。你想，我当时是一个21岁的学生，在那么资深的老师面前学到的东西，肯定记忆一生。

焦点小组访谈纪要：高鸿烈、马光、卜志忠、赵桂荣

访谈对象：高鸿烈（男，89岁）、卜志忠（男，80岁）、赵桂荣（女，71岁）、马光（女，68岁），均为范敬宜在辽宁日报时期的同事。

访谈地点：辽宁日报社。

访谈时间：2021年4月19日。

访谈内容：

采访者：各位老师是如何与范敬宜认识的？工作上与他是什么关系？如何评价他的新闻工作？

高鸿烈：我与他认识是在1960年以后，最开始的时候我和他一起写过大字报。反右派的时候，辽宁日报走了几十个人，其中就包括范敬宜，从那之后就好长时间没见过他了。1978年后，我第一篇处理的稿子就是他写的《五里河》，当时他来报社的时候一身老农打扮，随身带有一个小本，随时记录别人说的话，看上去非常朴实。谁也没想到，很快他就被提拔为辽报的副总编辑，分管总编室，因而时常到总编室来。他处事很果断，这个层面上不像是老农，而是革命老干部。他在农村吃了这么多苦，对党从来没有一句怨言，跟家里人也不会抱怨。他后来在辽报农村部大放异彩，写了很多很有影响力的文章。他对文章是

严格把关的，但为人非常亲和。工作中有水平，生活中又非常勤俭……

我觉得要全面地认识范敬宜，必须结合《辽宁日报》的传统，以及《辽宁日报》在全国的影响。范敬宜有一篇文章，叫《论头题》，基本把《辽宁日报》的改革过程都谈清楚了。

对他的经历，很有必要进行总结，写一部类似于2005年《穆青传》的传记……他就是这么一个人，很认真的，听到了别人讲的好东西，他决不放过，一定会想办法记下来。他学富五车，富有文气，又有政治家办报的理念，哪怕在全国范围内也是凤毛麟角。因此，怎么讲范敬宜，怎么为范敬宜立传，这是需要研究的问题。

我认为，范敬宜最突出的思想特点就是：坚持党的领导，坚持人民至上，为农村着想。他写新闻的时候真的是敢于担当，一往无前。他的《莫把"开头"当"过头"》就是不回避问题，直接解决问题的。他为了破除改革阻力，打破城乡格局等，写了一系列的文章。他当时开玩笑说，他去了人民日报，就是抱着一种"站着进去，横着出来"的决心的。就当时社会上吵得火热的"姓社姓资的问题"，他写了一系列评论，有很大的影响力。

另外，他艰苦奋斗的品德，也很值得我们学习。他在领导岗位上写了上百万字，在人民日报的时候年纪很大了，还经常上夜班。所以，他作为总编辑是真的自己在担责任的。他经常说，只要新闻报道对人民有利的时候，想方设法也要写、也要报。例如他的那篇《"打的"赴会》，就是他随时随地的记录，最后发出来效果很好。

他在辽报的时候，任仲夷经常来辽报，听取记者的想法和意见，然后把自己的观点通过辽报发出去。比方说那时候我们根据任仲夷提的"敢不敢富、能不能富、会不会富、让不让富"四问，最后就写成了《为建设富庶的社会主义新农村而奋斗》，讲述了他要用变通的思想看待改革开放的观点，后来被《人民日报》头版转发。任仲夷常常和范敬宜能谈到一起去，两个人结成了忘年交。

如果我来总结一下，首先，可以说范敬宜非常坚定地继承了党报的优良传统，在推进新闻改革的同时又不把新闻改革神秘化。他提的"三贴近"原则和"既要向前看，又要向后看"，现在看来仍然很有生命力。其次，范敬宜有着非常良好的工作作风：廉政、勤政，两袖清风。范敬宜的办公环境非常节俭，他的办公室非常简陋，就一张桌子两把椅子……最后，很难能可贵的是，他能够从善如流，只要是好的建议，他能马上落实。

卜志忠：我是1966年到的报社，当时在农村部。那段日子是范敬宜的"黑暗时代"，吃了不少的苦。我一开始跟他不是很熟，后来慢慢地才对他比较了解。当时他的主要工作是处理读者来信，因为在农村版，所以来信的主要是农民读者，他就一一给回复，同时要经过部主任审查。当时我就感觉他总是不声不响，工作非常认真，字也很好看。当时我们的副刊是一个重点，范敬宜"文革"前都在副刊《鸭绿江》工作，要写很多大字报……当时他就是和彭定安一块儿工作。

当时组织上安排了我查他的政治问题，揪他的"小辫子"，结果没想到，我和他接触得越多，越觉得他这个人了不起，慢慢地居然变成了向他学习的过程。当时我不敢跟他有太多的接触，说话都很少，就是默默地观察他。他笔记记得非常好，一手漂亮的正楷，而且记得又快又好，记完之后能准确地讲出来这话是谁谁说的。后来他在县里农委工作了，我在农村部，他经常两三次来送稿，每次来背个黄色小书包，包里都是稿件。我印象比较深的有《遍地英雄遍地歌》《张化成》，都是很不错的稿件。

后来他是1978年回来的，回来之后主动要求回到农村部，一直到1980年。当时我和他在一个屋，这对于我而言是一件大好事，我可以经常向他请教问题，他也教了我许多。比方说当时的那篇《说"墙"》，这个标题就是经过他反复修改的。再比方说邹家恒那篇稿子，讲"文化大革命也得把生产搞上去"，就是他在政治上给我把了关，体现他不光是文笔好，政治觉悟也很高。他的那篇《莫把"开头"当"过头"》，就是他政治觉悟（的体现）……

建昌那一段经历对他的新闻观的转变是很重要的，他在建昌写了很多的东西，对他的新闻观、写作手法都有影响。当时他是全国"右派入党"第一人，主要原因就是他得到了建昌县委的支持。建昌如果不支持他，他这个右派的帽子是摘不掉的。后来建昌成了他的一个"基地"，他能在建昌听到农民的实话，农民跟他太熟了……还有，他对青年同志特别照顾，像赵桂荣、马光都是他带着跑采访的，手把手教她们怎么写新闻……

赵桂荣：我跟老范一起工作了挺长时间的，和他下了三次乡，包括那次《莫把"开头"当"过头"》，他的整个采访过程我都是目睹的。老范业务能力很不一般，许多我们普通人一看而过的东西，他都能记下来。当时的农民对政策没有信心，基层的思想也很混乱，那篇文章（指《莫把"开头"当"过头"》）就是在这种大背景下完成的，对于当时基层的形势有很大的影响。

我比老范小很多，他就像我的老师一样的。我之前对新闻工作都快失去信心了，是老范把我拉回来的。为什么说会对新闻失去信心呢？一开始我在另一部门干，当时的编辑总要改我的文章，而且动不动就是改头换面地改，让我很挫败。后来到了老范这儿，他大小文章都让我亲自上手尝试，让我很感动。而且他一般不会怎么大改我的稿子，往往只动几个字就把稿子升华了，这个本领真是很不一般。如果稿子实在不行，改动得多的话，他就自己亲手抄一遍往外发，不会让你自己再写一遍，这又让我很感动。

另外，我觉得他的新闻敏感度很高，尤其体现在他的小文章里头，这一点特别能对后辈产生影响。我就记得，每次跟他出差回来之后，他都能做出来大稿小稿一大堆。我就纳闷了，怎么他就能写出那么多有意思的稿子呢？这点对我产生了很深远的影响，我后来出差去，也会习惯性地多去找角度、找立意，去别人找不到选题的地方找选题……

他对农村稿子的分量把握很准确，哪些稿子好、哪些稿子不好，他心里有数。而且很多稿子经过他的手之后，格局都能升华。我印象很深的就是一篇讲农村放电影的稿子，叫《一场〈喜盈门〉，教育全村人》，很简单的一篇稿子，他可以升华到很高的高度，后来被人民日报社转载，加了编者按。

马光：我是1978年到了辽宁日报农村部，1975年知青下乡回来。当时我对农村部的印象就是藏龙卧虎，好多原来被错划为右派的厉害的知识分子都在那里，包括范敬宜，我一直受他们的言传身教、耳濡目染。

范敬宜的文章，非常地动感、形象、有文采，在当时的时代很有"先进性"。他不仅能写大稿、特稿，而且一直小稿不断，我简直崇拜得不得了，他的文字功底太深厚了……当时农村部经常能收到农民读者的来信，往往一天就有三四十篇来稿、来信，这些可都是他的"宝贝"！他的意见就是找到好的（稿件），可以的话尽可能地发——我后来觉得，这就是他之所以能"吃透两头"的重要依据。

那几年（指改革开放之后），农村的形势很好，农村部一直有新的主意和创意出来，那几位主笔，尤其是范敬宜的农村报道水平和文字功底更是深不见底。我总记得，1980年左右，是范敬宜发稿的高峰期，当时统计编辑稿件，范敬宜的量是最高的……重要的是，他很擅长起大标题，很有大局观……而且很会发掘新闻点，任何东西到他手里都是新闻……他对农民的感情是非常真挚的，他下乡插队的经历是他新闻生涯后来非常重要的财富。

后 记

衷心感谢我的导师胡钰教授对我的支持,在我博士生阶段对我无微不至的关怀和指导,他时刻勉励、鞭策我,在为人与治学上为我树立了榜样。感谢我在牛津联合培养期间的海外导师项飙教授,于疫情最严重的时期,给我在海外继续工作提供了良好的外部环境。

感谢王健华教授和胡显章教授,他们为我顺利开展范敬宜有关研究提供了巨大的帮助和指导。感谢李彬教授和赵月枝教授,他们为我提供了选题的灵感,并让我深刻地意识到这一选题背后所蕴含的丰富的理论与现实意义。

感谢史安斌教授、周庆安教授、杭敏教授、张铮副教授,在我撰写和修改过程中给予了诸多切中肯綮的意见和建议,及时指出了我文章中存在的问题,并提出切实可行的修改意见,使我在每一次修改后都能有所进步。感谢虞鑫副教授于我亦师亦友的陪伴,给我意满时的鞭策和失落时的鼓励,与我分享成长的经验。

感谢范敬宜之子范迅教授,一直以来对我研究的关注、指导和鼓励,为我提供了许多生动的研究素材,并悉心解答我的疑问。在范教授身上,我深切地体会到了范氏家传的文化和风采,与他交流的感觉如饮甘霖,如沐春风。

感谢暨南大学新闻与传播学院院长范以锦教授,为我评述范敬宜的新闻思想提供了重要的观点支持。感谢经济日报社高级编辑姜波先生,对本书的框架和研究方法提出了富有针对性的建议和要求,使我受益颇多。

感谢辽宁日报社副总编辑李增福先生,为我联络辽宁日报社相关人士提供了便利;感谢辽宁日报社驻葫芦岛站记者李万东先生,辽宁日报社原高级编辑商立民之女商越女士,为我深入了解范敬宜在辽报时期的经历提供了重要的素材支持。

感谢海南日报社副总编辑吕鸿先生,海南日报社原记者战红女士、李平女士,为我深入了解范敬宜有关人生经历提供了重要的素材支持。

感谢人民日报社经济社会部工业采访室主编、99级院友陆娅楠女士,05级院友周劼人女士,为我深入了解范敬宜从事新闻教育的经历提供了重要的素材支持。

感谢我的父母一直默默地支持着我,爱护着我,他们永远是我成长过程中坚实的后盾和依靠。

最后,要深深地感谢范敬宜先辈。虽未曾谋面,但通过对他的研究,我已经深深地被他的人格、气质和思想所感染和折服。很庆幸我能有机会通过博士论文去开展这样一个有意义的研究,无论是在思想文化层面,还是在为人处世层面,对我自己而言都是一个提升的过程。我很珍惜这样的一个过程。

回顾成书的过程,不免有一些不足。本书的书写期间遭遇了新冠疫情,第一手资料的搜集工作受到了影响,访谈的进度也受到了延误。因此,第一手资料的搜集工作还有改进的空间,需要在未来的研究中不断加以补充和完善。此外,对于范敬宜与其他同时代新闻人之新闻思想的横向比较较为欠缺,不然可以更好地体现范敬宜新闻思想之独特性。

对于范敬宜新闻思想的研究可以说是常讲常新,对于范敬宜新闻思想的关注和研究不会因为写完本书而搁置。在研究者未来的学术研究工作中,对于范敬宜新闻思想的探索始终会占有重要的位置,对范敬宜新闻思想内涵和意义的解读还会更加深入和透彻。

范敬宜已经离我们远去了,然而他的新闻思想仍然鲜活,并将指引后来的实践者前行。将范敬宜的新闻思想进行整理、归纳和提炼,拉近陌生读者与范敬宜这位伟大新闻工作者和新闻教育家的距离,也算是本研究所做出的一些微小的贡献了。